"神话学文库"编委会

主 编

叶舒宪

编 委

（以姓氏笔画为序）

马昌仪	王孝廉	王明珂	王宪昭
户晓辉	邓 微	田兆元	冯晓立
吕 微	刘东风	齐 红	纪 盛
苏永前	李永平	李继凯	杨庆存
杨利慧	陈岗龙	陈建宪	顾 锋
徐新建	高有鹏	高莉芬	唐启翠
萧 兵	彭兆荣	朝戈金	谭 佳

"神话学文库"学术支持

上海交通大学文学人类学研究中心

上海交通大学神话学研究院

中国社会科学院比较文学研究中心

陕西师范大学人文社会科学高等研究院

上海市社会科学创新研究基地——中华创世神话研究

"十二五""十三五"国家重点图书出版规划项目

第五届、第八届中华优秀出版物奖获奖作品

神话学文库

叶舒宪主编

萧　兵◎著

THE DIVISION OF THE UNIVERSE AND CHINESE MYTHOLOGICAL CONFIGURATION

宇宙的划分与中国神秘构型

陕西师范大学出版总社

图书代号 SK23N1133

图书在版编目(CIP)数据

宇宙的划分与中国神秘构型／萧兵著. — 西安：
陕西师范大学出版总社有限公司，2023.10
（神话学文库／叶舒宪主编）
ISBN 978 - 7 - 5695 - 3684 - 3

Ⅰ. ①宇…　Ⅱ. ①萧…　Ⅲ. ①文化人类学—研究
Ⅳ. ①C958

中国国家版本馆 CIP 数据核字(2023)第 110762 号

宇宙的划分与中国神秘构型
YUZHOU DE HUAFEN YU ZHONGGUO SHENMI GOUXING
萧　兵　著

出 版 人	刘东风	
责任编辑	张旭升	
责任校对	王红凯	
出版发行	陕西师范大学出版总社	
	（西安市长安南路 199 号　邮编　710062）	
网　　址	http://www.snupg.com	
印　　刷	中煤地西安地图制印有限公司	
开　　本	720 mm×1020 mm　1/16	
印　　张	20.5	
插　　页	4	
字　　数	307 千	
版　　次	2023 年 10 月第 1 版	
印　　次	2023 年 10 月第 1 次印刷	
书　　号	ISBN 978 - 7 - 5695 - 3684 - 3	
定　　价	125.00 元	

读者购书、书店添货或发现印刷装订问题,影响阅读,请与营销部联系、调换。
电话:(029)85307864　85303635　传真:(029)85303879

"神话学文库"总序

叶舒宪

神话是文学和文化的源头，也是人类群体的梦。

神话学是研究神话的新兴边缘学科，近一个世纪以来，获得了长足发展，并与哲学、文学、美学、民俗学、文化人类学、宗教学、心理学、精神分析、文化创意产业等领域形成了密切的互动关系。当代思想家中精研神话学知识的学者，如詹姆斯·乔治·弗雷泽、爱德华·泰勒、西格蒙德·弗洛伊德、卡尔·古斯塔夫·荣格、恩斯特·卡西尔、克劳德·列维－斯特劳斯、罗兰·巴特、约瑟夫·坎贝尔等，都对20世纪以来的世界人文学术产生了巨大影响，其研究著述给现代读者带来了深刻的启迪。

进入21世纪，自然资源逐渐枯竭，环境危机日益加剧，人类生活和思想正面临前所未有的大转型。在全球知识精英寻求转变发展方式的探索中，对文化资本的认识和开发正在形成一种国际新潮流。作为文化资本的神话思维和神话题材，成为当今的学术研究和文化产业共同关注的热点。经过《指环王》《哈利·波特》《达·芬奇密码》《纳尼亚传奇》《阿凡达》等一系列新神话作品的"洗礼"，越来越多的当代作家、编剧和导演意识到神话原型的巨大文化号召力和影响力。我们从学术上给这一方兴未艾的创作潮流起名叫"新神话主义"，将其思想背景概括为全球"文化寻根运动"。目前，"新神话主义"和"文化寻根运动"已经成为当代生活中不可缺少的内容，影响到文学艺术、影视、动漫、网络游戏、主题公园、品牌策划、物语营销等各个方面。现代人终于重新发现：在前现代乃至原始时代所产生的神话，原来就是人类生存不可或缺的文化之根和精神本源，是人之所以为人的独特遗产。

可以预期的是，神话在未来社会中还将发挥日益明显的积极作用。大体上讲，在学术价值之外，神话有两大方面的社会作用：

一是让精神紧张、心灵困顿的现代人重新体验灵性的召唤和幻想飞扬的奇妙乐趣；二是为符号经济时代的到来提供深层的文化资本矿藏。

前一方面的作用，可由约瑟夫·坎贝尔一部书的名字精辟概括——"我们赖以生存的神话"（Myths to live by）；后一方面的作用，可以套用布迪厄的一个书名，称为"文化炼金术"。

在 21 世纪迎接神话复兴大潮，首先需要了解世界范围神话学的发展及优秀成果，参悟神话资源在新的知识经济浪潮中所起到的重要符号催化剂作用。在这方面，现行的教育体制和教学内容并没有提供及时的系统知识。本着建设和发展中国神话学的初衷，以及引进神话学著述，拓展中国神话研究视野和领域，传承学术精品，积累丰富的文化成果之目标，上海交通大学文学人类学研究中心、中国社会科学院比较文学研究中心、中国民间文艺家协会神话学专业委员会（简称"中国神话学会"）、中国比较文学学会，与陕西师范大学出版总社达成合作意向，共同编辑出版"神话学文库"。

本文库内容包括：译介国际著名神话学研究成果（包括修订再版者）；推出中国神话学研究的新成果。尤其注重具有跨学科视角的前沿性神话学探索，希望给过去一个世纪中大体局限在民间文学范畴的中国神话研究带来变革和拓展，鼓励将神话作为思想资源和文化的原型编码，促进研究格局的转变，即从寻找和界定"中国神话"，到重新认识和解读"神话中国"的学术范式转变。同时让文献记载之外的材料，如考古文物的图像叙事和民间活态神话传承等，发挥重要作用。

本文库的编辑出版得到编委会同人的鼎力协助，也得到上述机构的大力支持，谨在此鸣谢。

是为序。

目录

第六章　世界性的"四大"与类"五行"

第七章　式盘，博局，规矩纹镜

第八章　原八卦

第一章　四方与十字

确定方向：从东 / 西开始

为了生产和生活，人类必须弄清楚周遭环境的方向和自己所处的方位，为此想出了许多办法。

人类确定方向，设立方位，划分"四区"，一般是从太阳的"视运动"开始的。太阳的升落对人类的生产生活影响最大，给人的印象最深，这就有了东 / 西二向；而且，在人类的最早期，往往只有这两个方向。

东　《说文解字》卷六"东部"："东，动也，从木。官溥说：从日在木中。"就是日（或日鸟）从扶桑升起，在此暂憩的意象。"叒部"："叒，日初出东方汤谷，所登榑桑。叒，木也。象形。"这是很古老的神话思维（只是金文，乃至甲文之"东"都像囊橐，只能存疑）。顺理成章，"西"也是这硕大无比的"太阳神鸟"在西边若木之上筑巢歇息（近年，艾兰也采取此说，见《龟之谜》等）。

西　《说文解字》卷十二"西部"："西，鸟在巢上。象形。日在西方而鸟栖，故因以为东西之西。"（各本有异文，此据宋刊本）用太阳神鸟之飞翔休止来标识方向，这个意象相当雄伟，也是一种壮美。

东 / 西都是从"象形"推向"会意"的"本字"，而南北二字却是"假借"，可见其晚起。

南 这是个假借字。从甲金文看，或是钟镈之象。所谓"南风姑洗南吕以南"（参见《周礼》疏等）。以后变成乐调，如"以雅以南"。《说文》卷六"宋部"说："南，草木至南方有枝任也。"是后起义。南方向阳，冬暖夏凉，从天子"明堂"到普通民居，都尽力"坐北朝南"。君王"南面"。《吕氏春秋·士容览》："南面称寡。"高注："南面，君位也。"因此，背着这一尊位的就是"北"。

北 《说文解字》卷八"北部"："北，乖也。从二人相北。"实是背阳。"东/西"加上"南/北"，就构成"十"字。

宋兆麟等说："我国的许多民族是先知道东西方向，后来才有南北方向的知识。景颇族称东方为'背脱'，即日出的方向；称西方为'背网'，即日落的方向。"①

云南西盟佤族仅有两个方向的概念：

"里赫斯艾"：日出（指东方）
"里吉斯艾"：日落（指西方）②

云南基诺族称"东"为"略奈"（日出），"西"为"略格纳"（日落），"另有'阿比纳'一词，统称南北两方"。③

"东西"在生活中特别重要。我们说"东西"，几乎指一切事物，而不顾及"南北"。有人概括历史上的地区"态势"是：东西交流，南北冲突。清梁章钜《浪迹续谈》云："物产四方，而约举东西，正犹史记四时，而约言春秋耳。"④

《说文解字》卷三"十部"说："十，数之具也。一为东西，│为

① 宋兆麟、黎家芳、杜耀西：《中国原始社会史》，文物出版社1983年版，第431页。
② 参见《中国少数民族社会历史调查资料丛刊》修订编辑委员会：《佤族社会历史调查》（一），民族出版社2009年版，第164页。
③ 汪宁生：《古俗新研》，敦煌文艺出版社2001年版，第310页。
④ （清）梁章钜：《浪迹续谈》，刘叶秋、苑育新校注，福建人民出版社1983年版，第133页。

南北，则四方、中央备矣。"说得非常清楚。"十"本来是指向（器）：横向表示东西，纵向表示南北，纵横交叉为十，四方和中心点就都有了，"东/西"二向更为基本。

姜亮夫在探究连称的"东西"（以及以"东西"代"物"）之起源时，详细讨论了太阳运行对于初民辨向定位的作用。他说：宇宙和宇宙生命的运动是有节奏、有盛衰的。而且，自然的节律是跟人类生命的节点、规则基本相应的。

孔子说："天何言哉？四时行焉，百物生焉。天何言哉？"（《论语·阳货》）就是在体认这种自然与人生变化的对应。

如弗莱（N.Frye）所说："一天日出、日落的循环，一年不同季节的循环，以及人的生命的有机循环（引案：如生老病死），其中都具有同样意义的模式（引案：pattern）。"[1] 初民或古人由太阳的运动、植物的变化和自身生命状态的改更，体会出了"宇宙生命"的循环，以及重大节点，例如春夏秋冬、生壮老死和东南西北的奇妙的"对应"。

姜先生说：

> 生物之有生死，有初壮衰亡，亦如日月之运行，然则人世一切事物无不据此以得"生卒"，以平衡众生，一切以反复循环一切，故日之东升西坠，实与一切生物之生老死亡及一切事物之生灭全为同步同轨，物质世界如此，思维方法亦如此，此全同之义即日月运行而可知之……[2]

心理分析学派神话学家指出，太阳的东升与西落，跟太阳的运行相关的季节变化，在神话思维里，常常跟英雄的诞生与死亡发生互渗、互拟和互换。

姜先生还指出，太阳的东西升沉的规则最为明显，"故以日定历时，

---

[1] 伍蠡甫、林骧华编：《现代西方文论选》，上海译文出版社1983年版，第344—345页。
[2] 姜亮夫：《"东西"臆断》，载《中国文化》1990年第2期。

亦成人世生活中之一大事"①，也是英雄与后来的君主生活与命运的一件大事。他们被认为是宇宙的人间代表，其生命跟宇宙的运动同步。他们要竭力融入宇宙，"与天地兮齐寿，与日月兮同光"；所以特别注意居止、行动、生命状态跟"四向"，首先是日出日落的"东/西"的关系。

测算并确定"四方"，是初民与古人非常重要的社会与宗教生活的内容，而且可以看作一种科学实验活动。

常正光揭示，殷商的一日之中举行"出日/入日"之祭，用巧妙的办法求出"东西线"，然后确定"南北线"，就像后来《诗经》写的周人祖先公刘那样，"既景（影）迺冈，相其阴阳"（朱熹集注，"景，考日景以正四方也"）。"明辨东、西、南、北四方，在殷人社会生活中具有重要意义。大自兴建邦邑宫寝、陵墓，小至存放物件，都要遵循一定的方向，甚至形成宗教观念，乃至出现隆重的祭方之礼"②。东西轴一般重于南北轴。建筑喜欢"坐北朝南"，也是为了面向太阳（当然也有实际原因，如冬暖夏凉，室内明亮，等等）。

黑格尔说，世界历史是从东方开始的，因为太阳从东方升起。

东方国家大都崇拜太阳。埃及王室自称"太阳的子孙"。苏美尔—巴比伦，除了有太阳神沙马什、太阳英雄马尔杜克之外，一些高级神兼司太阳。古印度，除了专职太阳神苏里耶之外，婆罗门教"最高神"大梵天（Brahman）"四面为太阳"。中国也不例外，尤其是"东夷"，滨海的泰岱集团，祖先神多有"太阳"的名称或神性，特重"出日/入日"之祭。"把太阳视为天照大神的日本人，把每天从东方升起、西方降落的太阳的运行轨迹视为神圣。因此，古代的祭祀不分大小都是在这东西轴方位上举行的。"③

可以用印第安文化为参照系，考察测定四方的意义和作用。

印第安的"太阳舞"广场中心有"太阳图画"或标志，围绕"太阳"的篱笆，有四个入口，表示阳光由此射出。"墨西哥的火神（兼太阳神），

① 姜亮夫：《"东西"臆断》，载《中国文化》1990年第2期。
② 常正光：《阴阳五行学说与殷代方术》，见艾兰、汪涛、范毓周主编：《中国古代思维模式与阴阳五行说探源》，江苏古籍出版社1998年版，第256页。
③ ［日］吉野裕子：《阴阳五行与日本民俗》，雷群明、赵建民、井上聪译，学林出版社1988年版，第136页。

就称为'四方的主人'。"印第安人"象征性的画，中心有一个代表太阳的球，由此引出四根线条，结果形成一种十字形装饰"。这就是最原始的十字架。"在北美印第安人装饰艺术中时常出现的多种十字形，都不过是象征性的太阳画而已。"①

如上所说，这种"十"形，通常是由东西轴的"—"与南北轴的"｜"交叉而成，表示"四向"或"四方"，交叉点就是"神圣中心"；"十"字或十字架，以及它的繁变如米等，都成了太阳标志的"宇宙符号"。

这一点，前人已经觉察。"中心"或由"十"字显示的"中心"，中国古人早已确认。"殷人据出日入日测得的四方是以槷表为中心的四方，是以东西线与南北线相交点为中心的四方，这两条线交相构成'十'字形。"②许慎就明白，"十"之"—为东西，｜为南北"，有此"十"字，"则四方、中央备［见］矣"。

早期文物里的"四向"或"四方"

上文交代，最初只有最重要的"东/西"两向（所以汉语中至今犹以"东西"指称几乎一切事物），后来有了四向。至迟在仰韶文化时期，不但有了四向，而且发现四向的指示方式——有人甚至以为那时已经有了"方地圆天"的盖天论思想萌芽，特别是在含山"原八卦"玉版被发现以后。甚至西安半坡的"四鹿"彩陶盆盆沿上的四个类箭头"↑"，也似乎指向四方；加上四个竖线纹"｜｜｜｜"，正构成"八方"（八向）。中国古人用四种动物（如四灵、四神）或四只动物来标识四方或四向，可以说早在半坡开始，与南方河姆渡－良渚文化的"四鸟"遥遥相对。

然而，在神话思维与实际操作上，最初只有东/西二向或其代表物可以肯定。四面和八方，是逐渐认知并且确定的——也基本依照太阳的运动与位置，并且以人类自己做参照系形成了方位。

---

① ［德］利普斯：《事物的起源》，汪宁生译，四川民族出版社1982年版，第328页。
② 常正光：《阴阳五行学说与殷代方术》，见艾兰、汪涛、范毓周主编：《中国古代思维模式与阴阳五行说探源》，江苏古籍出版社1998年版，第256页。

图1-1　四鹿：四区——四向？

（西安半坡出土彩陶盆图纹，仰韶文化半坡时期）

这里有四只分布均匀的鹿（或说羊），虽然没有界线，但是似乎已经分出了四区。有四个类箭头"↑"指向鹿，有人认为这已在暗示"四向"。而四条纹线"∣∣∣∣"正处在通常表示"四向"的地方，加上四"箭头"正好构成"八方"。这正好跟含山"原八卦"图南北交相辉映。

进一步说，西安半坡出土的彩陶盆，盆沿上刻画四个类箭头的"↑"形符号"指向"四方，奇怪的是箭头朝着盆心；四个类箭头之间，均匀地分布着四个∣形短画；这就似乎成了像含山玉片那样标识"四面八方"的符号。

钱志强也注意到这等距分布的八个符号的"计量"作用，不过他推扩得较远：如将其连接则构成"十"和"※"，这正是天干之首尾二符：甲/癸。"甲和癸相重，即'十'和'癸'相重，分陶盆口沿圆形为八等分，这和我国自古相传的八分历有无关系呢？"但这种连线本来就是假想的，更不能证明那时已有甲、癸等天干符号。所以不能做出半坡"十进位"记历，"积日成年"的结论。[①]

王大有、王双有说，这是"定位"符号："∣"定东、西、南、北四正，"↑"定东北、东南、西南、西北四隅，合为四面八方。他们还认为，此即"神农八卦方位，或是祭场、祭坛的方位"[②]。前一句有点道理，后面却是推扩太甚。

① 参见钱志强：《半坡人面鱼纹新探》，载《美术》1988年第2期。
② 王大有、王双有：《图说中国图腾》，人民美术出版社1997年版，第102页。

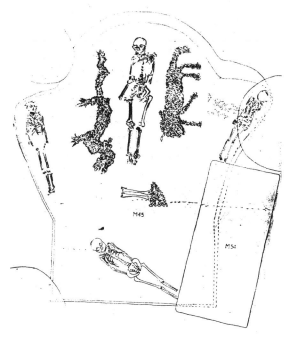

图 1-2　龙虎护卫墓主人

（河南濮阳西水坡 M45，仰韶文化新石器时代后期）

以蚌壳堆塑而成的龙虎夹护墓主人，突出其中心话语之意义，且使其不受邪恶侵犯。或说，并墓主足下之骨殖堆，都有指向功能；左右则为最初之"青龙""白虎"。

"左龙右虎辟不祥，子孙备具居中央。"（汉镜铭文）

先秦器物里以具体物象标志方位者，最早当然要数河南濮阳西水坡仰韶文化遗址出土的"龙虎蚌塑"[1]；有人指认，这是最早的"青龙""白虎"，有标志方位的作用。[2] 至少它是以龙、虎来拱卫与突出"中心"。[3] 还有就是湖北随州曾侯乙墓出土的"二十八宿"题名漆箱盖上的"青龙白虎图"[4]。

---

[1] 参见孙德萱、丁清贤、赵连生等：《河南濮阳西水坡遗址发掘简报》，载《文物》1988 年第 3 期。
[2] 冯时：《河南濮阳西水坡 45 号墓的天文学研究》，载《文物》1990 年第 3 期。
[3] 参见萧兵：《中国早期艺术的文化释读：审美人类学微观研究》，湖北人民出版社 2014 年版，第 93 — 97 页。
[4] 湖北省博物馆编：《曾侯乙墓》（上），文物出版社 1989 年版，第 354 页。

图1-3 青龙白虎漆箱盖

（湖北随县曾侯乙墓出土，战国）

青龙、白虎处于左、右，当然有标示东/西两向的意旨。但这跟濮阳西水坡"龙/虎"蚌壳葬同样是在拱卫、突出"中心"——北斗（其地位相当于蚌壳葬的墓主人），如《论语·为政篇》所说，北辰居中，而众星拱之。

发掘者说："过去一般以《淮南子》和《史记》出现有关四象的具体记载为依据，把四象出现的时代定在汉代。该天文图像上所绘青（苍）龙、白虎形象，是迄今所见二十八宿与四象相配的最早记录，其意义不止将四象出现的时间提到了战国早期，同时证明二十八宿与四象相配是我国二十八宿体系的又一特点，从而证明我国二十八宿体系确是产生于自己国土之上。"①

冯时说，曾侯乙的漆箱盖，只有青龙、白虎而不见朱雀、玄武，并不是"由于画面局促而无法顾全，因为画面的布局取决于预先构思，因而谈不上画面的不易安排"，而只能证明战国及其前四象的划分和二十八宿的划分还不像后来那样完美，"当时［引案：鸟/龟］两象尚未配属二十八宿，而实际存在的只有东宫苍龙和西宫白虎"②。这样，拿西水坡45号墓中龙、虎蚌塑跟漆箱盖星象图一对照，就会知道前者跟后者一样也是原始的青龙、白虎，"蚌塑的龙位于墓主东侧，虎位于墓主西侧，布列方位与东、西二陆一致"③。他还把墓主北侧的蚌塑三

---

① 湖北省博物馆编：《曾侯乙墓》（上），文物出版社1989年版，第475页。

② 冯时：《河南濮阳西水坡45号墓的天文学研究》，载《文物》1990年第3期。

③ 冯时：《河南濮阳西水坡45号墓的天文学研究》，载《文物》1990年第3期。

角形图案认作"斗魁"，其东侧的两根人胫骨当作"斗杓"，以为它们构成北斗星象，胫骨（斗杓）"指向东方，会于龙首"，三角图案（斗魁）"枕于西方"，符合当时真实天象。[①] 后面这个说法有待进一步证实。

多样的"十"字架

有了四方或四向观念，再用连线来表示，就有了"十"字；或者说，初民用"十"字来指向四方。

"十"或"十"形符号文化字群，基本是或主要是"阳光四射"的抽象表示，这已成为许多东西方学者的共同见解。法国的德尔维拉（D'Alviella）在《符号的传播》一书里说："这种十字在开始时只有表示太阳照射的四个主要的方位（引案：此即许慎所说，一为东西，｜为南北）。后来变成了发光体的符号，并且由此必然地演变成统治上天的至上神的符号。"[②] 当然也可以做代表神的祭司或巫觋的标识。薛曼尔（E.Simmel）虽然认为，"十"字来源于钻木取火的两根木头，但也指出，初民因此构想"天上之火"，太阳与月亮，也由此制造出来。[③]"十"是太阳和太阳神最常见的标识。丁山曾据以论述，殷人先公上甲微之甲，卜辞作⊞，中间是十字架（Cross），殷人往往把太阳与祖先崇拜结合起来。[④]高祖夒、契、昭明直到昌若、上甲微，都具太阳神格。

早期的"十"字可以用来指向。地上插根木棍，再加上一块某端削尖的木板✝，就是最简便的指向牌。如今在东西方偏僻地区还可看到，顶多在木板上写上"通向西部游乐园"之类字样。

我们再看古老的考古遗存。据专家介绍，旧石器时代晚期（莫斯特时期），已有"十"字出现。大约5万年前的欧洲"塔塔"遗址发现一枚轻度磨光的"圆钱"，表面线条交叉成"十"字，或以为"辟邪物"。

---

① 冯时：《河南濮阳西水坡45号墓的天文学研究》，载《文物》1990年第3期。
② 转引自何新：《中国远古神话与历史新探》，黑龙江教育出版社1988年版，第3页。
③ 参见［德］薛曼尔：《神之由来》，郑绍文译，文化生活丛刊1936年版，第114页。
④ 参见丁山：《中国古代宗教与神话考》，龙门联合书局1961年版，第489页。

捷克的图尔斯克·马什塔列遗址出土的鹿趾骨,其上刻画有十字架形。洛哈拉附近的维连村落遗址出土的大型哺乳动物下颌骨,其上有规整的成 90°交叉的"十"字形。社会史学家们认为,这跟圆形、红色涂点等一样已具有"原始象征"性质,很可能同有关太阳——天火的一些观念发生了牢固的联系,这种联系在莫斯特文化中又为按东—西线方向测定被埋葬的方位所补充[①];还有人认为,这已是"原始宇宙观"的萌芽。

比较独特的是古代埃及的十字架:

♀

有名的"安克"(Ankh,拉丁文为 crux ansata,或说来自"草鞋带"),状似 T 形,后人称之为 T 形十字架(或安东尼十字架)。它是生命的象征或生殖的象征,表示男性或男女两性的组合。上面的椭圆形环(或称"生命之匙"或"尼罗河之匙"),绝不仅仅为了便于携带,而是大有深意,然而它最初仍是太阳意象。太阳女神哈索尔手持这种徽识。

阿克那顿(Akhenaton)的"日光教"认为它是太阳发出的生命光线——他们拿着它为凡人施法,辟邪,治病,增进健康;联系于死者,则有祝祷"再生"或"永存"的隐意。"在埃及的早期基督教(科普特人 Coptic)时代,十字章象征生命之永恒,它在救世主为尘世作出牺牲后被赐给人类。"[②]

没有安克圈的 T(希腊-拉丁字母 Tau 或 T),有时被认为(无头的)十字架,也象征"生命(力)"。北欧雷神托尔(Thor)用 T 表示他的"雷电双锤",它带来好雨与土地的丰饶。"在基督教地下墓穴中,它象征对永生的企盼(引案:与十字一致)。耶路撒冷的犹太人前额上所戴用以挽救他们不被毁灭的标志即为'tau'(通常为 signa thau)。"[③]

---

① 参见苏联科学院民族研究所:《原始社会史:一般问题、人类社会起源问题》,蔡俊生、马龙闪译,浙江人民出版社 1990 年版,第 453 页。
② [德]汉斯·比德曼:《世界文化象征辞典》,刘玉红、谢世坚、蔡马兰译,漓江出版社 2000 年版,第 44 页。
③ [美]詹姆斯·霍尔:《东西方图形艺术象征词典》,韩巍、徐延波、郝一匡译,中国青年出版社 2000 年版,第 11 页。

图 1-4 变形的十字架

（左：女神哈索尔手持十字章，埃及孟菲斯地区，约公元前 1500 年；

右：圣书体"M 拱门"中的两性符号或变形十字）

有的十字架用来标志生命或生殖力。其历史可以远溯古埃及。

在美索不达米亚，表示"四向"的十字架，是太阳神沙马什（Shemash）的符号。天空与气候之神安努（Anu）也用这种十字架做象征，有时中心还加上"太阳圆盘"，如"φ"。

希腊的十字架，大多是这种四面等长的正方十字，所以也用来四等分方形土地，如同中国"田"字所示。

拜占廷教堂参用基督教观念，其平面布局，也是"田"字形。

拉丁十字架下端则较长，如"十"之形。现代西方教堂所见，也多是这种形状。

洛林十字架（或双十字），"‡"，主要见于中世纪主教教区。

图 1-5 墓穴入口处"太阳轮"中的十字架

（摹自土耳其古罗密风化岩区，基督教殡葬处入口，公元 6 世纪）

这些绘在"日轮"中的十字架，表示阳光四射。刻在墓穴入口，是为了让暗魅妖魔不敢入内惊动死者。或说追求"永生"。

"×"形十字只是略为更动其方向。在两河平原，这曾是亚述军徽与迦勒底（Chaldea）太阳神徽的基本形样。康斯坦丁大帝时期将其绣上罗马军旗，以为"吉兆"（chrestos）。有时中心加一竖杠，如"⊕"。或说，这是耶稣名字的秘密代码，出现在公元4世纪及以前的罗马地下墓穴中。

图1-6 "太阳"神器

（四川珙县"悬棺葬"彝族岩画）

　　骑马与站立的武士，手中拿着有柄十字架似的巫具或武器。"太阳轮"中有表示四方的"十"字和表示八面的"米"字。

　　人们最熟悉的基督教十字架，因为耶稣被钉死在其上而成为圣物。它表示教主为大众承担罪责而为教义牺牲，佩戴它除了表示纪念与敬畏之外，主要是为了辟邪——神圣的事物都会让妖鬼邪秽暗魅惊惧逃散。

　　但最初的十字架却有多种形态。我们在土耳其古罗密（Goreme）山谷，公元6世纪基督徒隐蔽的风化岩岩洞里看到多种式样的十字架图形，诸如：

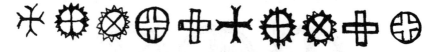

图1-7 多种式样的十字架图形

这些式样的十字架图形也或曾见于中国的器物纹饰与岩画等。

　　处在"日轮"（有的绘出散射的日芒）之中的十字架表示阳光四射；绘在墓穴入口处，显然为了阻挡魔鬼入侵惊动亡灵。或说表示"永生"追求。

　　至于"十"字，跟中国同样，还表示东、南、西、北。直到中世纪依然如此，只是还表示四方的"神圣化"。这就保留了其原始象征意义："用十字形代表空间四方与用十字形象征时空的创造者太阳"，二者"表里合一，互为因果"[①]。

图 1-8　标识四方的四个"十"字

（凯尔特人《凯尔斯书》的插画，中央端坐者为圣约翰）

用四个"十"字标识"四方"，这一圣物还有辟除邪魅、保卫中心的意义。四隅还有类 L 形纹，也有"指向"的功能。"圆光"旁边有八角星纹，同样暗指"世界/四面八方"。

萨满教绘画中也有一些"十"字或类"十"字处在太阳轮中。

---

① 参见［德］卡西尔：《象征形式哲学》（英译本），第 2 卷，第 147—148 页；引见叶舒宪：《中国神话哲学》，中国社会科学出版社 1992 年版，第 207—208 页。

四川珙县"僰人悬棺葬"崖画，有⊕纹、✸纹[1]，一般认为是日光形的"徽章纹"[2]，有人注意到了其中的巫师形象[3]。但对我们最重要的是，"图中多次出现了一种手中持有'十'字，站立于太阳之下的巫师图形"[4]。有的则被推测为"作为太阳神人格化象征的图形"[5]，有的比较模糊，有的（如骑马者）手中所持确实为十字。刘小幸从巫师头上的"天菩萨"（椎形发式）认出其为彝族，她以为⊕或十代表"大四方"，✸表示大小"八方"，"此双十字置于圆内，便成为太阳的象形；此双十字四线相交指向八方就象征了太阳的光芒四射"；所谓巫师，"其左右手执'十'字架，当也象征了太阳的光芒四射"[6]。这样，巫师手持⊕形"太阳（形）法器"，便也十分可能。

图1-9　萨满绘画：太阳轮中的十字群

（采自王纪等：《萨满教绘画研究》）

萨满教绘画中也有不少太阳和"十"字群图案，这里是处在太阳轮中的"十"字，可见其常被用作太阳的符号。

① 参见四川省博物馆、珙县文化馆（执笔袁明森）：《四川珙县"僰人"悬棺及岩画调查记》，见文物编辑委员会编：《文物资料丛刊》（2），文物出版社1978年版。
② 参见石钟健：《四川悬棺葬》，见中国民族学研究会编：《民族学研究》（第四辑），民族出版社1982年版。
③ 参见沈仲常：《"僰人悬棺"岩画中的巫师形象》，载《历史知识》1980年第4期。
④ 何新：《诸神的起源：中国远古神话与历史》，生活·读书·新知三联书店1986年版，第12页。
⑤ 何新：《诸神的起源：中国远古神话与历史》，生活·读书·新知三联书店1986年版，第12页。
⑥ 刘小幸：《母体崇拜：彝族祖灵葫芦溯源》，云南人民出版社1990年版，第117页。

刘小幸介绍说，云南楚雄南华县五顶山区大缴板乡小缴板村，彝族女巫（朵希摩）使用"虎眼法具"，以圆形大竹筒皮钉于约 1 米长之桃枝，上绘虎头，突出⊛纹的眼睛——"象征光芒四射的太阳"[1]。她联系琪县"彝巫"手持"十"字法具指向⊗或⊛形太阳，认为"它反映了日神与虎神之间的关联，而彝族的日神和虎神均为女性"[2]。

普珍说，就彝族而言，"十"或"卍"由交叉羊角演化而来，并且成为羊角和太阳的象征，"羊/阳"一音之转，被固定化、程式化，并且"进一步扩大发展并同化其他众多事物的功能"，由占筮用的羊角形、十字形法器而"凝结成为巫师的符号表示"：※。巫或巫术的主要意旨是纳吉祛灾，所以卜吉之"十"（卍）与占筮之"※"是相通的。[3]

美洲的十字架，往往被看作一种"宇宙树"（Cosmic tree）。

太阳兼雨神、星神的"羽蛇"之神凯察尔柯特尔（Quetzalcoatl）是"太阳/伸向四方的十字架"把他从天上送回人间。人类要求自己的英雄和神在地上留一个纪念物。他在地上插了个十字架，说：

这就是真正的宇宙之树。[4]

啄木鸟（水鸟/雨鸟/太阳神鸟）站在十字架形的宇宙树上，是印第安先民艺术最常见的母题。啄木鸟与蛇结合成为"羽蛇"——凯察尔柯特尔的化身。

"十字架/宇宙树"又是太阳圣火的保藏所。曾经盗过天火的啄木鸟，"用嘴甲在树上啄洞，以证明火种是藏在木头里面的"[5]。

这再一次让人想起《拾遗记》燧明之国，有鸟若鸮，"以口啄木，粲然火出"。

---

① 刘小幸：《母体崇拜：彝族祖灵葫芦溯源》，云南人民出版社 1990 年版，第 109 页。
② 刘小幸：《母体崇拜：彝族祖灵葫芦溯源》，云南人民出版社 1990 年版，第 120 页。
③ 普珍：《彝族羊文化与吉符卍卐》，云南人民出版社 2001 年版，第 85 页。
④［墨］何塞·洛佩斯·波蒂略：《羽蛇》，宁希译，人民文学出版社 1978 年版，第 16 页。
⑤［美］杰罗尔德·拉姆齐：《美国俄勒冈州印第安神话传说》，史昆、李务生译，中国民间文艺出版社 1983 年版，第 13 页。

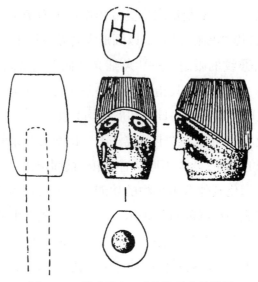

图 1-10　田（巫）：太阳和繁育的符号

（陕西省扶风召陈宫殿遗址出土蚌雕人像，T45:6，西周）

　　殷墟卜辞的"巫"，跟西周瓦文、蚌雕人像头顶所刻，都作田形。蚌雕人是高加索人种之"胡巫"。田跟卍卐等都是"十"字族的"太阳"符号，但又是生殖或繁育的象征——它曾出现在西亚女神的肩部或阴部。英语之 sun（太阳）原来也有"生殖者"的意思。

　　上文多次涉及的田字，也属于"十"字文化丛，但来源与构成（因由）都非常复杂，争议更大。这里只能简单交代几句。

　　它见于《诅楚文》和殷墟卜辞。甲骨文"田"用为巫。[1]

　　周原陶瓦有此刻符；更重要的，出土的胡巫头像骨刻，截顶上有"巫"字。[2] 这是上古东西方人种与文化交流的标志或象征。或说此巫为月氏、乌孙人，或即塞种（Sacae）[3]，或说为吐火罗人[4]。

　　西亚女神肩部（或阴部）有此神秘刻符。[5]

---

[1] 见于《甲编》216，2356，《粹》1036等；收于《甲骨文合集》17294，17295；《殷墟甲骨刻辞类纂》421，422。

[2] 陕西省扶风召陈宫殿遗址出土，编号为T45:6。

[3] 参见尹盛平：《西周蚌雕人头种族探索》，载《文物》1988年第2期。

[4] 参见林梅村：《开拓丝绸之路的先驱——吐火罗人》，载《文物》1989年第1期。

[5] 饶宗颐：《符号·初文与字母·汉字树》，上海书店出版社2000年版，第86页。

这是基督教十字架的一种，称为"马尔他十字"（Maltese Cross）。我们在东欧与俄罗斯教堂里多次看到这种平头十字架。

饶宗颐说，这不但表示阳光四射，还"代表丰饶（fertility）的吉祥意义"，进而为"宇宙符号"[1]。卡尔·荣格也说，它是一种宇宙符号的构成。

荣格认为，表示天空，主要是光芒四射的太阳；其下，圆形上半为人间，下半为冥界（如同中国的阳阴）。[2] 诸家多未注意此符号。

图 1-11　卐族符号

（上：青海乐都与民和出土陶器；下：玛雅文化，斯达图与玛雅符号或象形文字，采自王大有等）

世界性的十字及卐族符号，一般与"太阳火"或"阳光四射"关系较大，有人称为有足十字架，可以象征繁盛、繁育、吉祥等。所谓"卐/巫"形符号与之似为同类，却有很大争议。

① 饶宗颐：《符号·初文与字母——汉字树》，上海书店出版社 2000 年版，第 86 页。
② ［瑞士］荣格：《关于圆圈十字形的象征系统》，见《荣格选集》1968 年英文版，第 9 卷第 1 部，第 355—384 页；引见叶舒宪：《中国神话哲学》，中国社会科学出版社 1992 年版，第 225 页。

卍与卐：繁化的"十"字

相关者有"卍"形或"卐"形。

众所周知，"卍"形符号，公元前3000年就在埃及被发现。它是"十"字的繁变，属于"十"字系文化字群。根源是太阳（火）崇拜。①

古埃及第十二王朝时期，在塞浦路斯、卡里亚出土的残陶片上有"卍"形纹。时期约在公元前3000—前2000年。

古印度文明摩亨佐·达罗（Mohenjo Daro）遗址或哈拉巴文化印章上也有"卍"形纹。

西方学者提出的最重要假说为：

——太阳（火）符号
——女神符号
——雷电符号
——车轮符号

林梅村认为，吐火罗的Svastika卍字纹正是卍的变形。② 本质仍是十字。

约公元前2000年，内蒙古翁牛特旗石棚山红山文化遗址M5陶罐上有繁变的"卍"形纹。按理说，此前该有标准型（或简式）卍形符号。

这里简单介绍一些比较古老或偏僻的"异说"。

它是由车轮上的两根辕构成十字变形而成。③

但有人认为，即令是车轮图案，那也属于太阳神车。因为"它原代

---

① 参见周新华：《史前中西卍形纹新探》，见浙江省博物馆编：《东方博物》（第二辑），杭州大学出版社1998年版，第42—43页。
② 林梅村：《开拓丝绸之路的先驱——吐火罗人》，载《文物》1989年第1期。
③ ［德］汉斯·比德曼：《世界文化象征辞典》，刘玉红、谢世坚、蔡马兰译，漓江出版社2000年版，第366—367页。

表太阳，并表示太阳在天空中运行的轨道"，所以它象征"太阳战车的轮子"，以及与太阳相关的某些意义。例如光明、吉祥、富足或"幸福"（梵语 svastika，或 swastika）。[①] 中国民间念作"万"。

> 在地中海文明里，万字四端的直角有时是弯曲的，或被延长、曲成直角，从而形成迷宫。古希腊人认为万字是四个希腊字母（引案：例如 Γ，伽马）构成的，因此在希腊语里它又被称为伽马十字（crux gammata）。被称为"托尔锤"的古代北欧护身符的形状就像一个万字。[②]

后来才被希特勒借用。在希腊，作为女性与蕃育符号，有时与月亮女神阿耳忒弥斯（Artemis）、农业女神得墨忒耳（Demeter）及天后赫拉（Hera）有关联[③]。

在诺斯替教里，它又具象化为四条屈起来的人腿（如L形，可与"三曲腿"比照）[④]，所以带上些生殖象征意味。有时，"它们可分别指男性和女性、阴和阳、太阳和月亮"[⑤]。

青海乐都等地彩陶出现与"卐"字性质类似的"卍"形符号，饶宗颐氏认为，它作为古羌文化的因子，可能受月氏等"西胡"乃至西亚文化的影响。更"由于卍号在古代中国分布地区，西则湟水流域，东至辽宁小河沿地带，为古时析支、鲜卑之地"，分布之广，令人讶异。"青海自古以来与西域及波斯交往频繁，以此例彼，西亚陶器上之卍号（引

---

① 参见［美］詹姆斯·霍尔：《东西方图形艺术象征词典》，韩巍、徐延波、郝一匡译，中国青年出版社 2000 年版，第 10 页。
② ［德］汉斯·比德曼：《世界文化象征辞典》，刘玉红、谢世坚、蔡马兰译，漓江出版社 2000 年版，第 367 页。
③ ［美］詹姆斯·霍尔：《东西方图形艺术象征词典》，韩巍、徐延波、郝一匡译，中国青年出版社 2000 年版，第 11 页。
④ ［德］汉斯·比德曼：《世界文化象征辞典》，刘玉红、谢世坚、蔡马兰译，漓江出版社 2000 年版，第 367 页。
⑤ ［美］詹姆斯·霍尔：《东西方图形艺术象征词典》，韩巍、徐延波、郝一匡译，中国青年出版社 2000 年版，第 11 页。

案：或卍号）与青海之彩陶上屡用卍号为标记"[1]，其间缘由，大可玩味。内蒙古赤峰石棚山新石器时期遗址 M52 出土的一件深腹陶罐上有好几个刻画符号，意义不明；以卍或卐形的变体为主者[2]，陆思贤说是两组回纹，"释雷、电、神"[3]；其说接近"太阳火"飞旋之意象，但也只是臆测。此可见该符号已传播到北亚、东北亚。

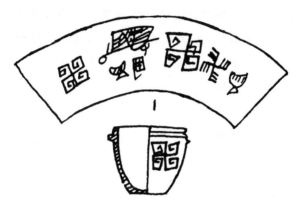

图 1-12　小河沿文化陶罐及符号

（内蒙古赤峰石棚山 M52 出土，新石器时期，采自李恭笃等）

这件深腹罐上刻画的符号（或说"原始文字"），以"卍"或"卐"的变体为主，意义不明。马家窑文化乃至广汉三星堆"巫者"冠沿上都发现类似符号——与巫师的联系特别值得注意。也可见这种源于"阳光四射"的符号已分布到东北亚。

我们之所以一再提起这种与"太阳火"密切相关的符号，是因为祭司-巫觋往往以掌握"圣器"或"圣火"而控制宗教"特权"和利益，所以他们常以它为徽识，为尊荣。广汉三星堆祭坛中层四位"巫者"的冠沿上就镌有跟小河沿文化一样的徽号：

如果这些都是"十"字族的演进，被当作"太阳火""太阳光箭"或"阳

---

[1] 饶宗颐：《说卍（Svastika）——从青海陶文谈远古羌人文化》，见《饶宗颐史学论著选》，上海古籍出版社 1993 年版，第 9、10 页。

[2] 参见李恭笃：《昭乌达盟石棚山考古新发现》，载《文物》1982 年第 3 期。

[3] 陆思贤：《神话考古》，文物出版社 1995 年版，第 100 页。

光四射"的符号，从而是"指向"的标志，以此表明神巫具有融入自然，代表太阳，并且控驭四方的能力，也许容易理解一些。

图 1-13　变体"米"字纹和"卍"字纹

（特洛伊小人像，波欧梯亚出土，公元前 8 世纪，现藏于波索托美术博物馆）

各种各样的"十"字、"卍"字、"米"字纹及其变体多见于近东地区，其意义不大确定。此图仿"米"字旋转形，很可能表示飞旋着的"太阳火"，两只神鸟拱卫其旁。

第二章　四箭定疆

交射成"十"而求"中"

"十"字看起来非常简单，在古代民俗上却很神圣，因为它关系到疆域的界定。"神圣中心"的确认，有一种复杂的仪式手续。简单说，就是四箭交射成"十"而求"中"。

1985 年，江苏省灌云城北大伊山遗址早期石棺葬（C14 测定距今约 6500 年，早于大汶口文化），M26 发现一件陶钵①，钵底刻画 4 支带羽的箭，交射而构成大"十"字纹（参见图 2-1）。

我们在萨满教图画中也可以看到类似的"纹样"：四矢射向"中心"，中心是一个"双钩体"的大"十"字。它的神圣法力能够震慑、驱逐妖魔或疫鬼。

图 2-1　大"十"字纹
（灌云大伊山陶钵底部刻纹，距今约 6500 年）

中心交叉点特别用圆圈圈定，指明其重要或"神圣"——这一刻纹"隐蔽"在钵底而非"显露"在明处，其近接大地的意图，很可能是为了保持其"灵性"或活力，分明带有巫术的意味，是"交射"仪式的记录与延伸。

---

① 参见吴荣清：《中国最早的石棺墓——大伊山遗址及其出土文物》，载《龙语·文物艺术》1993 年第 19 期，香港。

奇妙的是，彝族祖先正是用四箭向心交射的仪式来确定"世界中心"，并且从而建构其"田产"之合法性的。文化英雄支格阿龙（或称尼支呷洛）——

> 长到三岁时，
> 跟在出门人后面，
> 扳着木弓走，
> 作战知进退，
> 射箭懂其则。
> 长到四岁五岁时，
> 寻找田产是天空，
> 寻找地业是地面……①

它的意思大概是要从"天空"开始确定田产，以表示占地乃是秉承天命或神意，所以要用"神圣武器"来举行射仪，"扳着四张神弯弓/搭着四把神箭杆/穿着四套神铠甲/带着四支（只）神猎狗"，去射箭占地。

> 东西两方交叉射，
> 射中"久拖木姑"，
> 南北两方交叉射，
> 射中"久拖木姑"。②

"久拖木姑/世界中心"及其确立，是决定性或根基性的仪式行为，它将影响、左右群团乃至世界的命运。"这个固定点，即中心点的发现和投射，便等于创造世界。"（埃利亚德语）城池、村庄、领地、田土，

---

① 《勒俄特衣》，见曲比石美、芦学良、冯元蔚等搜集翻译：《凉山彝文资料选译》（1），西南民族学院印刷厂 1978 年承印，第 46—47 页。
② 《勒俄特衣》，见曲比石美、芦学良、冯元蔚等搜集翻译：《凉山彝文资料选译》（1），西南民族学院印刷厂 1978 年承印，第 47 页。

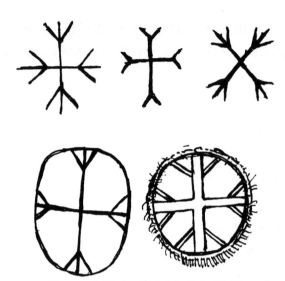

图 2-2　类似"四箭求中"的十字图纹

（上左：安徽蚌埠双墩出土陶器刻纹；上中：东西方岩画常见的图形；上右：金文"癸"的一种写法；下：萨满鼓背面纹样）

"十"字文化丛里有各端"长"出分叉，很像箭羽，整体看起来也似"四箭交射"（求"中"），但不能完全肯定。有人说表示树枝的交叉，有人说可能是加固的木条，还需要进一步证明。

往往被初民认为是宇宙表层或附属物；要在宇宙得到合适的藏身之处，就必须求出其"神圣中心"，并且让自己和自己的居所融入这个中心。

这样，四箭交射就构成大伊山陶钵以及金文"癸"字所见的"✖"形意象，而"久拖木姑"就是由其求出的"宇宙中心"。获得这样一个与天地意向相沟通的神圣中点，族团及其精英就可以由此向外拓展，规划、开垦符合神意天命的田地了；"若是不相信／还有箭痕在"。四射仪式如太阳光照四方一样，保证着其土地享有的政治合法性与宗教神圣性。彝族民间选择"基地"或"城址"，同样要举行"大射仪"，只是不限于"四箭求中"或"四箭定疆"罢了。"利箭一百九／射箭选居处"，箭落在哪里，哪里就是吉地或神圣中点。"箭落垭口处／建造城池住。"①

① 云南省少数民族古籍整理出版规划办公室：《夷僰榷濮》（六祖史诗），罗希吾戈、杨自荣译，云南民族出版社 1986 年版，第 13 页。

这就是华夏–汉人和蒙古族所谓"四至"或"界至"，从"中"点延拓到"四疆"了。

射 箭 定 疆

古文字"癸"的一种写法，就是"四箭交射"（"癸"是"揆度"，与测定土地有关）。

《说文解字》卷十癸部对"癸"字的解说，虽不大准确，但它的篆文却分明是"四箭交射"，跟甲金文所见大体一致。

某些情况下，在向四方拓展，确定"势力范围"之前，必须在群团认为适宜，或力量可及、形势便利之所确定一个（神圣）中点，就是"地中"。用《周礼·地官·大司徒》的话来说，就是：

> 天地之所合也，四时之所交也，风雨之所会也，阴阳之所和也。

从此开始丈量或认定邦土。"没有事先的定向，什么事也不能开始，什么事也不能做——而且任何一种定向都意味着需要一个固定的点。"[1]确定中点，办法还是不少的。

四箭交射，成"十"求"中"，只是一个办法；由"中"点确定"邦土"范围，除了实力与现实条件之外，还要举行另一种仪式，使其结果为部众、四邻乃至"敌人"所承认，内外咸服。办法也很多，如赛马定疆，或跑马圈地，等等，这里只介绍跟"十"字和射箭求中密切的一种：射箭定

---

① ［美］米尔希·埃利亚德：《神秘主义、巫术与文化风尚》，宋立道、鲁奇译，光明日报出版社 1990 年版，第 27 页。

疆。即让最有力的射手站在"中"点上，向四方各射一箭，箭落在哪里，哪里就是疆界。不一定是邦、国的疆界，更可能是驻营地、祭祀场所、"中心设施"、城市、特殊居民点或"都会"的范围。这种范围很神圣，有的是实际范围，有的不过是象征。

"四箭定疆"，北亚骑射民族保存此习较多。史籍如《元史·镇海传》言：

> 既破燕，太祖命（引案：镇海）于城中（引案：疑指方城之中心点）环射四箭，凡箭所至（引案："四至"）圆池邸舍之处，悉以赐之。[1]

尤其是寺庙一类宗教建筑，喜欢采用这个方式来秉承神佛的意图，并且由之使民众信服或敬仰。据说，元大都大圣寿万安寺的面积与"四至"就是这样决定的。如释念常《历代佛祖通载》所说，帝（世祖）建大圣寿万安寺，向"四方各射一箭"，以为界至。[2]

据蒙古族民间传说《大明永乐皇帝如何建造北京城》记述，"四射定界"之俗确实是为了得到圣/俗二界的承认，证明"天与神授"的可信性。陈学霖据司律义（Fr. Henry Serruya）英译的相关片断，有一个黑衣黑马的异人索要弓箭——

> 跟着向四方各射一矢，随曰："箭落之处四周地下，藏有无数金银珍珠，将予之红矛交给刘伯温，若果缺乏银子，着他以矛掘地，珠宝即随土而出。"[3]

红矛与神箭都可以代表阳光，阳光可以照出地下的藏宝。

---

[1]（明）宋濂：《元史》（中），阎崇东点校，岳麓书社1998年版，第1659页。
[2] 参见杨毅：《射箭划寺界，跑马关山门：元大都"大圣寿万安寺"规模琐谈》，载《燕都》1985年第8期。
[3] 参见陈学霖：《史林漫识》，中国友谊出版公司2001年版，第21页。

这当然掺进了许多晚近的内容，却也证明着"四箭"之射的神秘性与神圣性。仙人不仅以四箭确定北京的地界，还要求整个格局布置和设施要符合四时、八卦、十二月、三百六十日、二十八宿之数。

"射四方"之礼

后来，"射四方"仪式不但有"定疆"之意，还藏着征服与占有四方之意。

《仪礼·乡射礼》"将乘矢"郑注："行四矢，象有事于四方。"（下·1000）射出四箭，象征对四方有军事性行为，也就是表述以"四射"或"四矢"来征服并占有四方，是为"射四方"之礼。[①]

《礼记·内则篇》说，男孩子生下来，"射人"就要"以桑弧蓬矢六，射天地四方"（下·1469），亦即用桑木弓、蓬蒿箭朝着东西南北与上下各射一次，象征连"四方"带"天地"都要占有。

这就是"好男儿志在四方"的最古老含义。

就像太阳英雄土族格萨尔王，一生下来，就拿起弓箭——向东西南北各射一支[②]，暗示他将来要像阳光普照那样奄有天下四方。

在欧洲纹章学里，箭的繁化符号是"✝"，近似于"四箭定疆"或"射四方"之意象。

阳光常被称为"光箭"，是东西方文学一种稳定的意象乃至根喻。箭射四方与阳光四射对位或者等值。

古埃及国王在赛德节参拜太阳神庙，月神托特（Thot）与战神赛特（此本恶神），各给他两支箭，国王就"把四支箭射向四方，象征射死四方之敌"[③]。

①　本书引用《十三经》，均据中华书局影印清阮元《十三经注疏》刻本，以下仅注册次、页码。
②　[德] 施劳德记录：《土族格赛尔》，李克郁译，青海人民出版社1994年版，第237页。
③　[美] 汉尼希·朱威烈等：《人类早期文明的"木乃伊"——古埃及文化求实》，浙江人民出版社1988年版，第142页。

"光箭"是太阳烈焰之意象，能射杀四方恶敌与邪魅。

　　这既可以诠释"✚"或"☩"字所体现的"四向"与"中心"之构造或确定，又能说明"四箭定疆"跟"阳光四射"观念的潜在联系，调谐着✚（十）/⊗/✚既是"太阳"符号，又为"四箭定疆"仪式映现的"矛盾"。

　　秘鲁印加（Inca）人用矛替代了箭，四位皇室成员，"太阳神命他们为使者"，"由城市中心开始"，举着长矛，有如日光四射，"沿着四条街道跑下去，这四条街道通向城外四面八方"，旨在驱逐城里的"邪恶"[①]，实际上也是以"投矛"或"射箭"的方式仪式地重演太阳王或太阳族当初像日光四射那样征服并占有四方。"射四方"礼仪的空间化就是中国的"明堂"（欧美学者或意译为 the House of Light）：中间是"宇宙中心"，是太阳，四室就是"四至"的静态标识，意味着阳光向四方照射（参见《中国古代神圣建筑》）。

　　阿尔衮琴（Algonquin）和印第安人举行入社仪式的神圣棚屋，便是他们的宇宙，"屋顶象征着天盖，地极象征着陆地，四壁象征着宇宙空间的四方……四扇门，四扇窗户，以及四种颜色，都表示着东、西、南、北四方"[②]。

　　美洲的阿兹特克人（Aztecs）建造的墨西哥村，也象征着中心向四方发射光芒。据摩尔根介绍：

　　　　它很神妙地位于一个人工湖的中央，其庞大的公共住宅涂满了石膏，发出了耀眼的白光，四面以堤道与外界相通……[③]

　　这四面的堤道极像中国的明堂的"✚"字形或"亞"字形布局，象征阳光四射或"四出"。

①［英］弗雷泽：《金枝：巫术与宗教之研究》（下册），徐育新、汪培基、张泽石译，中国民间文艺出版社 1987 年版，第 792 页。
②［美］米尔希·埃利亚德：《神秘主义、巫术与文化风尚》，宋立道、鲁奇译，光明日报出版社 1985 年版，第 33 页。
③［美］摩尔根：《古代社会》（上册），杨东莼、马雍、马巨译，商务印书馆 1979 年版，第 196 页。

墨西哥前总统洛佩斯·波蒂略在历史小说《羽蛇》里描写了太阳神"羽蛇"（Quetzalcoatl）是怎样建造这种明堂式大房子的：

> 它的中央部分是圆的，向着四个方向各有一大幢巨大的侧屋。……他（引案：羽蛇神）不慌不忙，总是在石块中和饰品中选用四种美丽的颜色。①

墨西哥古代也有类似中国的五行，即五方各具一色的观念。但这位太阳神兼雨神建造的主要是向四方发射"光箭"的圣殿。②

这也极像中国古籍所假托的"黄帝明堂"。黄帝作为辉煌灿烂的"上帝"，亲掌太阳，用他的"四副面孔"，像古印度的"四面"大梵天（Brahman）那样向四方放射光芒。著名的柬埔寨吴哥神庙基本上也是这个构造，中间是须弥山，其外为方形的宇宙，大神就是四面如太阳的大梵天，由中心朝四方放射阳光。

纳西族则"射五方"：除了四方之外，还要向天地之中射一箭。

东巴经师主持，"手持弓箭向东、南、西、北、中五方作瞄射动作，名为'概古'，意即'射箭'或'射靶'，以示镇杀各方来敌"③。

从此也可以窥见上古对"四方"或"五方"的划分。

这里暗含着纳西族的"精威五行"观念（他们的"八卦图"系用箭头"指向"，最初的时候恐怕也是以箭"射向"）。东巴经《请排神威风神和丁巴什罗》，以神话讲述并诠释这个仪式道，古时请东巴始祖丁巴什罗做法事，丁巴什罗要用箭射代表五行的"元素"精灵：

> 朝东方瞄三瞄，把"森·哈巴"成千上万的木鬼镇压下去……④

---

① ［墨］何塞·洛佩斯·波蒂略：《羽蛇》，宁希译，人民文学出版社1978年版，第41、42页。
② 参见叶舒宪：《中国神话哲学》，中国社会科学出版社1992年版，第164页。
③ 李国文：《东巴文化与纳西哲学》，云南人民出版社1991年版，第183页。
④ 李国文：《东巴文化与纳西哲学》，云南人民出版社1991年版，第183页。

南、西、北方同样要射，最后是朝天地中间射箭——看来这是较后起的。但本质上还是"射四方"，只是依据新兴"五行"观念，照顾到中心罢了。他们认为，"中心点"也可能暗藏着恶敌。

《祭龙王杀猛妖的经书》略有异文："射"改为"杀"。

> 始祖从忍利恩带领着白猫狗，手持铁弓铜箭，到东方杀了白脸木猛妖，到南方杀了绿脸火猛妖，到西方杀了黑脸铁猛妖，到北方杀了黄脸水猛妖，到天地之间（中央）杀了花脸土猛妖。[①]

可见四方及中心都躲藏着各具"方色"的妖魔，都要用"射"或"杀"来威服或镇厌。

在纳西人普笃群祭天仪式里，"祭天东巴"（似乎代表丁巴什罗和他的子民）举行大射仪，并且呼喊道：

> 我们普笃祭天的这一群，在东方的属木的汉人还没有来和我们作对的时候，先来制服他了！[②]

对于南、西、北方也大体一样呼叫。其所射为：

东方　属木　汉人
南方　属火　民家人
西方　属铁　古宗人
北方　属水　郭洛人
中央　属土　盘人，那人，保人，武人，等等[③]

这里不免带着狭隘民族主义的色彩，但这是历史记录，也还有些真实性，如今再也听不到这种"傻话"了。

---

① 引据和云彩讲述，杨其昌翻译的《祭龙王·杀猛妖的经书》。
② 参见李霖灿：《么些研究论文集》，台湾"故宫博物院"1984年版，台北，第232页。
③ 参见李霖灿：《么些研究论文集》，台湾"故宫博物院"1984年版，台北，第232页。

现在将纳西族五方所射"物鬼"（元素精灵）与敌害列表如下。

方　向	涉及色泽	射／杀之物鬼	涉及的敌族（音／义）
东	白脸	木鬼（兵）	森·哈巴（木·汉人）
		木猛妖	
南	绿脸	火鬼（兵）	咪·民家或勒布（火·白族）
		火猛妖	
西	黑脸	铁鬼（兵）	署·景敖（铁·古宗或印度人）
		铁猛妖	
北	黄脸	水鬼（兵）	几·郭洛（水·蒙古人）
		水猛妖	
中 （天地之间）	花脸	土鬼（兵） 土猛妖	排人，纳人，保人，俄人（景颇族等）

第三章 四分的时空

四：四方与四时的对应

中国古代四季名称与四方名称相应，亦即所谓"时空对位"：

东 南 西 北

春 夏 秋 冬

董作宾认为："四方之所以自东始者，实本于四时之自春始，东南西北，春夏秋冬：是地理与天文之密切联系，亦我古代文化科学与哲学之结晶，历代相承，莫敢更易者。"[1]

如上所说，最初东西二向的划分，是因为太阳东升西落最易为初民所观察，当然以始升之"东"为首；后来有了较多接受日光的"南"，又以之为尊；背着太阳的"北"（北之言背），自然位序最后。这样就有了东南西北的习惯排列。"卜辞中，凡称四方者，无不以'东南西北'

---

[1] 董作宾：《论长沙出土之缯书》，载《大陆杂志》第 10 卷第 7 期，1955 年，台北；又见《先秦史论集》第 1 种第 3 册，《大陆丛书》，联经出版公司 1960 年版，台北，第 230 页。

为次序，余不备举，而见于古代记载者亦然。"① 春夏秋冬（最初似乎也只有春秋之别）与之相应。这是"四"作为中国模式数字最重要的时空依据。

苏联学者托彼罗夫说：

> "四"不同于"三"，"三"是动态完美的象征，而"四"则是所谓静态完美之意象。
>
> 于是，"四"被用于宇宙创始神话，并被用以表达方向。诸如四域、四方、四联神或四相神（如立陶宛民间创作中的四佩尔库纳斯以及种种神话中的四方守护神），四季、四时期，四元素（有时并与四神话人物相应），等等。
>
> 四成分体现为种种几何体；诸如此类的几何体具有极大的神话诗功用，诸如方形（方明）、曼荼罗、十字等。②

"四"的最明显体现是"四向"（或"四方"）和"四季"，以及"四向"与"四季"的对应，就是"四维"的世界，或曰"宇宙"，是宇宙观之伊始。

由"四方"观念引出"方形"建筑或设施，四方特有的颜色、元素、风物，四方的神或鬼怪……以及各种与"四方""四时"相关的仪式（如方祭、望祭、射四方等）。

还有与"四"相关的符号或几何图形，例如正方形□（有时是长方形），代表大地。印度教的正方形同样代表大地或地球（两个正方形叠放之回，却是大地与天空，跟表示"天圆地方"的图形◎不同）。

"四"才是"宇宙"。

中国文献中的"宇宙"，合言之，是整个世界，略同于 Cosmos（宇

① 董作宾：《论长沙出土之缯书》，载《大陆杂志》第 10 卷第 7 期，1955 年，台北；又见《先秦史论集》第 1 种第 3 册，《大陆丛书》，联经出版公司 1960 年版，台北，第 230 页。
② ［苏］B.H. 托彼罗大：《神秘的数字》，魏哲译，载《民间文学论坛》1985 年第 4 期。

宙）；分言之，则"宇"指空间，"宙"指时间。"四方上下曰宇，古往今来曰宙。"（《庄子·庚桑楚》释文引《三苍》）。

宇：空间

"四方上下谓之宇。"（《淮南子·齐俗训》，参见《后汉书·冯衍传》，唐·李贤注）

"［宇］四方上下也。"（《淮南子·天文训》，"虚廓生宇宙"，汉·高诱注）

"宇"原指屋廓。《说文》卷七"宀部"："宇，屋边也。从宀于声。"引《易》曰："上栋下宇。"借以指空间。《吕氏春秋·下贤览》，"神覆宇宙而无望"，高注："四方上下曰宇。以屋喻天地也。"

宙：时间

"往古来今谓之宙。"（《淮南子·齐俗训》，又见《天文训》，文略异；参见《庄子·齐物论》释文引《尸子》；又《管子·宙合篇》注）

类似的注疏还有很多。

《庄子》之后，汉人"宇宙"合称，以指大千世界、无垠时空。如《淮南子·天文训》"虚廓生宇宙"，盖近"有"生于无。扬雄的《太玄》较多以思辨解说"宇宙"。例如，"宇宙祜坦"云云，注："阖天谓之宇，辟宇谓之宙。"时空融汇才是完整的宇宙。

"四时"与"四方"的对应，就是整合时空以言世界万有，因为没有脱离时间的空间，也没有超越空间的时间。世界是"四维"的时空交渗。《庄子·齐物论》说，"旁日月，挟宇宙，为其吻合"，已暗示了时空以及处于时空融汇之中的天/地/人的一体化。

汪涛参考艾兰之意，说了一句言简意赅的话："对方位和季节（引案：对应）的最初认识应该是五行宇宙论的起源，也是五行说构架的雏形。"[①] 易言之，宇宙四分是"五行"的基础。

班大为介绍葛维汉之说，"只有在与五行力量中两个强有力的联

---

① 汪涛：《殷人的颜色观念与五行说的形成及发展》，见艾兰、汪涛、范毓周主编：《中国古代思维模式与阴阳五行说探源》，江苏古籍出版社 1998 年版，第 285 页。

系——四季或四方之间存在着一些因果关系时"，五行学说才算真正成立。①葛瑞汉将其推到战国以后。"在《管子》中的历法系统，仅连接了四季与四方和四色，使'绿/白'对应'春/秋'（生气勃勃与树叶变白的对比）而'黄/黑'对应'夏/冬'（日光与黑暗的对比）"，但由于要建构"五行"，而不得不把"第二对变成'红/黑'，而黄作为土的颜色，仍保留在中央的位置"②，可见其困窘。

而在神话思维的原始性分类里，"只要方位一定，季节就必然和方位点联系在一起，如冬天和北方、夏天和南方等等"③，倒也不是太困难的事。

常正光指出，殷人在一天之内举行"出日/入日"之祭，目的之一是"以测定准确的东西方向线为基础从而测得南北线"；而"东西线可以判定春分或秋分的到来，据南北线观测中星及斗柄的指向，又是判定夏至与冬至的一种手段"④。由此可知，不但"'度四方'是'定四时'的基础，能够测定四方，才能判知四时"⑤，而且，度得"四方"之后，判定"四时"并非多大难事，它们大都同步进行，二者不可分割。

　　　　四方，四时之体。（汉·班固：《汉书·律历志》）
　　　　四时，四方各一时。（汉·刘熙：《释名·释天》）

四向交叉构成"十"字，自有中心点。"天与四时也应是以五为数"，四季中加以"季夏"，似乎没有多大理由。常正光的解决，大致是："春、

---

① 参见［美］班大为：《天命和五行交替理论中的占星学起源》，见艾兰、汪涛、范毓周主编：《中国古代思维模式与阴阳五行说探源》，江苏古籍出版社1998年版，第173页。
② ［英］葛瑞汉：《阴阳与关联思维的本质》，见艾兰、汪涛、范毓周主编：《中国古代思维模式与阴阳五行说探源》，江苏古籍出版社1998年版，第42页。
③ ［法］爱弥尔·涂尔干、马塞尔·莫斯：《原始分类》，汲喆译，上海人民出版社2000年版，第76页。
④ 常正光：《阴阳五行学说与殷代方术》，见艾兰、汪涛、范毓周主编：《中国古代思维模式与阴阳五行说探源》，江苏古籍出版社1998年版，第256页。
⑤ 常正光：《阴阳五行学说与殷代方术》，见艾兰、汪涛、范毓周主编：《中国古代思维模式与阴阳五行说探源》，江苏古籍出版社1998年版，第256页。

夏属阳，秋、冬属阴，阴阳之交为中，也就只能把四时之中置于夏秋之交了。"[①] "明其五候"[②]，汉贾逵说，"五候，五方之候也，敬授民时四方、中央之候"，则时空对应的"五行"自在其内。时空观或宇宙观逐渐成熟定型。在毕泰戈拉学派的数的哲学里，"四"只是数的序列中的一项，却是非常重要的一种，特别是跟"四大"（elements）联系起来的时候。第欧根尼·拉尔修《著名哲学家》介绍道：

> 万物的始基是"一元"。从"一元"产生出"二元"……产生出四种元素：水，火，土，空气。这四种元素以各种不同的方式互相转化，于是创造出有生命的、精神的、球形的世界……[③]

根据黑格尔的论述，"四"在这个学说中占据很高的位分。

> 它在这里令人想到四种元素，化学元素，四个方位（自然中存在着四，四涨漫一切）；四就是在现在［的自然哲学中］也是同样被重视的。四之为数，乃是二的完成，乃是回到自身的统一，乃是二、对立的产物。二或对立自乘起来，回到自身同一性就是四。二只消进展到使自身得到规定，使自己与自己相等（即自乘），把自己放到统一中，就是四，四就是二的平方。[④]

"四"成为"四元"（Tetraktys），"活跃的、活动的四"。后来更系统论述"四大"的恩培多克勒企图发现"四"的"世界"与"世界

---

① 常正光：《阴阳五行学说与殷代方术》，见艾兰、汪涛、范毓周主编：《中国古代思维模式与阴阳五行说探源》，江苏古籍出版社 1998 年版，第 258 页。
② 参见《逸周书·程典》及《左传》昭公二十三年。
③ 北京大学哲学系外国哲学史教研室：《古希腊罗马哲学》，商务印书馆 1961 年版，第 34 页。
④ ［德］黑格尔：《哲学史讲演录》（第 1 卷），贺麟、王太庆译，商务印书馆 1959 年版，第 234—235 页。

精神"的意义，而且跟中国古人一样，将其与人以及人的德行结合起来。

> ……如果你这样做了，
>
> 便会引你走上神圣德行的道路；
>
> 他把四元给予了我们的精神：我们凭着他起誓，
>
> 四元本身中有永恒自然的泉源和根蒂。[①]

因为，如上所说，"四"才是时空交汇的"自然"或宇宙。

佛教的"四大"（Caturmahābhūta），也叫作"四界"。由"色法"（物质）分析出"基本原素"：地、水、火、风。"能造四大"，能够造作诸"色法"，"色法"为其造作，也称"四大所造"。

按照《俱舍论》（卷一），其作用为：

> 持（保持）；
>
> 摄（摄集）；
>
> 熟（成熟）；
>
> 长（生长）。

其属性分别为：坚、湿、暖、动。

"佛教以此说明人身无常，不实，受苦。"[②]

《金光明最胜王经》（卷五）云：

> 地冰火风共成身，随彼因缘招异果，
>
> 同在一处相违害，如四毒蛇居一箧。

已暗含"四行"相克之意。

---

① ［德］黑格尔：《哲学史讲演录》（第1卷），贺麟、王太庆译，商务印书馆1959年版，第235页。

② 任继愈：《宗教词典》，上海辞书出版社2010年版，第295页。

据说，在印第安人那里，"四"起初只是对胞族二分的再划分，跟空间或物质的关系是偶然的，命名也只是为了称呼的方便。例如，"米苏里的庞卡人是由两个半分部落、四个胞族、八个氏族构成的一个部落"①。它们的营址包含对四个胞族的区分和命名：火／风／水／地，或说这并没有多大深意，某块营址的划分跟原始社群组织是一致的；但命名多属约定俗成，部分与其崇祀的图腾或自然物有关，部分无关，但分类、分区均与社群划分相关。这一点可以肯定。

有一种空间的划分是纵向的。例如，苏族和阿尔衮琴的"动物世界"划分为五层："最高空、天界、地界、亚界、亚水界。"② 这可以说是他们的一种"原始宇宙观"。

列维－布留尔也说，印第安人最重"四"，其中最关键的是四个方向，以及与之相应的四种颜色。

大多数北美印第安人部族为"四"这个数赋予的神秘意义，超过了其他一切数。"几乎在一切红种印第安人部族那里，4及其倍数都具有神圣的意义，因为它们专门涉及东南西北四方和从这四方吹来的风，而且希腊人划各端相等的十字，也是4这个数的自然崇拜的标记和符号。"③ 在纳发霍人（Navajo）的长篇史诗中，"所有的神都是4个一组地出现，他们全都按4个方位排列并被涂上每个方位所固有的颜色。这里可以见到4个熊神、4个豪猪、4个松鼠、4个身材高大的女神、4个年轻的圣徒、4只闪电鸟，等等。给主人公4天4夜来叙述他的故事，主人公的沐浴要4天时间，等等"④。

甲骨文中，四方方名、风名配搭得非常整齐，说明其四方观或世界的"四分"已经严格而又标准。我们有《甲骨文四方风神话》的专作，发现四风名首先是四方凤鸟之名，亦即四种凤鸟之神；四方方名即四方

① 参见［英］乔治·汤姆逊：《古代哲学家：古希腊社会研究》，何子恒译，生活·读书·新知三联书店1963年版，第49—50页（这种划分，与原始社群的名称，现在已有不同意见；本书引用原文不加改变或注解，只注重其划分的情况）。
② 参见［英］乔治·汤姆逊：《古代哲学家：古希腊社会研究》，何子恒译，生活·读书·新知三联书店1963年版，第49页。
③ ［法］列维－布留尔：《原始思维》，丁由译，商务印书馆1981年版，第205页。
④ ［法］列维－布留尔：《原始思维》，丁由译，商务印书馆1981年版，第205页。

神名——它们甚至可能跟殷的先公（个别为先王）或传说英雄有联系（这一点最受专家诟病），也许在某些特殊语境中，间或与"方色"配搭（这是初步的推想）。

简单表示如下（尽可能用通行字）。

	方　名 （神名）	鸟	祖　妣	风　名 （凤名）	鸟	祖　妣
东方	析（折）	焦明 （太阳鹰）	挚/昭明	协	鹬凤	
				俊风	鹡鸡（锦鸡）	帝俊
南方	因/夹	鹊	王亥	岜（微）	鹜/鹐/鸥鹐	上甲微（或王亥）
西方	韦/彝	雉	羿	彝/韦	鸡，雉	羿
北方	元/夗	雏雉 （信天翁）	女和 （羲和）	叚（伇）	鹬	女和（羲和）

中国的"四时"（或四季）与"四方"严密对应，说明其对宇宙时空的"四分"已相当成熟。"四时"各有名称，或说其即"四季之神"，例如湖南长沙子弹库出土战国楚帛书所见。饶宗颐说："缯书（即楚帛书）记四时神名，如'春曰青杨'与《尸子》《尔雅》相类。"[1]

春为青杨　夏为朱明
秋为白藏　冬为玄英

青杨，郭注："气清而温阳。"邢疏引《尸子·仁意篇》述太平之事云："烛于玉烛，饮于醴泉，畅于永风；春为青阳，夏为朱明，秋为白藏，冬为玄英。四时和为正光，此之谓玉烛。甘雨时降，万物以嘉。高者不少，下者不多。此之谓醴泉。"

---

[1] 饶宗颐：《楚缯书十二月名覈论》，载《大陆杂志》第30卷第1期，1965年，台北。

《吕氏春秋·十二纪》《礼记·月令》等书曾给出所谓"明堂"五室的名称：

> 中央太室（即世室）
> 东青阳　南明堂
> 西总章　北玄堂

与此大体相合，益证《帛书》《尔雅》等"四时"与"四方"相应，时空模式相对位。

《礼记·月令》等透露着君主"轮居"明堂十二室的消息，孟春之月，"天子居青阳左个"，如郑注所说，"皆所以顺时气也"。天子"驾仓龙，载青旃，衣青衣，服仓玉"，都是春天的颜色。"青阳"无注。《吕氏春秋·孟春纪》高注也只说"东出谓之青阳"。"青阳"还被假托为黄帝子。

四灵（四鸟、四兽、四神）与"四方"或"四向"对应，它们"标识"与"指向"的特殊功能有专章论述，这里只讲直接相关者。长沙子弹库楚墓出土的《十二月神楚帛书》四角各有神树[1]，它们不但与"方向"而且与"季节"相关，即时空对应。[2] 这种对应通过植物体现，是很适合的。这跟《论语》等书中四时"改火"用不同的木，在观念上是暗通的。汉马融《论语》注引《周书·月令》"更火"的规定说："春取榆柳之火，夏取枣杏之火，季夏取桑柘之火，秋取柞楢之火，冬取槐檀之火。"初民以为火亦有生老病死，木亦如之，所以要改火（参见待刊的《五秘仪》）。

杨宽也注意到《楚帛书》里所谓"雹戏"生四子：

> 长青☒榦——秉
> 二朱☒兽——𩐇（且）
> 三翏黄难——玄
> 四☒墨榦——荃（涂）

---

① 参见商承祚：《战国楚帛书述略》，载《文物》1964 年第 9 期。
② 参见陈梦家：《战国楚帛书考》，载《考古学报》1984 年第 2 期。

不但跟"四（色）木"相应，而且与十二月神里兼司四季的神同格（名见上），"这样以四时之神与四方、四色相配合，原是先秦时代流行的学说和风俗。《礼记·月令篇》和《吕氏春秋·十二纪》，就记载有五帝、五神和四时、四方、五色、五行、十日等配合的系统"[1]。

华夏－汉人的季节之神与方位之神，早在战国已经"相应"。这主要见于《礼记·月令篇》。

季　节	帝	神	虫（动物）	元素（见郑注等）	方　位
春	太皞	句芒	麟	木	东
夏	炎帝	祝融	羽	火	南
（季夏附）	黄帝	后土	倮	土	中
秋	少皞	蓐收	毛	金	西
冬	颛顼	玄冥	介	水	北

这当然是战国五行思想成熟的产物（下文还要提到）。中央"土"云云，是硬塞进去的。不管"中心"观念多么强大，早期"四向／四方"的配置里，并没有中土之神。此亦见于《吕氏春秋·四时纪》《淮南子·时则训》等。

四圣物"指向"或"定方"

最常见的是用"四鸟"（或"四兽"）来指向或"定方"，这些神圣动物也就成为"四方"的代表、控制者或保护神。这在新石器时期就已见萌芽形态。

那志良《古玉鉴裁》揭载一件古代玉璧[2]（原定为西周物），恰当四方（四神、四象）的位置，各有一个披发（或说戴着风字形高冠）女神面部雕像，其下有高度简化并且"分离"的乳房、胸腹和所谓"有牙女阴"（Vagina dentata）——它们还构成"兽面图案"，即远古的饕餮。

---

① 杨宽：《楚帛书的四季神像及其创世神话》，载《文学遗产》1997 年第 4 期。
② 那志良：《古玉鉴裁》，国泰美术馆 1980 年版，台北，图版玖及说明。

这跟良渚文化玉器上常见的体现生殖崇拜、母性崇拜的"神人兽面纹"如出一辙，所以怀疑这个玉璧也是良渚文化的遗物。[①]那志良曾据陈大年《教育部第二次全国美术展览会陈大年古石玉器琉璃器藏品说明书》介绍说：

> 天与地相对，天用圆的璧，地用方的琮，其他四器，是把
> 立体形的动物变成平面形，以与四神之形相合。[②]

看来，这个"四神像"玉璧跟后来的"四灵铜镜"十分相似，中间的"好"巧妙地充当了"中宫"天极。然而这四个"神人兽面"完全一样，这怎么能标示方位呢？看来这里还有秘密蕴藏（或说此系伪刻，或说玉真而刻伪，待考）。

图 3-1　神人兽面纹玉璧示意图

（或属良渚文化期，台湾私人收藏，传世品，摹自《古玉鉴裁》图版玖）

我们特别注意到这四位神人高耸的头发上方构成〜形，顶上的尖角极可能具"指向"功能，不然为什么要这样处理呢？

---

① 参见萧兵：《良渚玉器"神人兽面纹"新解》，载《东南文化》1992 年第 Z1 期。
② 那志良：《古玉鉴裁》，国泰美术馆 1980 年版，台北，图版玖及说明。

如果这个传世的玉璧确实是良渚文化遗物的话，那么至迟在新石器时代晚期，就出现了明确无误的东南西北四方或四区观念和定向方法，这个玉璧跟后来的"四神"镜布局完全一致，但是四个神人兽面却完全一样，所以不能仅仅用它来标志方向，它可能跟别的礼器结合使用。然而神人发冠顶部都是尖状，表明其有"指向"功能。文献说圆璧分四向与四圭组合用以祭天，如◆之状，这又可能象征太阳光射向四方。可惜，有人以为是赝品，或"器"真而"刻"伪。

如果是伪器或伪刻的话，必须"假"得跟真的一样，才能以假乱真；这四个"神人兽面"，却跟常见的或后来出土的繁／简二式神像，都差得很远。有这样傻的"弄虚作假"者吗？

此可与表示"天地交通"的玉琮四面和"神人兽面"相参看。

除了传世"四神璧"和含山"原八卦"玉版以外，浙江余姚河姆渡文化，第二文化层出土一件极其重要的刻画陶豆（M4：1），豆腹底部刻画有一个四叶风车式的花纹——其实是原始的"十"字形指向器。

图 3-2 "四鸟"陶盘

（河姆渡文化第二文化层，浙江余姚河姆渡，摹本）

这四只飞鸟围绕中心类"十"字花图案飞翔，它们不但划分出四区，鸟的尖嘴显然具有指向功能。原品画得歪歪斜斜，却非常真实，摹本已规整化。

林华东的描述是："豆盘内腹底刻有当中缠绕在一起、外端上下左右相互对称的两对形同钩状利刃的图画,蕴含着深奥神秘的宗教色彩。"[①]

　　我们在河姆渡文化展览馆反复谛看,觉得很像四只神鸟组成的"四向图",巨大的鸟嘴巧妙地充当着指示方向的"尖头"。我们可以参照类似的一些四鸟或四兽的 X 形组合,辨识出它的基本形样。

图 3-3　南北彩陶里的"四鸟"图纹

（左上、左中:马家窑文化马家窑类型;上右:新疆焉不拉克青铜文化;左下:大十字纹纺轮,河姆渡第四层;右下:良渚文化陶器）

　　有的"四向"图纹,似飞鸟又似火焰,或清晰地表示其作顺时针旋转。它们既有"指向"功能,又有标识和控驭"四方"的意旨,本质上是一种原始性的"宇宙符号",与十字纹、卍字纹一致。

① 林华东:《河姆渡文化初探》,浙江人民出版社 1992 年版,第 223 页。

　　我们必须注意，"四鸟十字"图纹陶豆，出土时倒覆在 T233 ① M4 号墓主人的头部，看来原置于尸体头部附近，地位特殊。①

　　更加奇妙的是，1998 年，江苏六合程桥羊角山新石器遗址出土一枚陶纺轮，中心是"五角星纹"，五只主要画出鸟头的大嘴鸟环绕飞翔②，与河姆渡出土者意匠大致相同，只是鸟嘴指向"五方"而已。由此可以推定，河姆渡陶豆刻的确实是"四鸟十字"。

　　陈忠来注意到"四鸟十字"与"四向"的联系，它"全图似一正在天空盘旋的鸟阵"③。如果不嫌穿凿的话，它确实可以认作一幅"动物模式化"的"太阳十字"，十字从来都是太阳或"太阳火"的意象，而河姆渡的神鸟绝大多数都跟太阳联系在一起。

　　陈忠来则认为，"四鸟"是墓主人的"守护者"。

　　　　在原始人的心目中，四鸟可能属于守护神之类，像后来传说中如来佛顶上的护法大鹏，它们从空中守护着东、西、南、北四方，卫护着死者灵魂的安全。如果真是那样，那末，M4 号墓死者生前在氏族中显然是一个很重要的人物。④

　　我们则想起《山海经》里的帝俊"使四鸟"来。

　　邵九华充分重视这个"四鸟"陶豆的中心十字纹，"十字头部用 4 个鸟头连接，给人以旋转的感觉"；他注意到"十"字为太阳符号的理论，"这种符号在河姆渡文化陶鼎足部和其它新石器遗址文物中也常常出现。若依此说，河姆渡人意念中的太阳和鹰类大鸟其实是一个共同体"⑤。然则是四只神鸟（凤神）环绕十字"太阳纹"飞翔，在结构上有一些像成都金沙晚商遗址出土的"四方风／四凤鸟"围绕太阳飞行。

---

① 陈忠来：《太阳神的故乡——河姆渡文化探秘》，宁波出版社 2000 年版，第 239 页。
② 参见郑岩：《飞翔的纺轮》，载《文物天地》2002 年第 3 期。
③ 陈忠来：《太阳神的故乡——河姆渡文化探秘》，宁波出版社 2000 年版，第 239 页。
④ 陈忠来：《太阳神的故乡——河姆渡文化探秘》，宁波出版社 2000 年版，第 240 页。
⑤ 邵九华：《远古文化之光：河姆渡遗址博物馆》，中国大百科全书出版社 1998 年版，第 140 页。

图 3-4 蟠结"十"字花

（上：河姆渡文化，两种摹本；中、下：大溪文化。器物中心图纹）

这种"十"字花，由四条蛇状纹交错蟠结而成，构造越来越巧妙，似有"四方"联结紧密之意，与"无穷结"也有些关联。

图 3-5 "四鸟绕日"金箔

（四川成都金沙遗址出土，晚商）

四只长身的凤鸟绕着"旋转的太阳"飞翔，实际上四只"风神鸟"拱卫着太阳神（往往由始祖神兼任）。它们同时标识着"四向"，就像此前的河姆渡陶豆"四鸟"和后来的"四灵／四神"那样。由于精美和巧妙，这个图案中选为中国旅游的一个标志。

冯时敏锐地辨识出河姆渡陶豆中心为"太阳"象征（太阳十字），而以四鸟为四时与四方。"太阳在天空中每一位置的变化，都需要靠鸟的搬运来完成。"四只神鸟负载（或护卫）着太阳东升西落，南行北进，"不正是四时日行四方的写真"？通常称为"双凤朝阳"的骨雕（它已成为河姆渡文化的徽识与象征），无疑体现了二分日时太阳分主东、西方的古老观念。[①] 虽然略嫌牵强，不无"过度诠释"的嫌疑，但基本精神是对的：那时可能有了时/空的"二分""四分"的初步观念。

　　这里交代一句，用"四鸟"标识并且指示"四方"，意义很大，美洲更有这种古老的办法。

图 3-6　四兽划分四区

（西安半坡陶盆沿与盆心图纹，新石器时期）

用四兽（神圣动物）划分"世界"的四区或四方，或者表示"四向"，早已萌芽于东西方的古老图纹之中）。

　　这是后来中国"四灵/四兽"的源头。

　　这里必须重申：用鸟来标识方向，已成上古中国人的习惯。

　　甲骨文四方方名、风名基本上是神鸟或有鸟化身的祖先神、英雄神，他们以"祖灵"（旧称图腾）充任风神、太阳神或"方向神"。而"十"字"指向器"，原来就是"太阳符号"。

---

① 冯时：《中国天文考古学》，社会科学文献出版社 2001 年版，第 159 页。

考虑到河姆渡有"双头太阳鹰"图案（或称"双凤朝阳"）发现，不能排除他们同样崇拜"太阳神鸟"，并且借以标识"方位"；陶豆四鸟构成"十"字形，恰与"太阳符号"相合。[1]

后世有所谓"观风鸟"的装置，同样以鸟头或鸟喙指示方向——当然，最初是用轻便的鸟羽测指风向。

晋王嘉《拾遗记》说："鸠知四时之候。故《春秋传》曰'司至'是也"（其所司"四至"又可指四向、四方、四极）。《拾遗记》还说，"相风（鸟）"是鸠的遗像。陆思贤《神话考古》将其与绍兴306号战国墓"鸠柱"魂屋联系起来，说它"正是大汶口文化太阳鸟图腾柱的形象"[2]。

图 3-7　用动物标识"四区"

（左上：萨马拉遗址出土陶器纹样，两河平原；右上：哈拉巴文化出土印章，印度河流域；左下：伊朗西部出土陶器纹样；右下：作为参照的秘鲁陶器纹样，昌凯文化，公元1350年）

用动物来标识"四区"，由来已久。此间略举用同一种动物者。

这种"四鸟"（其异变为"四兽"）分置四分或构成"十"字、"×"形，实质上就是殷商以四只神鸟（或四种凤鸟）分司"四方"和"四方风"的滥觞。这种划分还保存着一定的形象性。

---

① 参见萧兵：《中国早期艺术的文化释读：审美人类学微观研究》，湖北人民出版社2014年版，第48页。

② 陆思贤：《神话考古》，文物出版社1995年版，第72页。

而"四方"是"天下"的代码，是宇宙的构成形式。

所以，这种符号跟卍字、中字、米字等同样是一种宇宙性的符号（有的还顺时针／反时针地旋转，跟太阳符号趋同，而太阳符号也是一种宇宙符号）。这种符号可以追溯到西亚。

这种四鸟（或四兽）指示、标识或控驭"四方"的做法，是后来"四灵／四神"的前身（这些都在《甲骨文四方风神话》一书中有所讨论）。

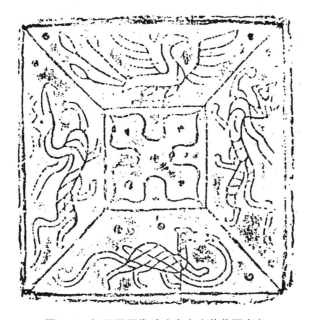

图 3-8　汉四灵画像砖（中央为莲花图案）

在画像砖或铜镜里，由四大神物划分出来的宇宙"四分"是相当明确的。从这种可以代表"方地"的四方形铜镜或画像砖里更能看出对地面世界的"四分"（用"四神"来标识），姑举一例示意。

除了用鸟标识以外，还有用兽、树木或其他圣物指示"四方"者，后来的"四神／四灵"就来源于此。这里以中国为主，略举世界上类似的办法。它们多已成为"圣物"，作为"标识"相当多见，此处只是示例。

西亚的一些被"四分"的圆形图案里，有一些是用动物来代表"四方"或"四区"的，除"四鸟"已归入专节介绍外，这里列出用鱼、蛙、鹿或羊来"四分"的图形（参见图 3-7）。

图 3-9　⊕字纹和四区神圣动物

（左：四蛙，齐家文化彩陶图纹；右：战国彩陶，河南辉县出土）

这些动物都不是"四神"或"四灵"，大多出现较早，虽然年代距离很远，却都是用四种动物标识（宇宙）"四区"。

图 3-10　用四"圣物"标识四方

（左：中世纪《圣经》封面；右：圣经《旧约·以西结书》封面，大约亦中世纪文物）

基督教有时以四种动物替代四位圣徒或"四福音书"，从而四分了世界。他们并不拒绝采用动物形状。有时这些圣动物还跟"四天使"一样追随上帝，或保卫天国。

如所周知，基督教多用"四福音书"或与之对应的"四圣徒"标识"四区"——中心一般是耶稣基督或十字架，但也有用四种动物来"代表"它们的。例如：

马太（福音）——人
马可（福音）——狮

路加（福音）——牛

约翰（福音）——鹰

　　这跟先知书《旧约·以西结书》等四书"幻象"相关，又掺进了东方式的宇宙四分构想。有的图像则是以四根"天柱"或"天使"支持天穹或地球，或者以四种"圣物"来守卫天国（请参看《甲骨文四方风神话》一书）。

图 3-11　四方神

（左：欧洲中世纪福音书封面；右：犹太教《圣经》封面，中世纪）

　　中世纪圣书封面，插图，长方形、正方形或椭圆形"中央"是上帝，是太阳，是宇宙中心；四角往往布置"四风"之神，后来渐渐演变为见于《启示录》的四神物，但还带着风神的鸟翼，再变而为"四福音书"、四使徒、四骑士或四种"精神"——都以"四方"之"四"为模式数字和结构。

　　星空的划分，正是大地分区的太空映象。

　　西安交通大学西汉壁画墓出土了迄今最早的二十八宿图像（参见图3-12），它绘于长方形主墓室拱顶上，在两个可能表示赤道圈的大同心圆组成的环带之内，环带宽约30厘米，中心位于拱顶正中偏北处。在这幅星图里出现了所谓"四灵"或"四象"的图形：东苍龙，西白虎，南朱雀，北玄武（蛇）。"四神"跟二十八宿紧相联系配置，每一神领属若干"宿"，其表示天空"中心"的办法独特而有理据。

在墓室拱顶南北方向的中心线上、圆环带内侧绘有太阳和月亮，太阳在南，月亮在北。这种布局也与中国古代赤道二十八宿的分区相配合：南为阳、北为阴；白天为阳、夜间为阴。这种分区方法与该墓星图中用四神定位，也是相吻合和对应的。星图中，壁画的东部是苍龙，西白虎，南朱雀，北玄武。四神与星宿分布联系在一起，构成一幅完整的二十八宿星象图。[1]

关于"四神"，王小盾有书详细讨论；关于"四灵"，《龙凤龟麟：中国四大灵物探究》一书则有述及。这里只举较古老的一种为例，别的从略。

图 3-12　四神与二十八宿

（西汉壁画，西安交通大学壁画墓出土）

"四神/四灵"至迟在战国时已经出现，在天空作为星辰出现，这个图像是比较早的。

---

① 陕西省考古研究所、西安交通大学：《西安交通大学西汉壁画墓》，西安交通大学出版社1991年版，第24—26页。

西亚、东欧的四方神

西亚和欧洲也有"四灵"式的四方保护神，往往由重要的神担任，一般有动物化形，西亚表现比较典型，特为之详。

巴比伦四向的守护神／兽是：

东——马尔杜克（太阳神）　　翼牛形

西——尼勃　　　　　　　　　人形

南——内尔加尔　　　　　　　翼狮形

北——尼尼勃　　　　　　　　鹰形

图 3-13　四圣物划分世界

（左上：四羊陶盘图案，或说四水神，两河平原；左下：附旧式"四分"罗盘；右：西亚，底格里斯河畔的萨迈拉，苏美尔文化，约公元前 5000 年）

用四位长发女性（或四鸟／四鱼／四羊／四叶）来划分世界，那飘逸的长发或利角好像还有"指向"功能。整个画面由静化动，似在旋转。有时，外围还有八个圣物，鸟首有翼女神（或八鱼／八鸟），指明还有"八方"。或说，四只圣羊或半鱼半羊是水神埃阿（Ea）的化身，象征生殖与富饶。

整体含义虽然还不甚明了，但用圣物来划分世界，殆可无疑。

053

当初发掘这西亚"四神"动物形造像的英国考古学家雷雅德，面对它们大发感慨道：

> 这些神秘的形象往往令我陷入长时间的思索，我想到它们的含义，也想到它们的历史。还有什么比人们为他们的神庙里创造的形象更为圣洁的呢？在没有高度发展的宗教教义的时代，人们想要表现那至高的尊神如何睿智，如何强大而又无处不在，在大自然界还能找到更为卓越的形象吗？①

他认为，这四方之神所依托的人和其他动物的形象都具有深邃的象征符号功能。特别是内尔加尔神所寄寓的人首翼狮形，意义丰富。

> 人头最能表现智慧和知识，狮身最能表现力量，而鸟翼最能表现动作的迅捷。人头飞狮不是随意造出来的，也不是单纯幻想的产物；它的形态清楚地表达了内在的含义。3000年前盛极一时的民族对它充满敬畏，也从它汲取智慧。那时无论国王、僧侣还是普通战士都要经过人头飞狮踞守的大门，把祭品奉送到人头飞狮的祭坛之上。②

智慧、勇猛和敏捷就这样有机地结合在"三位一体"的组合动物身上。这也是原始性思维的一大特征，尤其是在东方，世界被"划分"了，却还保存着相当的形象性或生动性，一旦被艺术性再现，就炫示着"美"。

巴比伦对于宇宙的"四分"，其理论基础是由占星术产生的"神话地理学"（Mythical Geography）系统。有些像中国的原始"星野"划分，印度的诸宿曜辰摄护国土四方，巴比伦地下世界也依照天空划分为四区，

---

① ［英］C.W.西拉姆：《神祇·坟墓·学者》，刘迺元译，生活·读书·新知三联书店1991年版，第272页。
② ［英］C.W.西拉姆：《神祇·坟墓·学者》，刘迺元译，生活·读书·新知三联书店1991年版，第272页。

并由不同的星辰或星座统治和卫护①，与四方的守护神略有不同。

南：阿克达	摄护者：木星
西：阿姆鲁	摄护者：火星
北：苏巴杜	摄护者：昴星团
东：伊拉	摄护者：英仙座

卡西尔说，这种划分似乎摆脱了原始的直观划分法，把人的直接观察或感受（例如根据太阳视运动确定四向与四方）提高到"天空"或较为抽象的领域，"狭隘的感性意识似乎被一种真正宇宙性和普遍性的观念所克服"；然而"结合的原则——神话和'神话宇宙学'——依然如故"②。

靳之林认为，苏美尔"四鸟/四兽"十字回旋图案对半坡彩陶图案具有影响关系。

> （公元前5000年）底格里斯河畔萨马拉出土的彩陶山羊图案组合和山羊生命树组合，对半坡出土的彩陶图案的影响是显而易见的。萨马拉彩陶中的太阳神，两羊追逐相合、四羊以生命树为中心的追逐相合的几何图案化和四羊追逐相合的巨大生命与运动的旋律，就是太阳火焰光芒的旋转，这里以羊为象征的太阳，靠着羊角的流动和辅助线条的飞动旋转起来了，静止的太阳符号旋转起来了，变成了"卍"字的符号。③

另外，还有衔鱼的四鸟，四位长发女神，也都旋转成卍形符号——这实质上仍是太阳"十"字或太阳火的动态化或繁复化。而半坡也有"四

---

① ［德］恩斯特·卡西尔：《神话思维》，黄龙保、周振选译，中国社会科学出版社1992年版，第105页。
② ［德］恩斯特·卡西尔：《神话思维》，黄龙保、周振选译，中国社会科学出版社1992年版，第105页。
③ 勒之林：《生命之树与中国民间民俗艺术》，广西师范大学出版社2001年版，第291页。

鱼"或"四羊"（一般认为"四鹿"）的"四向"排列和旋转的趋向（靳之林说）。

古希腊有把宇宙"四分"的迹象。他们的一些图形，明显地"四分"，有的还分列于"太阳"旁边。所谓"地/水/火/风"之"四大"有时与"四方"联系。

再进一步，他们不但有"四大"，还将其与"四神"相黏附。

艾尔修《学述》介绍恩培多克勒的"四种元素"以后说："他把以太（引案：火）称为温暖万物的宙斯，把气称为养育万物的赫拉，把土称为爱多纽，纳斯蒂和生命源泉则是指精液和水。"[1] 只是没有把他们与"四方""四色"相联系罢了。

> 火：宙斯（Zeus，雷电与太阳神）
>
> 气：赫拉（Hera，天后，或说司风）
>
> 土：爱多纽（Aidoneos，或译安东尼斯，代表土地上"生—死—再生"的植物）
>
> 水：纳斯蒂（Neesitis，水神）

苗力田主编的《古希腊哲学》，仍以诗体绎述它。

> 首先请听真，万物有四根：
>
> 宙斯照万物，赫拉育生命；
>
> 还有爱多纽以及奈斯蒂，
>
> 她用自己的珍珠泪，浇灌万灵生命泉。[2]

据李约瑟介绍，塞罗斯的 Pherecydes（费雷西底）也把每一"行"与一位特别神祇相配。

---

① 北京大学哲学系外国哲学史教研室：《古希腊罗马哲学》，商务印书馆 1961 年版，第 75 页。

② 苗力田：《古希腊哲学》，中国人民大学出版社 1989 年版，第 111 页。

这是"道成肉身"的一种原初的形态。

图 3-14　相连的"四圆"

（西亚的图纹，右附希腊陶瓶）

这四个连接着的"圆"，既划出了"四分"世界，又构成无尽的"螺旋圆"。注意左下方的两件已经有了明白的"中心"太阳纹（也有了"八方"的暗示）。

它如西亚、中亚和东亚原始（性）文化遗址和器物里的"四分圆"图案一样，暗示了宇宙的"四分"。

古代罗马也有宇宙的"四分"。

在古罗马，所谓宇宙（mundus），原是指一种圆形的壕沟，它分为四部分，它既是宇宙的形象又是普通人住房的典型模式。所谓方形（quadrate），实际上并非全指正方形，而是指分为四个相等的部分。因为 quadr 就意味着"四"。四的神圣化是相当普遍的现象。①

后来欧洲，仍然以欧／亚／美／非"四大洲"划分世界，带点儿美学均衡的意思（巴黎卢森堡公园喷水池雕塑便以"四方"为名）。

图 3-15　四方

（"四方"喷水池，1865—1872 年，［法］卡尔波的青铜雕塑，像高 220 厘米，现在巴黎卢森堡公园）

人们已经熟知大地是个球体，但对大洋洲、南极洲缺乏认识，也为了美学上的均衡，仍以欧、亚、美、非为代表世界的"四部分"。"四分"的意识根深蒂固。

卡西尔别出蹊径，由"地面"着眼，由"地下"入手。

他认为，大地（或宇宙）的"四分"，是因地下"水体混沌"——它也可体现为"宇宙海"或"世界脐"——由"中心"涌出，分流四方而引起的，"既然尘世与天界和地下三者"纵向贯通，"有关'中土'的垂直向观念得以萌生"，那么，在"水平向"上也就因"中心"而划分为"四方"，所谓"天下中心国"也就跟"四夷"，所谓"开化极微

————————

① 朱狄：《信仰时代的文明——中西文化的趋同与差异》，中国青年出版社 1999 年版，第 32 页。

的'野陋'外围相对立"[1]。从而强化了"中心国度"自我"唯一"的妄自尊大观念或唯我独尊的幻觉。这绝不仅仅是古代中国独有,巴比伦此种观念也特别强烈,欧洲更有"地中海中心论"[2]。因为——

> 凡是把北、南、东、西合作世界基本方位的地区,这种特定的划分通常也充当世界及世界过程全部构造的模式和原型。[3]

这样,"中心者"几乎就是至高无上的"唯一者"(至少是"天子"),也就自封为宇宙时空的执掌者或主宰者(君主/主人/主上/圣主)。"自我中心"与民族沙文主义一致起来。

图 3-16　彩陶上的"四分"或"四指"图案

(马家窑文化,公元前3813±175年——前3100±190年,甘青高原出土;左下、右下是作为参照的印第安图案)

普通的"四分"式图案出现较早,并不用四种动物标识,也许还不表示世界或宇宙的"四区",但是"四分"的意旨颇为鲜明。

---

① [德]恩斯特·卡西尔:《神话思维》,黄龙保、周振选译,中国社会科学出版社1992年版,第165页。
② 参见萧兵:《中庸的文化省察——一个字的思想史》,湖北人民出版社1997年版,第688—692页。
③ [德]恩斯特·卡西尔:《神话思维》,黄龙保、周振选译,中国社会科学出版社1992年版,第165页。

上方"四分"圆圈里"艹"形符号颇似远源西北的楚姓之"芈"（参考王大有说），含义不明。

印度教和佛教系统的四方和四方神

在印度早期婆罗门教的宇宙观里，四方守护神为：

东方：阿耆尼（Agini，火神）

西方：伐楼那（Varuna，水神）

南方：阎摩（Yama，冥神）

北方：苏摩（Soma，酒神）

梅列金斯基论述道："嗣后，上述诸神称谓发生重大变异。就密宗而论，有五智如来之说；相传，五智如来是为中央及地之四域的象征。"[①] "五智如来"就是印度式"五行"的象征。

我们在"曼荼罗"图式里还看到更像中国"四灵"的四圣兽，例如，龙 / 龟 / 虎 / 狮或者龙 / 虎 / 狮 / 孔雀等，拱卫中央。

宇宙的四分往往用四个物象，尤其是四种动物来标识。

《摩诃婆罗多·毗湿摩篇》中全胜说，有个叫"萨摩"的世界，用四头"方位象"如四灵一般标识"四向"。

> 大王啊！它有四个角，三十三个地盘。
> 那里屹立着四头闻名世界的方位象，
> 婆摩纳和爱罗婆多等等，俱卢后裔啊！
> 还有苏波罗迪迦，颞颥和面颊裂开。[②]

---

① ［苏］叶·莫·梅列金斯基：《神话的诗学》，魏庆征译，商务印书馆1990年版，第243页。

② ［印］毗耶娑：《摩诃婆罗多·毗湿摩篇》，黄宝生译，译林出版社1999年版，第60页。

《长阿含经·世纪经·阎浮提洲品》叙写世界中心的"须弥"及其"四方"较为详尽，兹分述如下：

佛告比丘：须弥山北有天下，名曰"郁单曰"（"曰"或作"越"），其土正方，纵广一万由旬，人面亦方，像彼地形。

须弥山东有天下，名"弗于逮"，其土正圆，纵广九千由旬，人面亦圆，像彼地形。

须弥山西有天下，名"俱耶尼"，其土形如半月，纵广八千由旬，人面亦尔，像彼地形。

须弥山南有天下，名"阎浮提"，其土南狭北广，纵广七千由旬，人面亦尔，像此地形。

须弥山的"四方"与"四大"（元素）相联系，不过与通常的"元素"（elements）不一样，带着夸饰。

须弥山北面，天金所成，光照北方；
须弥山东面，天银所成，光照东方；
须弥山西面，天水精所成，光照西方；
须弥山南面，天琉璃所成，光照南方。

（《长阿含经·世纪经·阎浮提洲品》）

四大天王，住此山上；于山四陲，有四大林。

（《正法念处经》）

四宝合成。

（《大唐西域记·序》）

须弥山之"四面"，或其山腰的"犍陀罗山"四峰，通常由人们熟悉的"四大天王"（俗称"四大金刚"）来摄护（参见"四方台坛"及其守护者节）。

《大唐西域记·序》说，阿耨达池有四水，都有现实的母型。

> 池东面银牛口，流出殑伽河……入东南海。池南面金象口，
> 流出信度河……入西南海。池西面琉璃马口，流出缚刍河……
> 入西北海……池北面颇胝师子口，流出徙多河……入东北海……

世界大山"昆仑"（或须弥，或其他）周遭有"四水""四山"或"四林"，这同样是四分宇宙的地面模式。

《太平御览》卷九三二引《山海经》："昆仑山，有青河、白河、赤河、黑河环其墟。"［案：今本《山海经·海内西经》昆仑山，赤水出东南隅，河水（白水）出东北隅，洋水、黑水出西北隅，弱水，青水出西南隅］。

《山海经·西山经》昆仑丘有四水：河水南流，赤水东南流，洋水西南流，黑水西流。

《淮南子·地形训》："［昆仑］凡四水者，帝之神泉，以和百药，以润万物。"

纬书《河图》："［昆仑］河水出四维。"

晋王嘉《拾遗记》："（昆仑山／昆陵之地）四面有风。……四面风者，言东南西北（风）一时俱起也。"

案：商代甲骨文，西亚、希腊、希伯来、美洲等地古代俱有"四方风"。

《卫藏通志》等书说，"阿耨达山"（案：指冈底斯山）四向有四口，出四水：

> 东：达木朱喀巴卜山：马口——槟榔江
> 南：郎千喀巴卜山：象口——某水
> 北：僧格喀巴卜山：狮子口——某水
> 西：马卜家喀巴卜山：孔雀口——冈噶毋伦江（恒河）

古代希腊"冥界"有四水：司蒂克斯河、悲苦之河、火河、哭河。

它如《旧约·创世纪》说，伊甸园有水流出，"从那里分为四道"（2·10）。或说其四水之说出自西亚，各有实指。

北：比逊河——吉瑞尔河

东：基训河——阿拉斯河

南：希底结河——底格里斯河

西：伯拉河——幼发拉底斯河

在《古兰经》里则美化为：水河、乳河、酒河、蜜河。

图 3-17 "四向"龙螭造型

（1.青铜"中柱"盂，商代，河南安阳殷墟出土；2.青铜车辖顶部，春秋，河南固始侯古堆出土；3.青铜阳燧，战国，浙江绍兴狮子山 M306 出土；4.八角星纹陶盆，湖南汤家岗出土，作为参照）

此处不但表示"四风"的四鸟可以指示"四向"，同样为灵物的龙螭也能够分区、指向——后世的"四神"或"四灵"（苍龙、朱雀、白虎、玄武），无非使其"繁化"，更易于辨识。中心"八角星"（或四角、六角）表示太阳（照射八方），已有专节论述。

再看佛教"四方"的神圣。

《月藏经·星宿摄受品》说，诸大神如"娑婆世界主"（Sahampati），"大梵天王"（Mahā-Brahma），"释提桓因［陀罗］"（Çakra Devaindra），"四天王"（Devarāja）回答佛陀垂询，说过去天仙分布安置"诸宿"（Naksatra）、"曜"（Graha）、辰（Raçi）来"摄护国土，养育众生"，使"四方"全都"各有所主"——这就是四神灵保卫四方的传统。

后来就由"护世四天王"来保卫须弥山腰之"犍陀罗山"四峰（或"四天下"）——这就是被"四分"的宇宙以及四方的保卫者（亦即由于《封神演义》等的演绎而被公众熟悉，并在近世寺院普遍塑造的"四大金刚"）。

东：持国天王（Dhrtarāṣtra）：白色　　　　　（持琵琶）

南：增长天王（Virūḍhaka）：青色　　　　　（持宝剑）

西：广目天王（Virūpākṣa）：红色　　　　　（手缠一龙）

北：多闻天王（Dhanada，或 Vaiśrāmana）：绿色　　（右手持伞，左手持银鼠）

还有四从者：乾闼婆、鸠槃荼、龙、夜叉。实是协助守卫四隅，构成"八方"守护神。或说四大天王，其下各有四大名将，协管四处山河，是"繁变"。

与此相似者，波斯人的"四神"是掌握四天区（或四大星野）的四颗亮星，各有特色。但也有人说受了些外来影响，姑附于此。

东区：蒂什塔尔（Tishtar，或说即"得悉"），天狼星，水神

南区：萨特维斯（Satvēs）天蝎座ɤ（大火星），水神伴星，助雨，"拥有百名奴仆者"

西区：瓦南德（Vanand）天琴座ɤ

北区：哈弗托·当格（Hafta-rang），大熊星，七宝座北

斗七星（神）①

而以居中的北极星为统率，这一点跟中国十分相似。

贝尔纳说，原始天文学或将天空划分为"四区"（即华夏－汉族之"四宫"，以后与"四神"相应），这应该像汤姆逊（G.Thomson）和杜罕（Duhem）所说的那样，是跟社会性的氏族与图腾组织的划分相一致的，"而每一氏族都联系着恰当的图腾动物和颜色"，后来还加进了四大元素。②中国的情况较为典型，可以跟世界各大文明均有的"四区"或"四神"相比照。

印度佛教神话四方神圣动物，经过中国西藏文化的"转译"，在须弥山四向的圣兽是：

东方 白母狮
南方 青龙
西方 老虎
北方 野牦牛

中央（世界山）则有一棵挺拔的宇宙树，其上有"穹噶莫鸟"的鸟巢（华夏－汉族"东"扶桑上栖神鸟，"西"扶桑或若木上则是"鸟巢"）。③

藏文文献中有"四方"或"四面八方"土地神，繁复且不统一；在《土地神忏悔般若》里的四方土地神显然受了华夏－汉族"四灵"的影响。印度《十万净龙经》也只有少数的不同。④兹比照如下：

---

① 参见元文琪：《二元神论：古波斯宗教神话研究》，中国社会科学出版社1997年版，第140页。

② 参见［英］贝尔纳：《历史上的科学》，伍况甫译，科学出版社1959年版，第145页。

③《隆睹喇嘛全集》（木刻本），第24卷，第34页；引见［法］石泰安：《格萨尔史诗与说唱艺人的研究》，耿昇译，西藏人民出版社1993年版，第650页。

④ 参见［奥］勒内·德·内贝斯基·沃杰科维茨：《西藏的神灵和鬼怪》，谢继胜译，西藏人民出版社1993年版，第349—350页。

《土地神忏悔般若》	《十万净龙经》
东方　白虎	白虎
南方　苍龙	苍龙
西方　朱雀	土地神　黑色野牦牛
北方　白龟	土地神　朱雀
中央　金猴	
天顶　土地神吉令帕玛	
地底　土地神藏贡恰巴	

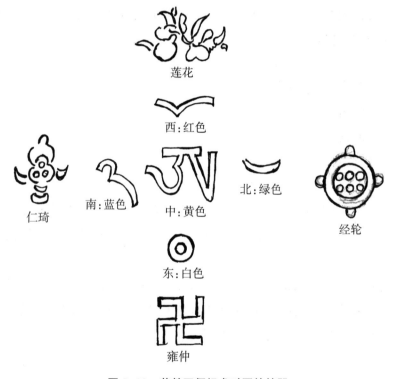

图 3-18　苯教巫师行术时画的符咒

（据马长寿《缽教源流》等排列，此图复见）

这种"四区"或"四向"的符号颇具特色，但显然已佛教影响。

　　藏传佛教里"四方"护法神多得无比。密宗的神，本就以神秘繁复著称，婆罗门教的遗留，大乘佛教的建构，再加上西藏本土或民间宗教如苯教或灵气萨满教等的踵事增华①，西藏的（四）方位神，"四面"与"八方"的护法神实在不可胜计，有的由主护法神兼充，有的是其"分身"，有的是伴神或"伴神的伴神"，令人眼花瞭乱。现举"帝释"之四方护法神（合称"五主神"）为例②（梵称为其相应之印度神）。

方 位	称 呼	名 称	色 泽	所居天宫（物质象征）
中	意之王	帝释	蓝黑	火焰
东	身之王	门普布查	黑	海螺
西	功德王	（罗刹）具木鸟形者	黑	红珊瑚
南	语之王	战神一男	红	金
北	业之王	协松多吉米沃且＝白哈尔	白	绿玉蓝（或绿）

这种依照圣山建造具有四向的人工丘坛的办法，在云南纳西族祭仪上还可以看到，尽管是"神话式的美化"。"居纳若罗"相当于"昆仑－须弥"。神与人、祭司与头目等商量垒筑这座神山。

> 人们用白银和黄金，
> 筑起居纳若罗的第一个山面；
> 人们用松石和墨玉，
> 筑起居纳若罗的第二个山面；
> 人们用泥土和河流，
> 造成居纳若罗的第三个山面；
> 人们用树木和岩石，
> 造成居纳若罗的第四个山面。③

这座人工山同样有"守护者"，而且非常繁复。大体上是从外层开

---

① 参见马长寿：《钵教源流》，载《民族学研究集刊》1943 年第 3 期。

② 参见［奥］勒内·德·内贝斯基·沃杰科维茨：《西藏的神灵和鬼怪》，谢继胜译，西藏人民出版社 1993 年版，第 130 页。

③ 云南省民间文学集成办公室：《祭天古歌》，中国民间文艺出版社 1988 年版，第 163—164 页。

始重重地保卫，"又由金色的大象／守护大力神久戛纳布／最后由大力神久戛纳布／把居纳若罗神山守护"①。

纳西族以动物标识四方虽然晚起，却也可供参考。在他们的"金蛙八卦"里：

东南（隅）　蛙体左手　lv²¹dzw²¹tw³³（龙座位）"鲁"（龙）
东北（隅）　蛙体左脚　ɤw³³dzw²¹tw³³（牛座位）"嗯"（牛）
西南（隅）　蛙体右手　y²¹dzw²¹tw³³（羊座位）"余"（羊）
西北（隅）　蛙体右脚　kʻw³³dzw²¹tw³³（狗座位）"肯"（狗）②

因为这四个动物都是"十二兽"里的，所以时代不会太早。

在另一种方色与神圣动物配搭的构拟图里，却是：

东方　白　（神之色）　　虎　　　　"恒"
南方　　　　　　　　　　龙　　　　"冷补"
西方　黑　（鬼之色）　　孔雀　　　"古宗"
北方　　　　　　　　　　金蛙（神）"郭洛"③

配伍不严整，也许证明着它的古老和可信。

纳西的传说是金蛙像盘古—布鲁沙那样"身化宇宙"，而且"身化五行"。④

《碧庖卦松》：

　　……其毛来变化，在东方出现了甲乙木的方位；其血来变

①　云南省民间文学集成办公室:《祭天古歌》,中国民间文艺出版社1988年版,第164页。
②　参见李霖灿:《么些象形文字字典》,中央研究院1944年版,第64—70页;李国文:《东巴文化与纳西哲学》,云南人民出版社1991年版,第226—227页。
③　参见［英］A.杰克逊:《纳西族神话和仪式的结构》,见白庚胜、杨福泉:《国际纳西族研究论著集粹》,云南人民出版社1993年版,第161页。
④　《碧庖卦松》,和正才译,石印本,1964年版,第37页。

化，在南方出现了丙丁火的方位；其骨来变化，在西方出现了庚辛金（铁）的方位；其胆来变化，在北方出现壬癸水的方位；其肉来变化，在天地中央出现了戊己土的方位。[①]

《白蝙蝠取经记》：

> 神蛙死时……蛙毛走向东边，产生了木的方向；蛙血走向南边，产生了火的方向；蛙骨走向西边，产生了铁的方向；蛙的膀胱走向北边，产生了水的方向；蛙肉走向天地中央，产生了土的方向。[②]

在另一种讲述里，金蛙死时头南尾北，其身体分别化为四方"巴格"（$pa^{33}k\partial^{31}$，义近"图像"），补以日期则是：

蛙毛	东方	木巴格	甲乙
蛙血	南方	火巴格	丙丁
蛙骨	西方	铁巴格	庚辛
蛙胆	北方	水巴格	壬癸
蛙肉	天地之间（中央）	土巴格	戊己[③]

这些已与华夏－汉人的"五行"十分相似。

云南傣族创世大神英叭，也有定位的"西拉石"，"分别插在镇定天地神像的四方，这四块西拉石就变成了四棵定天柱，把天地稳稳地固定在西拉神像的腹部真空下"；这样，"天地的东南西北（四向）分得清了"。[④]

在傣族创世史诗《巴塔麻嘎捧尚罗》里，英叭大神陆续用他身上的

《碧庖卦松》，和正才译，石印本，1964 年版，第 37 页。
② 参见傅懋勣：《纳西族图画文字〈白蝙蝠取经记〉研究》，商务印书馆 2012 年版。
③ 参见杨福泉：《原始生命神与生命观》，云南人民出版社 1995 年版，第 15 页。
④ 祜巴勐：《论傣族诗歌》，岩温扁译，中国民间文艺出版社 1981 年版，第 14 页。

污垢造出一只雄狮，一只雌狮，一只人象，一只黄牛，守卫出他"四分"的世界四"洲"的大门。其配搭如下：

西边：乌峦柯洲——雌狮（站守）

南边：阿腊麻戈冉洲——雄狮（站守）

东边：宗补滴别洲——黄牛（站守）

北边：布拔惟帝哈洲——大象（站守）

这就是"一只动物啊／表示一个洲／四只代表四大洲"①。

关于宇宙四区，《巴塔麻嘎捧尚罗》里，是天神以"四种光有四种色"的宝石，来"代表天地的四方／区分四洲的颜色"。其配搭如下：

东：（绿）"宗补洲"宝石

南：（黄）"惟吨南硼"（纯宝蜂蜜）宝石

西：（白）"亥嘎"（乌鸦蛋）宝石

北：（红）"光降"（石榴）宝石

"四洲"各具有该宝石的光色。"四洲埋宝石／以宝石光色／区别地和天……神宝光不同／四洲色不一／东西和南北／方向分得清／红黄绿白光／永恒照大地／从此天底下／才有了颜色。"②

彝族对世界的划分比较古老，看来大部分有独立的起源。例如《西南彝志》认定，宇宙间有两个基本力量：

哎：清　清气：青——上升为天／始祖：希幕遮

哺：浊　浊气：红——下降为地／始妣：希度佐③

---

① 西双版纳州民委：《巴塔麻嘎捧尚罗》，岩温扁译，云南人民出版社1989年版，第42—43页。

② 西双版纳州民委：《巴塔麻嘎捧尚罗》，岩温扁译，云南人民出版社1989年版，第182—183页。

③ 参见贵州省民族研究所：《西南彝志选》，贵州民族出版社1982年版，第1页。

这有些像《淮南子》等书所说的阳/阴二气。轻清升为天，重浊降为地。但彝族二气，与阳/阴有较大差异。

宇宙四方，分别由四位神或祖先（神）来主管：

南：哎父
北：哺母
东：且子
西：舍子[①]

"四神"仍然由类阴阳二气分化而来，父亲"哎"与母亲"哺"生下了兄妹：且子与舍子，再生出颜色。"且与舍一对，它俩又相配，根深深地出。青的是天根，红的是地根；青的是土根，红的是壤根；青的是权根，红的是令根。"[②]

其复杂化的部分，可能受到华夏–汉族等的影响。姑附于此。

彝族宇宙观念里四方或五方，有一种"配色"为：

东　红色
西　黑色
南　蓝色
北　白色
中　黄色

据朱文旭介绍，凉山彝语 Vu^{55} 一词义为"南/南方"。其词加前缀 mu^{22}，成 "$mu^{22}vu^{55}$"，表示南方；加前缀 a^{33}，成 "$a^{33}vu^{55}$"，表示蓝色。

　　在其他方言中则是用"太阳"出没表示"东西"（引案：此与华夏–汉人一致），用"水头或水尾"表示"北南"。特

① 参见贵州省民族研究所：《西南彝志选》，贵州民族出版社1982年版，第423页。
② 贵州省民族研究所：《西南彝志选》，贵州民族出版社1982年版，第17页。

别是用水的流向来表示"北方"或"南方"，则因彝族居住地……
几条大河都是从北流向南方的……①

朱文旭还介绍保存着"四向"来源的谚语说：

难辨东和西，就看日月出；
难辨南和北，就看雁鸿归。②

在《西南彝志选》里，四方也是由日月（光照）决定的。

太阳和月亮，
在天亮堂堂，
产生了四方，
南方与北方，
东方与西方。③

在引魂经《裴妥梅妮》第四十一篇《梅勒苏》里，是具有"灵魂"的太阳出来以后，"分了昼和夜"，照出人的影子，从而使其有了生命，"影子天上来/灵魂从此生"。而日出、日落决定了方向。

日从东边升，影自东方来。
灵魂走在前，四方更通明。
太阳落西边，影子不见了。
灵魂进西天，太阳被带回。④

南北也由太阳照出影子来表示。

---

① 朱文旭：《彝族文化研究论文集》，四川民族出版社1993年版，第141页。
② 朱文旭：《彝族文化研究论文集》，四川民族出版社1993年版，第142页。
③ 贵州省民族研究所：《西南彝志选》，贵州人民出版社1982年版，第417页。
④ 杨家福：《裴妥梅妮——苏颇（祖神源流）》，罗希吾戈、师有福、阿者保濮译注，云南民族出版社1988年版，第134—135页。

美洲的"四方"与"四神"

对"世界"——从天空到土地——的"四分"，在特定时空或语境里，跟社会结构的"四分"是一致的，或者说它也是社会"四分"的一种映象。

这在北美印第安人那里表现得最为清晰而且规范，更重要的是跟中国上古的"四方""五行"结构十分相似。我们曾反复举证，这里仅说苏（Su）人一例。

> 据大多数美国印第安人所信，"4"这个数字具有神圣意义——敬拜之元素，其数为"4"；敬拜之方位，其数亦为"4"；如此等等。在苏人诸部落，氏族按四个方位结集。[①]

张岩认为，这是"小型和中型部落社会天地时结构的象征和缩影。这种文化结构直接形成于一次'联盟'组建的过程中。四个群体单元在祭典中'列于四区'，它们各自拥有同一文化结构的四分之一：各占一方，各奉一神，各有一色。诸加盟群体对联盟级文化结构的平均分配，体现了联盟组建的均权原则"[②]。

在中国，则有以"四方""五行"，"十"字或"亚"形庙社或明堂，以及四神、四灵或五方神、五方帝，四岳与五岳，等等，自然与社会相交叠的类似结构（我们的兴趣不是社会学或历史学，所以一笔带过，而集中精力于人类学视野里的民俗与神话）。

[①] ［苏］谢·亚·托卡列夫：《世界各民族历史上的宗教》，魏庆征译，中国社会科学出版社 1985 年版，第 134—135 页。
[②] 张岩：《〈山海经〉与古代社会》，文化艺术出版社 1999 年版，第 175 页。

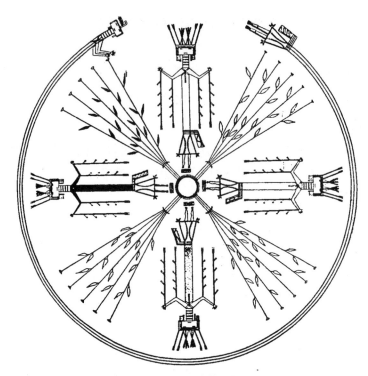

图 3-19　四分的世界

（印第安沙画，采自［美］坎贝尔：《神话意象》）

这种"四分"由人神来代表，由植物隔开。外围由首尾相近接的"环蛇"（宇宙蟒）来表示。

在阿兹特克人（Aztecs）那里，太阳历每年十八个月，二十天为一个月，每个月分四个"五天周"，每周第一天以一件东西命名，这件东西又分别与方向、方色、季节以及物质元素相联系：

兔子：北方／黑色／冬季／空气

火石：南方／蓝色／夏季／火

家屋：东方／白色／秋季／土地

甘蔗：西方／赤色／春季／水[①]

[①] 参见［英］汤姆逊：《古代哲学家》（古希腊社会研究第二卷），何子恒译，生活·读书·新知三联书店 1963 年版，第 52—53 页。

这种划分除了作为符号的事物"命名"以外，跟中国式"四分"颇为相像。

图 3-20 "地下世界"与四方之神

（阿兹特克图像，前哥伦布时期，采自［美］坎贝尔：《神话意象》）

羽蛇之神凯察尔柯特尔之"心"在地下世界，转变为"晨星"升起。"太阳轮"或晨星的四隅是四方大神。

他们对"四方"神灵的配置，也有些地方像中国。

东方：富足之所
   神：雨神特拉洛克
      云神米斯科亚特尔（云蛇——略似"应龙"）

南方：贫瘠
   神：春天与花朵之神"西佩"（无皮神，以人皮为衣）
      马奎尔索齐特尔（五花神）

西方：
   神：金星（长庚）——此如"蓐收/金天氏"
      羽蛇凯察尔柯特尔（智慧之神）

北方：阴森可怕的地方——有如"幽都"

神：米克特兰特库特利（死神——略似土伯）[1]

列维－斯特劳斯在《忧郁的热带》里记述了巴西布罗罗村人（Bororos）的居址布局：环绕着男人会所和舞蹈场，村落形成一个草率的圆圈，南北向和东西向的两条轴线把它分割成"四区"，如 ⊕；这种"四分法"控制着全村的社会生活，包括亲属和（近亲）通婚制度，约定俗成而不可更易。传教士们硬要用一排排平行的矩形棚屋来代替"四分圆"，结果当然是混乱与灾难。

> 一旦印第安人失去自己原来的风采，没有村落格局可做为证实他们的神话传说证据以后，印第安人很快就对自己传统失去感情；好像他们的社会制度和宗教体系（我们很快即会了解两者事实上是分不开的）过分复杂，如果不借着具体呈现于村落格局的形态来表示的话，如果不借每日日常活动不断的提醒的话，便无法继续存在。[2]

传教士"合理的改革"，彻底"摧毁了布罗罗社会制度，因为其社会制度与那传统的村落布局有着非常紧密的联系"；这也等于摧毁了他们"精神宇宙"，因为他们的⊕形村落就是他们"四分宇宙"的表象。[3]失去宗教信仰或精神依托，原始性集团就衰落乃至崩溃了。

远浩一《四象亨通》引据芭芭拉·雷奇（Barbara Leitch）编《简明北美印第安部落辞典》，将北美印第安人关于"四"这个模式数字的奇特民俗划分为"信仰上的四""习俗中的四""社会组织中的四""建筑中的四"共四类。其中第一类列表如下，可与上述参较。

---

① 参见［美］乔治·C. 瓦伦特：《阿兹特克文明》，朱伦、徐世澄译，商务印书馆 1999 年版，第 180 页。

② ［法］列维－斯特劳斯：《忧郁的热带》，王志明译，生活·读书·新知三联书店 2000 年版，第 266 页。

③ 参见［美］米尔希·埃利亚德：《神秘主义、巫术与文化风尚》，宋立道、鲁奇译，光明日报出版社 1990 年版，第 25 页。

部落名称	四　神	全神（四神之上）	备　注
维奇诺 （Wichita）	太阳 月亮 晨星 大地	万能之神 Kinnikasus	
合璧 （Hopi）	地母 天父 月亮 角蛇 （Horned Serpent）	太阳	掌握宇宙之神
道（Tao）	祖先 太阳 月亮 地母		
切叶尼 （Cheyenne）	东神 南神 西神 北神		四向由四神代表

这也是他们的信仰、价值观和宇宙的内核。

图 3-21　四分圆的繁化

（印第安人的装饰图案）

这种精巧的圆的"四分"图案，有的主要是审美的需求或结果，有的跟印第安传统的"四分"宇宙观（或者居止的"四分"）相关。

在墨西哥"万神殿"里，诸神分置于太空的四个基本方位。其配置是：

北方：特兹卡特利波卡（Tezcatlipoca）

南方：威齐洛波奇特利（Huitzlopochtli）

东方：托那蒂厄（Tonatiuh）

西方：凯察尔柯特尔（Quetzalcoatl）[①]

在著名的玛雅创世圣书《波波尔—伏赫》里，世界也是四分的，最初被创造出来的是四个人，天是穹顶形，地如圆盘，但可分出四区。最初的四个人能够看清"天穹和大地圆面的四个角和四个点"[②]。

或说，这也是萨满教二元对列与世界四分的一个体现，两者可以互释。这些可以谨慎地与中国各个民族的"四区／四神"做些比较。

美国学者 M. 莱昂 - 波蒂利亚曾说，在"有关在世界和地之四域，有关四域的色调"等方面，古代美洲"无疑同印度、中国和西藏之文明的某些观念相类似"[③]。

列维－布留尔指出，中国人的五行观念里，方向、季节、色彩、神兽……之间，通过"联想关系"发生着"互渗"[④]。印第安文化里也有这种现象，例如：

> 在许多部落的仪式中，颜色（有时则是性别）分属于每个方位。在契洛基人的经咒中，东方、南方、西方、北方各神分别相当于红、白、黑、蓝，每种颜色也有其象征意义。红色表示力量(战争)，白色表示和平，黑色表示死亡，蓝色表示失败。[⑤]

这里的划分与配搭是：

东　方	南　方	西　方	北　方
红色	白色	黑色	蓝色
力量（战争）	和平	死亡	失败

这在祖尼人（Zuni）对世界时空的"方明式"六分（或七分）里也

[①] 参见［法］G. 吕凯、F. 吉朗等：《世界神话百科全书》，徐汝舟等译，上海文艺出版社 1992 年版，第 616—617 页。

[②] 参见［美］雷蒙德·范·奥弗：《太阳之歌：世界各地创世神话》，毛天祜译，中国人民大学出版社 1989 年版，第 87—88 页。

[③] 参见［美］塞·诺·克雷默：《世界古代神话》，魏庆征译，华夏出版社 1989 年版，第 433 页。

[④]［法］列维－布留尔：《原始思维》，丁由译，商务印书馆 1981 年版，第 206 页。

[⑤]［法］列维－布留尔：《原始思维》，丁由译，商务印书馆 1981 年版，第 207 页。

可以看出类似的做法。

古代美洲人和印第安人四方（或五方）各有"方色"，有的跟中国五行配色相当接近。徐松石认为，此种观念来自中国。因为印第安人"方向颜色的分配不统一，而且没有五行的解释，又没有季风的配搭"，而中国却早就有了相当严整而规范的"神秘化"五行制度[①]。当然这值得进一步研究，不要太早地肯定或否定其间有"播化"关系。

尤其重要的是，"四大元素"在达科他人（Dakotas）那里，也是"与一定方位和颜色相联属"[②]的。其配搭为：

通 坎	瓦基尼延	塔库什坎什坎	温克特赫
（土）	（火）	（风）	（水）
北	东	南	西
蓝	红	黑	黄

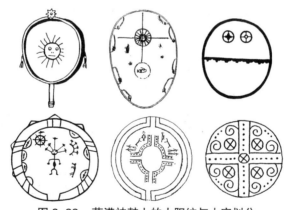

图 3-22　萨满神鼓上的太阳纹与十字划分

（东北亚萨满教神鼓图纹，采自王纪等《萨满教绘画研究》）

萨满教的世界是二元对列或四分的，多用十字纹或米字纹画出。太阳与太阳神常居中央，这是"十"字与"四方"原始宇宙观的重要内含，或说这是"亚美"文化的特征之一。

在旧大陆，"四方"或"四色"较多是跟"四大元素"（土、火、水、风）联系在一起的，每一元素都有自己的人或动物的化身。

---

① 参见徐松石：《华人发现美洲考》（上册），香港东南亚研究所1981年版，第30页。
② 参见［苏］谢·亚·托卡列夫：《世界各民族历史上的宗教》，魏庆征译，中国社会科学出版社1985年版，第135页。

社会也按照"四"来组织。这是印第安人时空划分的一大特色。"在苏人诸部落，氏族按四个方位结集。每逢举行一定的仪式，诸部落则齐聚于一圆周内，选定方位，列于四区。"[①]其图式则如前举：

⊕

四方可以用"十"字来表示（如上所说，有了"四"，再以"十"字来指示，"五/义"就蕴涵其中，即"十"的交叉点）。所谓"草原萨满教"，也多见这种"十"字文化丛（有的学者提出"亚美宗教联合体"，此为其证明之一）。

而这"四大"与"十"字相对应。因为，"如在地上划出四个方位，则成一'十'字形。因此，'十'字形在印第安人的仪礼中有着至关重要的意义；其四端即与四大元素相联属。纳瓦霍人（Navajos）信之尤甚。在举行仪式的场地，他们以彩沙绘制'沙画'；而'十'字形则成为其主体，——'十'字形四端各绘四大元素的化身，即人体模拟像，均面向同一方向，于是成一'卐'字形"[②]。这人格化的"四大"，即相当于中国的"四帝"或"四神"。

图 3-23 美洲指示"四面八方"的图案

（1.秘鲁作家瓜曼·波曼·德亚拉对古代世界四分的复原——"西印度群岛"地图；2、4.美洲彩陶：莫依西卡图案，胡河凯楚拉〈普韦布拉〉图案，索奇米尔科图案；3、4.图或说为中美洲古"太阳历"）

这种图案跟一般"八角星"纹不同，最大特征是以星角之类指示"四正"，而以别种图形表示"四隅"，这跟古代美洲对世界的"四分"（进而"八分"）一致。

---

① ［苏］谢·亚·托卡列夫：《世界各民族历史上的宗教》，魏庆征译，中国社会科学出版社 1985 年版，第 135 页。
② ［苏］谢·亚·托卡列夫：《世界各民族历史上的宗教》，魏庆征译，中国社会科学出版社 1985 年版，第 135 页。

特别是印第安人也有"四方风"的观念和"四方风神"的崇拜，这跟殷商甲骨文字所见的"四方风"十分相似。

> 在苏兹人中间，"动力神塔库斯坎斯坎（Takuskanskan）被认为是住在四方的风中，四个夜黑魔执行着他的命令……四方的风则是由'某种运动着的东西'发遣下来的"。在他们那里还有4个雷神，或者至少有"一个雷神的4种不同的外部表现，因为实质上是一个神"。①

这种例证还可以举出许多，可以参看《四方风神话》一书。

"四方风"通常以鸟的形态出现，由太阳来控制。②

金文馨举出印第安密西西比文化贝刻盘，它出自美国田纳西州萨姆纳县，时代约为公元700—1000年。图像中心为八芒"太阳星"，中央是与日光同构的"十"字纹。外围是连续并在四角绕转的"条"形物，构成四方；四周的鸟头即表示四向。③

她还举出一件印第安普韦布洛（Pueblo）陶盘，中心是人面化太阳，四角为四鸟。这四鸟可能分守四方。④

萨姆纳贝刻盘，已有学者揭示，四鸟保护"四方"，并且拱卫中心的太阳。⑤

金文馨注意到了河姆渡"豆盘所绘图像的特点是四鸟等距地分布于太阳的四方，似乎可以理解为含有四方的意义"⑥。这一点我们已在"四

---

① ［法］列维–布留尔：《原始思维》，丁由译，商务印书馆1981年版，第205—206页。

② 参见叶舒宪、萧兵、［韩］郑在书：《山海经的文化寻踪——"想象地理学"与东西文化碰触》（下册），湖北人民出版社2004年版，第1896页等。

③ 参见金文馨：《河姆渡文化日鸟图像试析》，见《考古求真集》，中国社会科学出版社1997年版，第140页。

④ N.D.Konakov, "Calender Symbolism of Uralic Peoples of the Pre-christian Era," translated by Lyda T. Back, in *Arcti Arthropology*, Vol. 31, No.1, 1994.

⑤ I.A.Zolotarevskaia and M.V.Stepanova, "Indeitsy Iugo–Zapada（Indians of Southwest）" in *The Ancient World. Ethnographic Studies: Ancient America,* Vol. 1, Moscow, 1959.

⑥ 参见金文馨：《河姆渡文化日鸟图像试析》，见《考古求真集》，中国社会科学出版社1997年版，第142页。

分与四区"一节中介绍，它跟"八角星纹／太阳光芒"有本质联系。她同样举出印第安类似图形，希望从比较中窥见它们的意义或功能。它们都是以太阳为中心的指向图案。

图 3-24　北美印第安及东北亚日鸟图

（1.美国田纳西州萨姆纳县印第安贝刻盘；2.美国印第安普韦布洛陶盘；3.东北亚雅库特银鞭柄；4.东北亚图瓦皮壶。采自金文馨）

印第安文化中四鸟（或双鸟）绕日飞行的图像不但对确认河姆渡文化等"四鸟绕十字"图纹的含义、功能有所启示，而且对"八角星纹"等确定、指示时空的可能用途，太阳与四方（风）的关系，提供了一种参考性的依据。

由上图（2、4）也可看出太阳纹可以是4、8或12芒。

密西西比河文化区的田纳西州萨姆纳县贝刻盘中央为八芒太阳，西方有学者认为"表现了四鸟守护太阳神而分守东、西、南、北四方的含义"①。普韦布洛（Pueblo）"四鸟绕日"陶盘的意义大体与之一致。因而她认为河姆渡所谓"双鸟朝日"和"四鸟环日"所表现的意蕴与它们大体一致。

> ［四鸟］它们都是以四方表示太阳在二分二至时的运行方位……朝日纹双鸟图像的两鸟分列左、右，似乎应表示东西两方，当然可能代表春分和秋分时太阳的运行方位。②

那么，太阳向"四面八方"投射光芒以标识时空，可以由此得到辅证。

图 3-25　四鸟图与四蛙图

（印第安文化图案，四个蛙形雨神 Chac）

四只长毛羽冠大鸟、四位蛙形雨神分别处在被四分的"圆形世界"的一区，"宇宙四分"的意旨更加明显。

现在再返回来看中国北方的"四兽"划分法，进而介绍更古老的西亚等地的"四分"。"四兽"或"四鸟"，构成一种"十"字或"×"纹——

---

① 参见 Dean Snow，*The Archaeology of North America: American Indians and Their Origins*（《北美考古学：美洲印第安人及其起源》），Thames and Hudson，1976。
② 金文馨：《河姆渡文化日鸟图像试析》，见《考古求真集》，中国社会科学出版社1997年版，第142页。

这也许是一种繁缛的"太阳十字"。

这比较常见于北方游牧文化，例如所谓"鄂尔多斯"（Ordos，意为"河套"）式样的青铜器（这可以用一幅同样在内蒙古发现的岩画和一件金质饰牌为参照），特别是"十"字文化丛在所谓"草原萨满教"里也有所表现，在考察太平洋两岸的萨满式宇宙观时必须结合或参照。

这里有几点值得特别注意，先行交代。

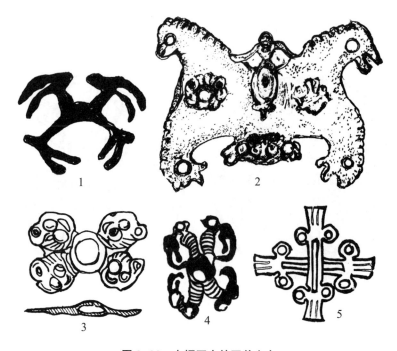

图 3-26　占据四方的四兽十字

（1.内蒙古布拉根盟达兴其楞苏木阿斯朗特岩画，参见《乌兰察布岩画》第309页；2.四兽组合金牌饰，内蒙古凉城小坝子滩窖藏，参见《文物》2002年第8期，第51、69页；3.鄂尔多斯式青铜饰牌，内蒙古乌兰察布市凉城永兴老庆沟出土，M41:5；4.鄂尔多斯式动物饰牌，内蒙古乌兰察布市凉城出土，内蒙古博物馆藏；5.鄂尔多斯式青铜饰牌，内蒙古昭乌达盟出土）

这种"四兽连体"组合，虽然不明显，却暗示着世界的"四分"，跟"四鸟—十字"图纹在根柢里趋同。

这些构成类"十"字图形的四只动物组合，可能代表"四方"，不然不会全都以"四"为单位；突出动物的角、头部或尾部，可能蕴含着"指向"功能——西亚的类似文物是理想的参照系；它们多数是图案化或程式化的，很难看出其母型。例如图 3-26 中，3 很难看出是"羊"，5 很难看出是"鸟"（注意其"尾"部及双"眼"）。有的（如 4）简直"鸟兽不分"，既有"羊角"又具"鸟喙"，很像是所谓"羊形格里芬"。

中国的"四岳"

作为世界大山及其四向的"神山"的卑化，还有所谓"四岳"。"四岳"本是占领四个山头的"方国"酋长或长老。

《书·尧典》有"四岳"（上·122；《史记·五帝本纪》作"四嶽"，下简作"岳"）。

《史记》集解引郑玄云："四岳，四时官，主方岳之事。"（1·21）

《诗·大雅·崧高》："崧高维岳。"郑笺："四岳，卿士之官，掌四时者也，因主方岳巡守之事。"（上·565）

明杨慎《升庵经说》等有《四岳为一人》篇。

在《山海经的文化寻踪》里，《山海经·中山经》自平逢之山至阳华之山凡十六山，"岳在其中，以六月祭之"。"中"似指其为洛阳地区中心点，即"中心之中心"，却不包括所谓"中岳"的太室（嵩山）。清汪绂《山海经存》说，也许王者在此祭祀"四岳"，无中岳而曰"岳"，是因为它的崇高政治民俗地位。这样，"岳"就是很特殊的山——卜辞有从羊从山（或火）之字，或释"岳"，或释"羔"即营，其为先公兼岳神则无可疑，是为东部的大山神。我们认为，称"岳"者，也许因为其有专祭之典，专祀之物（例如圣羊），专守之官（后来由巫官、巫酋升为岳神）。《中次六经》平逢—阳华间之"岳"，因其处在中心之中心，乃以一年之"中"的六月祭之（参见郭注），所以地位特殊。它跟"四岳"可能配搭为"原初的五岳"，并且和"四土（社）/中土（社）"

一起构成五行观念的一个来源。这样特殊的"山－岳"就会有专祭的巫官升格的"岳神"，四岳与"中岳"乃至后世的"五岳"及其神、帝都自此而来（众所周知的"五岳"指东岳泰山、南岳衡山、中岳嵩山、西岳华山、北岳恒山）。

黄奇逸也说，"四岳应理解为中央巫觋集团派往四岳主祭山神的巫师"[①]。他的论证在此点上，跟我们的看法可以互相发明。

这样，祭祀"中心的中心"之"岳"，就必须在四时之中、岁之中，即六月。"原中岳"地位于是奠定。"四方－四时"的时空对应模式也已初步构成。

四岳之巫，"开始应是临时派遣前往，后来才变为驻守于当地，以备四时祭祀山川之神"。《论语·季氏篇》颛臾为东蒙（山）主，《国语·鲁语》防风—汪芒氏，"守封嵎之山者也"，可见"古代的山神，均有常设官守主祭祀、祝蝦"[②]。

神圣的山（或山川）是所谓"四望"的对象之一。

《周礼·春官·大宗伯》："国有大故，则旅上帝及四望。"

"望""方"音近，"四望"实即"方祭"的后代形式，亦即"四方之祭"。李零说："'黄帝四面'之说，即取'四望'之义，人面方鼎或具此种含义。"[③]就把三者整合到了一起。

"四望"所指，先后郑有所不同。

① 黄奇逸：《历史的荒原——古文化的哲学结构》，巴蜀书社 1995 年版，第 602 页。
② 黄奇逸：《历史的荒原——古文化的哲学结构》，巴蜀书社 1995 年版，第 603 页。
③ 李零：《中国方术续考》，东方出版社 2000 年版，第 479 页。

```
五岳 ┐
四镇 ├──郑玄说
四渎 ┘
```

从此亦可见，"四望"之祭祀已非标准型，混乱或分歧已盛，必须略作交代。

在彝族英雄史诗《勒俄特衣》里，四座异名同质的神山作为天柱支住了天，"四株撑天柱／撑在地四方"——

> 东方这一面，
>
> 木武哈达山来撑；
>
> 西方这一面，
>
> 木克哈尼山来撑；
>
> 北方这一面，
>
> 尼母火萨山来撑；
>
> 南方这一面，
>
> 火木抵泽山来撑。[①]

它的结构稍微复杂一些。它还有四根"拉天梁"——有些像华夏－汉族之"维"——"扣在天地的四方：东西两面相交叉，南北两面相交叉"，还有"四个压地石，压在地四方"。[②]

阿昌族创世史诗《遮帕麻和遮米麻》，天之创造者遮帕麻造出"四方"之天，各方都有其标识，建筑和管理者。

东（天） 琉璃宝座：茫鹤早芒（东天神）

[①] 《凉山彝族奴隶社会》编写组：《凉山彝文资料选译·勒俄特衣》（1），西南民族学院 1978 年版，第 12—13 页。

[②] 《凉山彝族奴隶社会》编写组：《凉山彝文资料选译·勒俄特衣》（1），西南民族学院 1978 年版，第 13 页。

南（天）　莲花宝座：腊各早列（南天神）

西（天）　玉石宝座：李邵早芒（西天神）

北（天）　翡翠宝座：毛弥早芒（北天神）①

其标识物，显然受佛教影响。在整体上，都是山岳与灵石崇拜的结合，作为"天柱"，是独具特色的"四岳"与"准五行"宇宙观。

---

① 参见《遮帕麻和遮米麻》，杨叶生译，兰克、杨智辉整理，云南人民出版社1983年版，第6—8页。

第四章 "四面神"：光芒四射的太阳

一分为二和对称分裂

初民在思考这个世界的"起源"或"创造"的时候，多是说，太初是一片"混沌"（Chaos），没有具体的事物，"大象无形"，分不清上下前后左右，"冥昭瞢暗"；逐渐形成一个巨大的飞旋着的气团，就像《庄子》描写的"中央之帝"浑沌，只是个圆滚滚的充气布袋。没有手足面目"七窍"……而后轰然分裂，"一分为二"，炸出"阴/阳"二气……这个"气团"与二气，逐渐被道家先驱所哲学化，这就是《老子》说的"道生一，一生二，二生三，三生万物"——"一"就是这个"气团"，却又被古人认为与"道"或"逻各斯"等值，"道通为一"，是宇宙的本原。《老子》第三十九章说："昔之得'一'者，天得一以清，地得一以宁……"《庄子·大宗师》和《韩非子·解老篇》却说就是得"道"，"一"约为"道"。"一者，其上不谬，其下不忽。寻寻呵不可名也，复归于无物。"即复归于"原气/混沌"。"是谓无状之状，无物之象。"（帛书本《老子》，河上公本第十四章）这个"一"是"基元"，二元、三才、四方、五行、八卦、九宫，都由"一"派生。"一分为二"，二是两端，二又生三，或者对称分裂为"四"向（如"十"字所指），"四"

再对称分裂为"八方""八卦"。这就是《周易·系辞传》说的:"《易》有太极,是生两仪,两仪生四象,四象生八卦。八卦定吉凶,吉凶生大业。"是由"一"分裂出的"阳/阴"(或"东/西",或"天/地",或"日/月")再分裂的结果。

佛经《俱舍论》(卷九)说:"总说有体是五取蕴,于中位别分别为四。"这就是最重要的"中心"的加入。有四向,必有中心,合之为"五"(五行);四向加入"上/下",是为"六合"(如"方明"所见),"六合"加中心为"七","八方"加中心则为"九"(如九宫)……神秘化的个位数字与相关构形,就都具备了。

按照汉马融的另一种推算方法,是:"《易》曰'太极',谓北辰(北极星)也。太极生两仪,两仪生日月,日月生四时,四时生五行,五行生十二月,十二月生二十四(节)气。"

这真奇妙,不但是"数字游戏",还是"数字哲学";是划分时空,又是在神秘构形。

古希腊人对数字这种奇异而又巧妙、"合理"的变化,同样十分惊喜,歌颂道:

> 创造诸神和人类的神圣的数啊!愿您赐福我们!啊!圣洁的、圣洁的四(tetraktys)啊!您孕育着永流不息的创造源泉!因为您起源于纯洁而深奥的一,渐次达到圣洁的四;然后生出圣洁的十。它为天下之母,无所不包,无所不属,首出命世,永不偏倚,永不倦怠,成为万物之锁钥。①

"原气"的分裂,由 1 开始,成倍数地展开,最初是均衡的,严整的。

---

① [美] T. 丹齐克:《数:科学的语言——为有文化而非专攻数学的人写的评论性概述》,苏仲湘译,商务印书馆 1985 年版,第 33—34 页。

1	2	4	8
混沌／原气 （或太阳）	阴／阳	四时 四向 四象	八卦
黄帝 （帝鸿）	黄帝／炎帝 黄帝／蚩尤	四子	八恺
太极 （太一）	阴／阳 （两仪）	四象	八卦
宇宙	天／地	四向	八方
明堂	二门	四堂	八室
道（体）	道／德	四维	八德

再结合《老子》等早期诗化哲学，把上面的意思复述一下：

所谓"一"应主要指"混沌"，即寂兮廖兮，"独立而不改，周行而不殆"，时刻在团团滚翻涌动的原始之"气"（所谓团状粒子流或星际弥漫粒状物质）。本来是物质性的，后来与"道"混同，才呈现为"气律二象性"。

"原气"破为阴阳（二气），再涌摇冲和为"三气"（阳气、阴气，以及冲激调和它们的"冲气"；或说天、地、人三气），而后生出万物。这是道与混沌的创世功能或创生过程。

以"三"为中介的序列，是二分法统摄下的"奇数系列"，为3—5—7—9 的递进，跟 2—4—6—8 的"偶数系列"（严整二分）本质相同而形式有异。严整"二分"产生两仪—四象—八卦，"三分"则发生五行九宫。

如果混沌的解体是以奇数均衡地排列，那就是本体的中央权威地位在对称性分裂里的"保持"。

1	3	5	7	9
元气	阳气 / 中气 / 阴气	五行	七曜	九宫
宇宙	天 / 人 / 地	五方		九州
中	上 / 中 / 下	五大元素		
德	三纲	五常（儒家五行） 五伦		
帝	三皇	五帝		
黄帝		五方帝		

毕达哥拉斯以奇数为"有限"，偶数为"无限"。中国人似乎没有这样绝对的划分。

然而，如果单单是"一"，看似"无限"（混沌是没有边际和时限的，是超越时空的），然而，"孤阳不生，孤阴不长"，不能直接由其诞生万物，必得分裂为阴阳，再经过"三"的中介，"阴阳合、天地交，则成一太极之全，圆道周流而生生万物，其功能成为无限"[①]。"三/冲气"的参与，"五行"的生克，"九宫"的衍化，都表示"奇数"与"偶数"的结合，是"有限"与"无限"的对立统一。

恩培多克勒的说法，似乎更辩证一些。

他说，一方面，"一从多中聚焦而长成一个个别的存在"；另一方面，"它又分解了，从一成为多：火，水，土，以及无限高的气"[②]。但如果没有"爱"和"恨"，它们就不会变化。"恨"是毁灭性的，"爱"则是"变灭的肢体中生着根，并且起着作用"，而且是"在那些元素中旋转的东西"[③]。所以世界才有生灭。他暗示，这实际上是"阳/阴"两

① 高怀民：《中国先秦与希腊哲学之比较》，"中央文物供应社"1983年版，台北，第64页。
② 北京大学哲学系外国哲学史教研室：《古希腊罗马哲学》，商务印书馆1961年版，第82页。
③ 北京大学哲学系外国哲学史教研室：《古希腊罗马哲学》，商务印书馆1961年版，第82—83页。

种力量在起作用。"这一切在冲突中现出种种不同的形相，并且分离开来，然而在爱中却结成一体，彼此眷恋。"[1] "爱/Eros"有点像《老子》中的"冲气以为和"，是结合对应物而生万有的"三/冲气"。

托马斯·克伦普说：

> 中国人以四个基本方位和一个中心为基础，运用（阴阳）五行去组织空间，在这个中心点，对立的力量彼此抵消，从而保持了整个系统的协调。[2]

因为有奇数之"一"作为基础，对分为阴/阳，再用"阴阳五行"去建构时空，对立的不再绝对对立，孤立的不再绝对孤立，而是有无相生、奇偶互动，才能够"三生万物"，从有限走向无限，由无限来推进有限，才会有丰富多彩而又独立运行的世界。

道成肉身：一，太一 ——黄帝

《老子》之"一"，又具有"多义"或"博喻"之性质。"一"有时被认为"道"，可以"互置"，至少是同质异构的。它构成道的"气律二象性"乃至"心物二元性"的基础。我们跟许多学者同样为之迷惑不解，在《老子的文化解读》里反复为之譬解、"澄清"。"一"与"道"之间可"互换"，在我们的表解里它们也是"对位"的（上举《庄子·大宗师》《韩非子·解老》，"得道"就是"得一"）。

"一"，或者所谓"混成之物"，又可以是"太阳"的意象。它运行有序，光辉普照，"独立而不改"，"周行而不殆"。"道"，首先日月运行之道，"一阴一阳"之谓"道"。

所以"太极""太一"（或东皇太一）的原型意象又是太阳。"道

---

① 北京大学哲学系外国哲学史教研室：《古希腊罗马哲学》，商务印书馆1961年版，第83页。

② ［英］托马斯·克伦普：《数字人类学》，郑元者译，中央编译出版社2007年版，第13页。

成肉身"，"一"又与人间的（传说）皇王相结合，成了人格化之"道"。例如黄帝，不但后来是人文始祖或"共主"，又是黄气、黄云、黄土的人格化；再进一步，变成象征日光四射而具有"四副面孔"的黄帝，这样，他又是太阳的人格化或化身。[①]

所以，"一"（道）、混沌（原气）、太一、太极与太阳、黄帝"对位"。

图 4-1　向四方发射金光的印加太阳神——因蒂

（它用一个巨大的金盘制成，装置在太阳神庙的整个东壁上，秘鲁）

长方形面孔的太阳神向四方发出金光。早晨的太阳照在这个"金太阳"的面孔上，发出的光芒比朝霞还要灿烂。

那些被视若太阳的最高神、传说始祖或人间君王（有时被说成有四张面孔），就是这样被想象为向天下四方放射金光的。

神话思维里的一切明喻、暗喻或隐喻都是"真实"，都是被认为正确无误、毫无疑问的"事实"。两项表面看起来毫无干连的事物被原始（性）思维所整合，由"互渗"而"对位"，因"联想"而"认同"。"五德终始"自然—社会五要素的配伍，在我们看来是无稽和荒诞，是

---

① 参见萧兵：《楚辞新探》，天津古籍出版社 1988 年版；叶舒宪：《中国神话哲学》，中国社会科学出版社 1992 年版；萧兵、叶舒宪：《老子的文化解读——性与神话学之研究》，湖北人民出版社 1994 年版。

政治话语，是修辞策略，是审美手段；可是在原始（性）思维里，却是不移的真实或真理。

这里最神圣的就是作为中央元素的土地之"土"。在农耕民族，"土"是一切的基元或根本，能繁殖万物而孳乳生命。它是至大的神圣，是无尚的诚信，也是最高的仁爱。"黄帝"也是黄土（黄土风成态即"黄气"或"黄云"）的人格化。

"土"是诚，是信，是圣，是中央本源性元素（更因为土是黄色而巩固了它在黄色人种心目里的中央元素地位）。

"土"其实也是"仁"，因为它是最广大、最普遍的爱。黄土地之神的黄帝，就是中国人所共奉的最早的"有道明君"，这个"中心"地位后来被人间的君主所窃据。

中央之神四张面孔：朝向四方

作为中央之帝或"中央土"之神，黄帝因居"中"而有"四面"之传说。

《尸子》说，子贡问孔子："古者黄帝四面，信乎？"孔子用了神话学上非常有名的"合理化"办法回答说："黄帝取合己者四人，使治四方，不计而耕，不约而成。此之谓四面。"[①]把四个面孔说成能够派遣优秀的下属治理四方。《吕氏春秋·本味篇》也含有这个倚仗贤人而治的思想："故黄帝立四面，尧、舜得伯阳、续耳然后成。"（陈奇猷校释本，2·740）[②]高注说得更明白："黄帝使人四面出求贤人，得之立以为佐，故曰立四面也。"（2·746）这当然是一种理性主义的曲解，但即令是一种附会，也证明着黄帝是统驭四方的"中帝"。神话学者则多是将此事与"夔一足"的解释摆在一起说明儒家的庸俗的"现实主义"神话观，而很少着手清理这个重要神话的内涵与外延。

---

① 参见（宋）李昉：《太平御览》（第一册卷七十九），上海古籍出版社2008年版，第755页。

② 本书引用《吕氏春秋》，均据陈奇猷校释本，学林出版社1984年版，以下仅注册次、页码。

湖南长沙马王堆汉墓（M3）出土佚书《黄帝四经》说：

> 昔者黄宗质始好信，作自为象，方四面，傅一心。

跟《尸子》所载"古者黄帝四面"，以及《吕氏春秋·本味篇》"黄帝立四面"相合。现在我们都知道，黄帝既是人又是神，既是"传说祖先"，又是"神话天帝"；他的一个形象是，正方形的头，四张面孔（"方四面"）。进一步证明，儒家学者用欧凡麦（Euhemerus，古希腊历史学派神话学家）式的机械"理性主义"，把"黄帝四面"硬说成依靠四位贤人治理四方，是很可笑的。但是黄帝为什么有四张面孔呢？

"作自为象"而"傅一心"，《十大经·立命篇》注"作"为"开始"，以"象"为"像"，"傅，疑读为辅。一说为附"。[①] 不知"傅"或"附"是否指其"像"有一个中心，与下文"四达自中"相应。唐兰说："黄帝四面本是神话，后来解释为用四人为佐，可见［《黄帝四经》］这本书是比较早的。"[②] 以《帛书》所说"方四面"仍是神话。然而所谓"作自为象，方四面"很可能是说黄帝时文化还很朴质，他为自己造的雕像是方形的，有四个面孔——这不是很原始的"方明"吗？——四方都一心归附。由于他们面向被四分的世界，似乎"涵盖"了四方，所以或被当作"宇宙大神"。

英国科学社会学家贝尔纳说，汤姆逊（G. Thomson）[③] 发展了杜罕（Duhem）的理论，认为天文学的源始可以追溯到原始社会的图腾组织，特别是它的"四分"结构。"这特别适合于把天分为四分，相当于氏族的划分，而每一氏族都联系着恰当的图腾动物和颜色。"[④] 中国的黄帝"四

---

① 《经法·十大经·立命》，文物出版社 1976 年版，第 46 页。
② 唐兰：《马王堆出土〈老子〉乙本卷前古佚书的研究》，载《考古学报》1975 年第 1 期。
③ ［原注］G.Thomson, *Studies in Ancient Greek Society*（《古代希腊社会研究》），Vol. Ⅱ, The First Philosophers（《最初的哲学家》），London, 1955；可参见《古代哲学家》，何子恒汉译本，商务印书馆 1963 年版，第 48—53 页。
④ J. Needham, *Science and Civilisation in China*（《中国的科学与文明》），Vol. Ⅱ, Cambridge, 1956。

面”或建“四面之号”，而与四方、四色之“四帝”相抗衡，都与这种图腾组织及天空的“四分法”紧密联系。但是众所周知，“四天”与“四方”相应，中央部落与“四夷”对立，“四分法”是以主体自居中央为前提的。“由类比这也解释了四元素，而且，特别在中国，这些就联系着［东南西北］四方。”① 如上所说，黄帝是“中央之帝”，才有资格具有四个面孔。因为“居中的第五个元素，也就是王室元素，即黄色元素”——黄帝或说即“黄地”“黄土”，尽管对于原始四分法来说“是表明特征的后加物”，但这似乎仍可以为“黄帝四面”的神话破译提供一种理论模型。

不可否认，《孙子兵法》等书里中央黄帝与四方、四色帝的对立，包藏着“中原中心主义”思想（尽管《孙子》未涉及此），四帝或“四夷”被边缘化，但在最初的“四方/五行”观念中并不严重。

山田庆儿说，殷商“自我中心”，以“大邑商”为中央，卜辞里的“方”，“不仅只意味着方向，它还指异氏族，特别是指不附属于殷而与殷敌对的异民族而言的”（引案：也不尽然）②。这样，中央就与“四方”对立，就像后来自居“中夏”而蔑视“四夷”一样。“换言之，空间上规定了秩序的异民族的敌对世界，才是语言本来意义上的四方。”③

这只是“四方”或“五行观”的一个侧面。中央之帝与四方帝之划分，在潜意识上藏匿着“夷夏之大防”。这影响到中原诸王朝对“戎狄”的学习与借鉴。“彼徒我车”，战术的差别与消长，很长时间才为“华夏”军事家所反思，骑兵及其战术久久未被重视与借用。“胡服骑射”受到严重质疑与反对。《孙子》的情况好一些，它的“潜结构”里不乏夷狄的成分。而与“五行”直接相关的战马或军旗四色（或五色），正是“夷/夏”文化交流的一个证明（参见待刊之《游牧人与兵法——〈孙子〉溯源之一》和《孙子兵法的文化比照》）。

---

① ［英］贝尔纳：《历史上的科学》，伍况甫译，科学出版社 1959 年版，第 145 页。
② ［日］山田庆儿：《空间·分类·范畴》，齐相安、沈扬译，见辛冠洁、袁尔钜、马振铎等编：《日本学者论中国哲学史》，中华书局 1986 年版，第 64 页。
③ ［日］山田庆儿：《空间·分类·范畴》，齐相安、沈扬译，见辛冠洁、袁尔钜、马振铎等编：《日本学者论中国哲学史》，中华书局 1986 年版，第 64 页。

大体受上述材料的启发，法国汉学家沙畹（Chavannes）认为，中国的"五行"观念导源于匈奴或者突厥，时间约在公元前第 1000 年代之中叶。他提到公元前 205 年汉朝替代秦朝的时候，照例只祀四（色/方）帝，即白帝、青帝、黄帝、赤帝，后来才补上（北方）黑帝[①]，而西北方活动的正是突厥与匈奴。殊不知《孙子》早就有中央黄帝战胜四方或四色帝之说，所以也不能说"四行"就是由突厥、匈奴们带来的伊朗、希腊、印度的"四大"。法国人德莎素（Leopold de Saussure），德国人福克（Fork），英国人李约瑟（Joseph Needham）等，都不赞成沙畹之说。

但我们必须考虑中原－华夏军队编制、阵形、旗色等与西北方戎狄的交互影响。这些都是有关胜败、生死、存亡的大事，运动和战斗着的军队在文化碰触与交流上是最为敏感、积极和快速的。取长补短，互通有无，采敌之法，为我所用，带头的往往是军队（参看《孙子兵法的文化比照》"五行生克"与"五行无常胜"一节）。

图 4-2 四人面方鼎

（又名大禾方鼎，商代，湖南宁乡出土）

这个方鼎，四面各浮雕出人脸，最可能再现的是某位有四张面孔，像太阳一般向四方放射光芒。有人说这就是"四面"的黄帝，但我们不知道殷商人是否确知有黄帝存在，黄帝在他们的文化或信仰系统里占据什么地位。也有人说这是敌人的首级，反映"猎头"之俗，将其镶嵌于重器，以威慑四方，就像黄帝用蚩尤的面孔恐吓敌害一样。仅可备一说。

四 人 面 器

前引李零《中国方术续考》认为：

---

① 参见《史记·封禅书》。

三者可能是相对应的：就像 中（巫）字所表露的那样，是上古对四方的执着、敬仰或祭祀，目的在控制四方，亦即宇宙。因此，美术考古学家喜欢把湖南宁乡出土的四人面方鼎（或称大禾方鼎）说成"黄帝四面像"。然而，我们暂时还无法将其等同，只能说二者趋同。

四人面方鼎映写了"四方"或"四分"的宇宙观点（以鼎身为"中央"，这是为器物造型所"规定"的）：四个神圣的人面"照临"或"监守"着四方。由于人面相同，确实可以理解为一"神"而有"四面"。这当然使人想起"四面"的黄帝，但是不能等同。我们还不能证明殷商时期已有"黄帝／中央之帝"的崇拜，虽然殷墟已经发现正方形的"黄土台基"。然而，谁是殷商的人格化的，联系着天地的"中央之帝"呢？难道会是西北方祖先神吗？当时有这样的中央大神吗？如果把四面像或四人首造型都看成"黄帝的形象"，或者用"三代民族的融合"来解决殷人之奉祀黄帝①，恐难证实。

图 4-3　良渚玉琮与四向兽面

（浙江瑶山遗址出土，良渚文化）

饶宗颐曾说，四人面方鼎人面"状貌慈和"②，似在颂赞"仁君"；后世如唐开皇年间，尚在洛阳创作"四面先君"之四面像③，可见其统未断。

内圆外方的玉琮功能之一，可能是象征天地的交会，阴阳之好合。玉琮四面刻有"神人兽面"（"有牙女阴"之战神、社神），可能表示天地的"四分"，或说它也体现"黄宗四面"，跟"黄帝四面"有潜在的趋同性。

099

---

① 参见谢崇安：《商周艺术》，巴蜀书社 1997 年版，第 62—63 页。
② 饶宗颐：《道教与楚俗关系新证——楚文化的新认识》，见《饶宗颐史学论著选》，上海古籍出版社 1993 年版，第 131 页。
③ 参见洛阳古代艺术馆：《洛阳魏唐造像碑摭说》，载《文物》1984 年第 5 期。

他说，四人面方鼎"象征黄宗四面"。[①]

"黄宗四面"就是"黄帝四面"的敬语表达，其真正的器物化可以追溯到"天地之器"的"黄琮四面"——说不定正是由"黄琮四面"引发出"黄宗四面"乃至"黄帝四面"来，从而完成了某位传说"始祖"的太阳神格与天神格，它们都能"外发天光，内敛地气"。

远古玉器有"琮"，是中间圆空的四方形柱体，或说可象征并沟通天地[②]，很可能就是"黄帝四面"的先导。但这种假说不大可靠。黄琮与黄帝的关系不很明朗，更不"绝对"。河北藁城台西晚商遗址出土一个"四人面"陶塑[③]，可与之对照研究。

图 4-4 "四人面"陶塑

（河北藁城台西晚商遗址出土）

这个奇特的"四人面"陶塑意蕴不明，但分明可跟商四人面方鼎比照讨论。

学术界关于"四人面"的见解都很精辟。但是，目前还没法证明东方的夷殷已经把四面的黄帝当作自己的太阳神、祖先神、最高神。

孙作云认为，所刻为敌酋面像，很可能就是被黄帝所杀的蚩尤（银雀山汉简《孙子兵法》有《黄帝伐赤帝》专篇，赤帝即炎帝，置换了蚩尤，但其说并不古老，可靠）。

---

① 饶宗颐：《道教与楚俗关系新证——楚文化的新认识》，见《饶宗颐史学论著选》，上海古籍出版社 1993 年版，第 131 页。
② 参见萧兵：《"琮"的几种解说与"琮"的多重功能》，载《东南文化》1994 年第 6 期。
③ 参见金维诺：《中国美术全集·雕塑编》（1）"原始社会至战国雕塑"，人民美术出版社 1988 年版，第 27 页。

有人说，"四人面"反映"猎头"（head hunting）和祭祀首级的风俗；"四人面"乃是罕见的"人面型饕餮"，镌刻并展示它，是为了震慑四方鬼魅。这话并非毫无理由。崇拜太阳（神）的殷人确实有"猎首祭枭"的风俗，可我们暂时还不能证实"四人面"就是猎来的"敌枭"。如果确实是"祭首"的话，那也最可能是经过美化的自己祖先的头颅或面目，而不大可能是"非我族类"的黄帝或蚩尤。即令它标识最高的"始祖"兼太阳神，那也只能是所谓"高祖夒"，亦即领有太阳神格的"帝俊／帝舜／帝喾"。可惜我们又拿不出他们具有"四面"的证据。

我们反复论证中国神话里有四张面孔的黄帝兼为太阳神，就好像太阳向四方发射它的光箭一样。《尸子》说"黄帝四面"，《淮南子·说林训》谓"黄帝生阴阳"，在中国阴阳系统哲学里，其程式就是：

```
1——     2——      4
黄帝—— 阴／阳—— 四面
太极—— 两仪——  四象
道（一）——
                    二——四（三及万物）
太阳—— 暗／明—— 四方
```

它们相互对应，并且可以换位。

一般学者都把它跟"五行"观念联系起来：黄帝是中央（最高）之帝，以四张面孔控制四方神民；黄帝属中央土，黄色，其他四方各有方色或专属元素。所以，《三国志·魏志》注引《魏略》说："轩辕（黄帝）建四面之号。""四面"也就具体化、人格化为四方各有其色的青、赤、白、黑四帝。早在《孙子·行军篇》里就有这种五帝观念："凡此四军之利，黄帝之所以胜四帝也。"《蒋子万机论》更发挥说："黄帝养性爱民，不好战伐，而四帝各以方色称号，交相谋之。"（据《太平御览》卷七九）"黄帝四面"确实跟"原始五行"相关，但"五行"来自四方，而四方是由太阳的视运动来决定的。开始只有日升、日落的东、西两方，后来加上南、北，使其完整。四方逐渐成天下乃至宇宙的代码。要控制四方，就必须居"中"，必须具有"四面"或"四目"。

黄帝是西北方夏人集群的始祖（神），怎么会占据中央，成了四方共仰的"天帝"呢？当然是因为他们发展成功，势力强大——五行观念，其成熟又正在中华大地希望"整一"，"大一统"意识和追求强大之时。中国地理大势是西北高、东南洼，初民以为高的地方最接近"天"，西北正好又有黄帝所居的最有名的"宇宙大山"昆仑，原始"宇宙学家"认为它正处在北极星或北天极（亦即所谓"中极／天中"）之下。种种因素叠加，黄帝、黄土地的神和黄色人种的祖先，成为"中央之帝"，黄颜色（土）也就成了中央之色、中央元素之色了。

但更重要的是，黄帝兼为太阳神。有些古代铭刻中，如汉武梁祠画像石等，"黄帝"写作"皇帝"，"皇"是光芒四射的太阳置于圣坛之上，"皇帝"就是太阳般辉煌灿烂的帝神。这样，居中的大太阳神黄帝就有四张四孔向四方发射光芒了。

约瑟夫·坎贝尔在《千面英雄》里曾介绍一位爱搞恶作剧的非洲神艾得秀（Edshu），他故意戴了一顶四方形的四色帽子，去戏弄农夫，害得只见到一种颜色便各执一词的农夫们打了起来（这好像中国的一个金银各半边的容器的故事，教导人们看问题要全面）。一边红，一边白，一边绿，一边黑，"这是世界四个方位的颜色；亦即艾得秀神是中心或世界轴心（axis mundi）的人格化"[1]。这极像戴着"方明"面具的"四面"黄帝，又像围绕中心大室的各具一色的"四堂"（美洲"亚"形类明堂建筑）。

可见非洲也有"四方／四色"加上"中央"的类五行观念。

类似黄帝和大梵天"四面"的，还有西亚的"四面神"，也许历史更加古老。1991年左右，考古学家在伊斯查理发现一个"四面神"像，虽然并非发掘所得，却可判定为公元前10世纪左右时物。这个神的脚踩在一只类似羊的伏地动物背上。[2]

---

[1]［美］坎贝尔：《千面英雄》，朱侃如译，立绪出版公司1998年版，台北，第44页。
[2] 参见拱玉书：《西亚考古史：1842—1939年》，文物出版社2002年版，彩版17。

黄帝曾与西北方的轩辕氏黏合，被称为"黄帝轩辕"。轩辕曾拥有"四方"形的台坛，即《山海经·海外西经》里的"轩辕之丘"，又有"四蛇相绕"。这不但跟颛顼氏"鲋鱼之山"有"四蛇卫之"，共工四方之台"隅有一蛇"完全一致，而且与《旧约》中"四面"基路伯保卫生命树"同构"，还令人联想到古印第安文化里"四灵"之一的"角蛇"象征"四大元素"，而这有角的羽蛇还能保卫太阳金字塔。

日本神话里也有四面之神，不过已物化为"岛"（日本神话地名与神名常不分离，暗示国土为神所"身化"）。伊邪那美命、伊邪那岐命二神生下"伊豫之二名岛"，即"四国"。"这个岛是一个身体四张面孔，每张面孔都有名称"；它又生下筑紫岛，即九州。"这个岛也是一个身体四张面孔，每个面孔都有名称，筑紫国称白日别，丰国称丰日别，肥国称建日向日丰久士比泥别，熊曾国称建日别"[①]，他们都是天照大神的后代，所以名字多与"日"相关。"白日别"之"白日"意思便是"光辉的太阳"。作为主体，"太阳岛"当然有个"中央"，这个"中央"便是"潜在的太阳"。

杜而未以台湾高山族排湾族群的"四面人"木雕等为例，认为它们"似乎都是基于互有渊源关系的月神话"。理由是"月的上、下弦和新月、老月共为四面（月光面的凹处看来好似人面，《山海经》有

图 4-5　四面神大梵天

（印度神像）

印度教最高神大梵天，"四面为太阳"，原来是日神。也有人以为是宇宙大神，或"四分"世界的人格化。

①［日］安万侣：《古事记》，邹有恒、吕元明译，人民文学出版社 1979 年版，第 6 页。

三面月人为证）"①。这实在很牵强。中国古人确有以生魄、死魄、朔、望"四分法"计算月亮周期的办法（详见王国维《生霸死霸说》）；这也许更能用来说明作为"三光"之一的月亮可能具有"四面"的理由。但是太阳不同样是烛照四方的光明神吗？它为什么不能也有四个面孔呢？

南亚四面神

最值得跟中国"黄帝四面"相比照的，是南亚次大陆"四面神"。

古代印度的大梵天有四个面孔，见于《梨俱吠陀》（*Rig-Veda*）。他同时具有四臂四个头，各掌管宇宙的1/4。②显示着他是居于宇宙中央的由太阳神升格的"天"之帝或最高神。《摩奴法典》说，宇宙从"黑暗"（混沌）里"解体"（pralaya）之后，自存神（Ātman，或译"自我"）在水里置一种子，"此种子变作一个光辉如金的鸡卵"，此即神话学所谓"宇宙卵"（Cosmic egg），它像"万道光芒的太阳一样耀眼"③，梵天即生于其中，所以他本质上是由"太阳"升华的至高无上的光明神；但作为后起的唯一神或所谓"三身神"（梵天、毗湿奴和湿婆），他却是从具有三个头的太阳神火之神"阿耆尼"演化出来的——后者"三生"："它在地上因薪木摩擦而生，它在云中则是闪电，它在最高天空则为太阳或天界光明。"④而梵天则打破如日之"宇宙卵"为二以成天地，并且布置大气，"八天区"与水库⑤——八天区恰是"四方"与"四角"！

① 杜而未：《山海经神话系统》，学生书局 1984 年版，台北，第 77 页。
② See Arthur Cotterell, *A Dictionary of World Mythology*（《世界神话辞典》），G.P.Putnam's Sons, New York, 1979, p.65.
③ 《摩奴法典》，迭朗善法译，马香雪汉译，商务印书馆 1982 年版，第 8 页。
④ ［英］查尔斯·埃利奥特：《印度教与佛教史纲》，李荣熙译，商务印书馆 1982 年版，第 158 页。
⑤ 《摩奴法典》，迭朗善法译，马香雪汉译，商务印书馆 1982 年版，第 9 页。

图 4-6　迦梨女神和四面梵天

（印度绘画）

四手迦梨（kali）女神是难近母（Durga）的正面形象，她坐在湿婆（Shiva）身上，控制着宇宙秩序，不让各种魔用种种手段加以破坏。

她身后是四首大梵天（在图左），他以宇宙大神"支持着"湿婆－迦梨的"创造／破坏"循环。

《薄伽梵歌》赞颂大梵天道：

> 我放射着光和热，
> 我操纵泼洒着雨水，
> 我为永生又为死灭，
> 阿周那，我亦是亦非。[1]

这本质上是太阳的意象。黑格尔就明白，"他是由四个头和四只手形成的"；特别是"他的肤色是红的，这显然是暗指太阳"。[2]

不但《禅定点奥义书》说"有一莲花座，大梵绯红色，四面为大父"[3]，《唱赞奥义书》还明确说"太阳，大梵也"；它同样讲到太始

---

① 《薄伽梵歌》，张保胜译，中国社会科学出版社 1989 年版，第 104 页。
② ［德］黑格尔：《美学》（第二卷），朱光潜译，商务印书馆 1979 年版，第 55 页。
③ 《禅定点奥义书》，见《五十奥义书》，徐梵澄译，中国社会科学出版社 1984 年版，第 969 页。

时从"无"到"有","有"乃"化为卵","卵久静处如一年时,于是乎破。卵壳二分,一为金(天),一为银(地)(据译注,此见于《黎俱吠陀》10.129.3 及 10.121.1);"于是由此而生者,则彼太阳也"。[1]

可见"四面"的大梵天确实具有太阳 – 光明神性,而且跟曾被祀为太阳神的黄帝同样是宇宙中央大神。也有人认为是"宇宙"或"四分"世界的人格化。

叶舒宪也注意及此,并将其"四面""四臂""四足"的神相与黄帝比较:"大梵天还生有四足、四手,相传上古印度教的四部吠陀圣典即由他的神圣数'四'所化出,其为神话空间的原生 Charter(神圣的'凭证'或'执照'),已不证自明。今考大梵天四面的由来,足以使他的中国胞弟(黄帝)四面之谜昭然若揭,且对上述黄帝是创造主太阳神的论证,提供有力的补充。"[2]

巨大的大梵天"四面像",见于柬埔寨吴哥遗址。

元周达观《真腊风土记》说,州城门之上,"有大石佛头五,面向四方"("四"原误"西",据伯希和、夏鼐校改)。伯希和新注说,今吴哥城门上神头,"一般认为四面大梵天像"(Brahmā Caturmukha)。因为或说四头之外,另有中间一小头,伯希和旧注为"五

图 4-7　吴哥窟的"四面佛"

(柬埔寨,余志摄影)

这也是"大梵天"的一种巨大造像。他有四张面孔,"四面为太阳",烛照四方。

106

[1] 《唱赞奥义书》,见《五十奥义书》,徐梵澄译,中国社会科学出版社 1984 年版,第 148 页。
[2] 叶舒宪:《"黄帝四面"的神话哲学——兼谈中国古神话的 Charter 功能》,载《走向未来》第 2 卷第 3 期,1988 年,第 56 页。

面湿婆神"（Śiva pañcanana），芬诺氏称为"五面稜伽"（Linga），戈岱司则说是"四面观世音自在王"（Lokesvara-raya）[①]，即如周氏说原来四面神头"中置其一，饰之以金"，四面仍如太阳之四射光芒。

图 4-8　四首神大梵天

（公元3—4世纪石像，印度北方邦）

此像造型古朴，可窥其本真。

　　毗湿奴是"平衡"之神，保持着天／地或天／水，亦即阳阴的平衡；这往往由"鹰"（太阳－天空）与"蛇"（水－土地）的共同出现来表示。

　　在一幅著名的图像里，"保持者"毗湿奴睡在漂浮于"宇宙海"的"蛇筏"上，他在幻想或做梦（梦构成世界诸相，即"幻"），他头上有"太阳花"（表示他依存于"水"，又控制着"天"）；吉祥天女（即Lakshmi）正在抚摸他的足，足是阴和大地，贯注着"性力"和爱——于是从他身体之"中"即"世界脐"里生长出莲花（女性生殖器），莲

① 参见（元）周达观：《真腊风土记》，夏鼐校注，中华书局1981年版，第49—50页。

花里涌现"四面神"、创造者大梵天，他"四面为太阳"，跟"水"取得相互依存的（阳／阴）均衡。正如坎贝尔《神话意象》所说，这里不仅宇宙海是"（水体）混沌"，是"空"也是生命之"源"；蛇也是"水""空"与混沌的另一意象，创造的根源。

图 4-9　毗湿奴脐中生出四面大梵天

（印度绘画，［德］施勒伯格摹本）

创造大神毗湿奴睡在眼镜蛇组成的"蛇筏"之上，在冥想中，脐中生出莲花（女阴或子宫意象），其上坐着四面大梵天，意在"大梵"亦出自"创造冥想"。但是大梵天有四张面孔，环视世界，证明他是宇宙大神，太阳神。

除了这个学派特别强调的"四面"与"意识的四功能"（思想、感情、直觉、感觉）相对应之外，还有在民俗和文化上的"对等"表现。

特别是——

在印度和远东的视觉艺术中，四或八束光线的圆，是宗教意象的普通模式，并用作为冥思的手段。[1]

这个有 4—8 道光芒的圆，其母型肯定是太阳（佛和耶稣·基督背

---

[1]［瑞士］卡尔·荣格等：《人类及其象征》，张举文、荣文库译，辽宁教育出版社1988 年版，第 220 页。

后的圆光也是太阳），它跟十字形一样生长为宇宙或宇宙之"中"的象征，而与"曼荼罗"（Mandala）图像一致，就好像黄帝四面像跟黄帝明堂图在结构上相对应一样。

图 4-10　四面佛

（上：佛教化的"四面"大梵天；下：泰国的保护神"四面佛"，摄于曼谷市郊四面佛专祀庙）

四面"大梵天"被佛教化为"四面佛"。在东南亚诸国，印度教色彩依然浓烈，古意盎然，大梵天实质上仍有最高神太阳神意味。

佛教密宗有"四臂观音"，由时轮院和欢喜金刚院供养，为藏传佛教密宗本尊之一。她身体蓝色，具四臂，更重要的是有四颗头，各具一色：蓝、白、红、灰。

她足踏仰卧的男体人像。有的"四面观音"或"八臂观音"，繁化为"八面观音"或"十一面观音"，直到"千手千眼观音"。黑格尔说，追求"数量的崇高"，是印度宗教艺术一大特色。

图 4-11　八臂观音

（鎏金铜像，明代，现藏于西藏拉萨）

八臂观音，又称十一面观音。但如果只计主要的，仍是"四面"——四面菩萨的繁化。她已逐渐女性化。

心理分析学家解释大梵天的形象意蕴说：

> 一个印度的创世神话，叙述婆罗门神站在一个巨大的千瓣莲花上，眼睛在罗盘的四个角上扫过。这种从莲花的圆形上四面观察，乃是一项预备性的工作，在开始他的创造工作之前，他必须确认自己的位置。[1]

① ［瑞士］卡尔·荣格等：《人类及其象征》，张举文、荣文库译，辽宁教育出版社1998年版，第220页。

莲花是女阴或腹脐的象征。作为"宇宙人",大梵天生于世界的子宫,亦即"人"与宇宙之"中";而作为太阳的神格化,他也占据宇宙的"中心",这样他才能观照并控制四方;而作为"日天子"和由太阳投胎化生的佛陀——

在他出生之际,有朵莲花从地上升起,他步入莲花之中,环视空间的十个方向。(此时,莲花放射出八束光芒;佛陀也上下巡视,合成十个方向。)这个观察的象征性姿态,是显示他出生那一瞬间的最简明方法,佛陀是个独一无二的人物,注定要得到启示。他的人格和未来的生存都被赋予了统一性的特征。[①]

实际上,佛陀也被认为生在世界的"中央",所以能向十方放射光芒。

图 4-12　四面佛

(泰国"四面佛"专祀祠)

泰国奉"四面佛"(由大梵天变来)为最高神,许多地方都能见到他的精美造像。

---

① [瑞士]卡尔·荣格等:《人类及其象征》,张举文、荣文库译,辽宁教育出版社1998年版,第220页。

作为世界"中心之主"（Īśāna）的湿婆（Shiva，印度教三人神之一），也因为体现"五大基本原则"（Sadāśivatattva），具有五大"慧根"与"作根"，而且代表"五大元素"（Tanmātra），他有五颗头颅，所以民间供奉着这位"五面最高自在天"（Pañcamukha-Parameśvara）。

商羯罗大师弟子的赞美诗中有对湿婆体现"四大"及"八道"的描写：

体现为火、水、地、风、
空、日、月和灵魂，他
以八者展现自身。智者
知道他是唯一的多与一。
作为导师，赐予我们智慧，
敬拜这主人，朝向南方者。①

图4-13 湿婆的多种形象

（北印度的湿婆形象；左上："楞伽湿婆"的四面像）

印度教三大神之一的湿婆，专司破坏，但也从毁灭里引出重生。

他的形象多变，一般为四臂，分持可怖的武器，如三叉戟与眼镜蛇。有时他也呈现为"四面像"，与"四大"等相联系。

———————

① ［德］施勒伯格：《印度诸神的世界——印度教图像学手册》，范晶晶译，中西书局2016年版，第64页。

112

四 面 怪 神

识者指出，从神话学角度看，黄帝具有创造大神乃至最高神的神格，相当于古代印度的大梵天，希伯来的耶和华，古希腊的宙斯；而且带着太阳神性，还可能是自太阳神和太阳龙族传说始祖升格而来的居于宇宙中心的天帝。大梵天四面，黄帝四面，雷电和光明之神耶和华的神使基路伯也是四面。《旧约·以色结书》说：

> 基路伯各有四脸：第一是基路伯的脸，第二是人的脸，第三是狮子的脸，第四是鹰的脸。（10·14）

这个格里芬（Griffin）式的怪神，也闪射着火与光明。"耶和华的荣耀从基路伯那里上升，停在门槛以上，殿内充满云彩，院宇也被耶和华荣耀的光辉充满。"（10·4）它有四面、四翼，翼下有手；身旁有四轮（幻想科学家甚至说它是宇宙飞船）；"他们全身，连背带手和翅膀，并轮周围，都满了眼睛。"（10·12）如所周知，眼睛象征着能够驱除黑暗与邪恶的光明，所以是太阳的意象。可以认为这位基路伯是耶和华的"卑化"或"分身"。

文化史家描述基路伯的形象说：

> 伊甸的东门设有两个基路伯。这可不是什么长着毛绒绒翅膀的漂亮婴孩，而是面目狰狞的野兽——有些像虎豹，又有些像捕食的鸟。它们或者被描绘成长着巨大翅膀的动物，而且还与"四面转动发火焰的剑"在一起。它们护卫着伊甸园，不让从东边进入伊甸的不速之客接近生命树。①

他们认为，基路伯源出巴比伦那长着巨翅的门神"卡立布"。

---

① ［英］戴维·罗尔：《传说：文明的起源》，李阳译，作家出版社 2000 年版，第 57 页。

【四面怪兽】

［巴比伦］卡立布：Karibu

［希伯来］基路伯：Cherub

或以为这是崇拜鹰鹫类大鸟的群团的神。

也许我们现在遇到的是一个曾定居这一地区的野蛮好斗的部落创造的形象，他们崇拜像鹰隼之类的大鸟。他们的巫师可能戴着鸟头一般的头饰，拖着大羽毛，如同巨大的翅膀盖住他们的长袍。通过口头流传的故事，这凶猛的巫师形象渐渐地变成了手持"发火焰的剑"的伊甸的门神，而不再是当初创造出来的图腾。[1]

这些怪神，看起来都是在破坏宇宙，破坏宇宙的构造或秩序，但实际是在刺激宇宙的再创造，如同印度的湿婆。

阿兹特克"丰收神"伊克斯奎纳（Ixcuina）具有四张面孔，他也叫作特拉索尔特奥尔利，或特拉索尔奥特利（Tlazoltéotl），是个"垃圾吞食者"（Inmundicias），实际上是肮脏与阴暗的克服者。小"特拉洛克"雨神之一纳亚帕特库特利（Naápatecuhtili），也是"四脸神"[2]。他们多属某种神的诡异变化。

图 4-14　以鬣蜥为母型的
雨神特拉洛克

（马雅，镶嵌雕塑）

美洲雨神往往以鬣蜥加上巨蟒为母型，司掌雨和水。作为羽蛇神，他有时也控制阳光。或说，他有四张面孔。

---

① ［英］戴维·罗尔：《传说：文明的起源》，李阳译，作家出版社 2000 年版，第 58 页。
② 参见［美］瓦伦特：《阿兹特克文明》，朱伦、徐世澄译，商务印书馆 1999 年版，第 187—188 页。

古代玛雅有一种古怪的鬣蜥，它是"伊特兹亚姆"（Itazam）——"万物由之而生的无形之神"（生生不已的意象）的造型基础。这种神的形象还吸纳了美洲鳄、淡水鳄的可畏外形，有人称之为"美洲龙"，跟中国龙一样有时长着鹿角，但是外形极不相同。作为生命之神，它兼为太阳神、地神、雨神和水神（这些职司，以蛇、蜥、鳄为母型的中国龙也都具有）。最重要的是，它跟黄帝一样具有四面，并且以不同色泽标识某一方。诺曼·哈姆德介绍说："他们这位伟大的神祇是四面的，每面表示世界的一方和一种颜色……"[①] 这就是：

> 东方：红色（的）"伊特兹亚姆—纳"
>
> 西方：黑色（的）"伊特兹亚姆—纳"
>
> 南方：黄色（的）"伊特兹亚姆—纳"
>
> 北方：白色（的）"伊特兹亚姆—纳"

这种"四面—四色"的神秘蜥蜴可以"转化"为房屋，它同样具有四色，跟前举小说《羽蛇》的描写一致。

> 这个四面体的怪物身上时常绘有星符，汤普森认为玛雅人将其视为房屋框架——"纳"，"顶部和墙体由四只巨型鬣蜥构成，身体直立，不过头部朝下"，每只鬣蜥构成了"从天顶到地平线的一面天"，甚至在其下面还构成了人间世界的地面。[②]

它实际上成了一种宇宙符号，一种"世界屋"。有人认为，这无非是以鬣蜥为母型的"羽蛇"之神跟方形"神坛"的一体化，形成四张面孔的形象，是兼司雨、水和土地的太阳神。

---

① ［美］诺曼·哈蒙德：《寻找玛雅文明》，郑君雷译，浙江人民出版社 2000 年版，第 281 页。

② ［美］诺曼·哈蒙德：《寻找玛雅文明》，郑君雷译，浙江人民出版社 2000 年版，第 281 页。

方面或方头之神

我们曾经论证，黄帝"四面"跟轩辕"方丘"是对应的，也与所谓"方明"相一致。

"方明"或方形台坛在神人形象上的再现就是四目、四面或者说方形的面孔或头颅。

《墨子·明鬼篇》说：

> 昔者，郑穆公当昼日中处乎庙，有神入门而左，鸟身，素服三绝，面状正方。郑穆公见之，乃恐惧奔。神曰："无惧，帝享女明德，使予锡女寿十年有九；使若国家蕃昌，子孙茂，毋失。"（《墨子闲诂》上·205—206）

这自然是东夷的神：句芒。在"五行"配搭中纳于春季，东方，见于《礼·月令》等。《尚书大传》："东方之极，自碣石东至日出榑木之野，帝太皞、神句芒司之。"他是太皞（喾/夔）的神使，又被认为少皞（契/昭明）之裔子，曰"重"（参见《左传》昭公二十九年，《吕览·孟春纪》及高注）。"芒/凤"一音之转，它化身为凤鸟，就是卜辞的"帝史（使）凤"之类。又即"九凤"或玄鸟，所谓"素服三绝"，好像穿着"燕尾服"——实在就是化身为燕子的生命神少司命（参见《楚辞新探》等）。所以《山海经·海外东经》说她"鸟身人面，乘两龙"，而郭注"木神也，方面素服"便据的《墨子·明鬼篇》。

或说，所谓"方相"也跟"方面""方明"一样，是头面呈正方形立体的"方头"，一面有一只眼睛。或说它有两张面孔，一面二目，所以说它具有"黄金四目"[1]。详后。

---

[1] 参见［美］德克·卜德：《古代中国的节日》，吴格非、蒋栋元、刘会民等译，学苑出版社 2017 年版，第 69—70 页。

四大，五行：四色或五色

东北方森严的太阳神"高阳氏/颛顼"，也有材料暗示他"四面"，或向"四方"发射灵光。

陕西凤翔秦景公墓出土石磬残片，上书：

> 高阳有灵，四方有鼏。

高阳氏（颛顼）跟帝俊（舜/喾）都是东夷始祖神，神格、神位都相当于西北方的黄帝。

在较早的时候，他们作为控驭"四方"的神，不但可能生着"四面"，而且有四位从属神占据"四向"，或者说，成为"四方/四向/四面"的肉身化。他们的扈从成为"四方/四时"的动物模式。

> 黄帝：熊/罴/貔/貅

他们的神话地位相当于：颛顼四蛇（其尊化即四方、四色之"龙"）

帝俊四鸟 { 四方方神

四方风神（凤鸟）

在中国，后来作为方向符号的"四灵"（龙、凤、龟、麟）与"四神"（苍龙、朱雀、白虎、玄武），显然是从四方方神和帝俊"四鸟"或"虎豹熊罴"化出的。

而"四目"之舜（重华）也有"方面"传说。《太平御览》卷八一引《帝王世纪》就说：

> ［尧时］有人方面，曰衡，重华。

旧注："衡有骨，表如日也；眉上曰衡。重华，重瞳子。握石椎，怀神珠。"

《太平御览》卷三六三引《尚书大传》说，"重瞳"就是"四瞳子"。

这样"太阳神"的原型之一便是正方形或立方体，其人格化、人形化的一种形式便为：

四面：黄帝

四目：重瞳 / 重华（舜）

方面：方颠 / 方头 / 方明 / 方相 / 方器 [①]

如果仅仅是脸部方形而头颅仍圆，就太别扭，太机械，似乎是整个头部为正方体——就好像用整个"方明"做了头颅（这正是太阳或太阳神的独特造型）。

《山海经·海内经》正说：

祝融降处于江水，生共工，共工生术器，术器首方颠，是复土穰，以处江水。

共工生后土，后土生噎鸣，噎鸣生岁十有二。

"方颠"实即"方颅"，郭注"头顶平也"。《路史·后纪》说"术器（即术器）兑首方颠"，都不准确。郝笺引《藏经》本无"颠"字，倒有可能。"首方"就是立方体头颅，也是人形化的"方明"。

术器，虽不能判定其为何神，但其"祖"祝融却是领有太阳神格，其"父"共工也是有四方台坛的。

"术"是小路，繁体从"行"，"行 / 㐄"是四向通衢，以"术"冠名，暗示其头、面亦"方"。

长沙子弹库出土的《楚帛书》中有位"月"之神，也是"四面"（或"四首"），只是它的排列方式比较独特：不是朝向四方，而是一线排列。或说，它本质上也是"四向"，只是采用了一种古朴的"平面展开法"来表示而已。

---

① 参见萧兵：《"四面神"与"四目神"》，载《寻根》2003 年第 2 期。

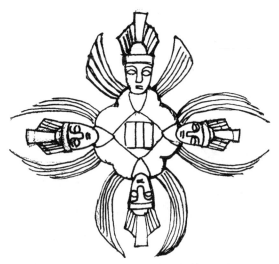

图 4-15　四面有翼怪神

（山东沂南汉墓画像，摹本）

此神四首四身，有翼，似是"四面"之繁变。处在各种怪物之间，有衔蛇神首，持盾独脚怪兽，双人首怪鸟或羽人，持弓及"连枷"立龙。不知何物。

印度有一幅四面的"大梵天"像也是这样一线展开的。

与此相应，方相氏的"四目"，也有一种是横向排列的（如韩国保存者所见）。山东沂南汉墓画像石的一个"四面像"，则是一种平面的"四向"布局，构成"十"字形。

四羊尊：四雷神？

跟四人面方鼎同出于湖南宁乡的商代四羊尊又象征什么呢？

有一种说法：圣羊可以代表太阳，或是太阳神的化身，四只羊驾的战车或四羊造型器物可以象征阳光四射。那么著名的商代的四羊尊就跟商代的四人面方鼎一样，可以表示太阳向四方发射神光，使鬼怪退避。有人说，四人面方鼎如同"黄帝四面"，然而长着四张面孔（或四只眼睛）的黄帝、太梵天、基路伯或马尔杜克都是太阳神，其四面意味着太阳普照四方，无远弗届。这是考古人类学和民俗神话学上的大问题。

羊是可能象征太阳的。埃及太阳神"阿蒙"（Amon），希腊雷神兼太阳神宙斯（Zeus），都曾化形牡羊。

希腊英雄寻找的"金羊毛"，也有人说象征财富、欲望和灿烂的金色阳光。

图 4-16 四羊尊

（或说发现于湖南宁乡，晚商，现藏于湖南省博物馆）

此尊造型独特，美丽无比。四羊或说代表"四阳"，或说代表四位雷神。

陆思贤论述远古"羊角盘"内出现太阳纹（案：半坡者似是星辰纹），系表示"阳光雨露滋育着畜群的繁衍"。祭仪里"向太阳神敬献，以羊为主"，所以仪式之"仪"从羊；此"与古史传说炎帝羌族姜姓，'炎帝者太阳也'的记载吻合"[1]。他还从此推论，"以羊象征太阳神，源出于羌戎族"；而且——

> 在商周青铜器上，也以羊为吉祥物，应取义于"羊"即"阳"即"太阳"；殷墟卜辞中多有记载对羌人的征伐，牺牲用羌人，盖取义羌人以羊名，用于祭祀太阳，牺字繁体作牺，从牛从羊，也是以羌人与牛、羊作牺牲之意。[2]

① 陆思贤：《神话考古》，文物出版社 1995 年版，第 151—152 页。
② 陆思贤：《神话考古》，文物出版社 1995 年版，第 152 页。

陆氏此说可采之处甚多（"羊角图腾柱说"待证）。我们觉得，羊角与太阳"伴出"，已有"太阳圣羊"之微意，跟西亚、中亚乃至南北欧的"圣公羊"也有可比之处。

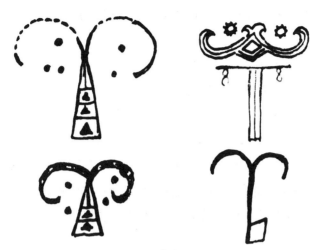

图 4-17　羊角形图纹

（左上：采自《西安半坡》1982 年版；左下：采自《西安半坡》1963 年版；右上：辛店文化陶器图纹；右下：内蒙古曼达拉山岩刻。采自陆思贤）

羊角间出现太阳或星星，这表示牡羊与羊角崇拜已与天体崇拜（尤其所谓原初"光明"信仰）相结合，而圣羊与"太阳羊"的意象已于此萌芽。"羊/阳"音近，古人用三只羊象征"三阳开泰"。

陈惠认为，商代饕餮纹主要是以雷鸟或雷兽（夔牛、夔龙）面目出现的雷公或雷神；大禾方鼎上的人面也是雷神。[①]

另一可能：中国"羊"也是雷神的化身（或说，太阳神与雷电之神多相兼，如宙斯、因陀罗、阿蒙；太阳神黄帝也曾分化出妻子"嫘祖/雷祖"）。

中国的雷神多具有鸡或猴的形状与特征，极少有羊身的。可是唐人《异闻集·柳毅篇》载龙女牧羊，柳毅见它"矫顾怒步，饮龁甚异，而大小毛角，则无别羊焉"，心里很奇怪。龙女说："非羊也。雨工也。""何

———————

① 参见陈惠：《饕餮新释》，载《殷都学刊》1995 年第 3 期。

为雨工?"［答］曰:"雷霆之类也。"① 以羊为雷神,实在不知其源流所自。从《柳毅传书》龙神很凶看,来自印度的可能性较大。冰岛史诗《埃达》也许能帮助我们解开这个谜。它写雷神托尔(Thor)用两匹(或四匹)公羊拉曳他的雷车,在乌云密布的天空轰隆隆地驶过。

> 托尔套好公羊拉的战车,
> 两只羊头角都锃光瓦亮。
> 他们风驰电掣来到山峦……②

原来从古代埃及到印欧系统的雷神、战神都跟羊有纠葛。古希腊由雷神、太阳神升格而来的好战的天神宙斯,在北欧分化为天神奥定(Odin)和雷神托尔。宙斯的雷楔变成托尔的雷锤。恩格斯在《反杜林论》里介绍说:

> 在若干日耳曼部落里,战神,按古代斯堪的那维亚语,称为提尔(引案:Tyr, 亦即Thor),按古代高地德意志,称为齐奥(Zio),这就相当于希腊语的宙斯(Zeus),拉丁语里的"丘必特"(Jupiter;替代"迪斯必特")。③

而宙斯就常常化身为羊。希罗多德《历史》说,有些地方祭祀宙斯,要在他的雕像上披一张羊皮。在奥维德《变形记》里,神族被巨人打得大败,纷纷化身为动物,狼狈逃走。宙斯就变成一只双角弯弯的公羊。宙斯为什么化身为羊呢?原来他刚生下来的时候,神谕说他长大会"弑父",于是被父亲丢弃在荒野里。幸亏一只母羊在洞穴里用奶把他喂大。所以,他是"羊孩",做了最高神,仍不忘本。

---

① (宋)李昉:《太平广记》(第九册),中华书局1961年版,第3411页。
② 《埃达》,石琴娥、斯文译,译林出版社2000年版,第139页
③ 中共中央马克思恩格斯列宁斯大林著作编译局:《马克思恩格斯选集》(第三卷),人民出版社1975年版,第355页。

再从文化渊源看，宙斯跟古埃及太阳神阿蒙－拉有血肉联系，有"Zeus-Amon-Ra"之称。而阿蒙的化身是羊。在赖那克的阿蒙祠庙之前就有长长的石雕神羊行列，就是电影《尼罗河上的惨案》里那位疯疯傻傻的女作家说的"太阳和男性生殖器象征"的一队大公羊。后来，日神－雷神的动物化形被卑化为部属、扈从、座骑或驭者，所以公羊为雷神拉车。我们知道，《柳毅传书》故事有印欧文化，尤其是印度文化的"母本"或根源，于是就从他们的神话里借用公羊作"雷工"。也有的"自然学派"的神话学家说，雷雨前乌云翻滚，看起来很像奔跑跳跃的羊群。这样，"四羊"就可能拉着"四轮雷车"——羊既是拉挽者，又是"雷轮"。金文"雷"或作——

就是四轮车的"展开图"。车轮模拟雷的滚动和轰响（有时以"雷鼓"来置换）。翻滚的乌云被认作正在发情的凶猛的公山羊（以上可以参看《汉字与美学》论"羊人为美"的部分）。

四眼太阳神

黄帝的"四面"体现着他那烛照四方的太阳神性，同理，《周礼·夏官》的方相氏"黄金四目"也暗寓着以光明与阳火辟除暗魅的巫术功能。李干忱氏解释"四目"之义说："方相，头是四方的，所以叫'方相'，一方安一眼，共有四眼。"[1] 这简直就是祭祀太阳神的"方明"，可惜没有实物证据。卜德（Derk Bodde）说，巴黎赛姆奇博物馆收藏着一个汉代的泥像，前后都有一个面孔[2]，就好像《山海经》里"前后有首"

---

① 李干忱：《破除迷信全书》（卷十），美以美会全国书报部 1929 年版；引自宗力、刘群：《中国民间诸神》，河北人民出版社 1986 年版，第 485 页。
② See D.Bodde, *Festival in Classical China*（《古代中国节日》），Princeton University, 1975, pp.79-80.

的屏蓬和古罗马的门神，一面二目，共有四目。但是并不能确认其为"方相"以及它的用意。韩国的一个神面，四目却是一字排开的。案：王与之《周礼订义》（卷五十一）引郑谔云，方相四目，四目"能视四方疫厉所在，无不在也"；正是阳光普照，无所不见之意。还有人以"舜"之"四目"或"重瞳"来跟方相氏比附，然而舜正是东方的太阳神，相当于《山海经》中的帝俊。[①] 而目光能够驱鬼逐疫，又是所谓"佳目"（good eye）辟邪之义。

方相氏，不但可能"方首"或"方面"，他的"黄金四目"也表示阳光四射。他是以化装的太阳神的人间代表来驱逐邪恶与鬼魅的。

印度教里，诸国守护神，"震旦汉国"（中国）有——

双瞳目大天女[②]

她也是太阳神。

巴比伦创世史诗里，太阳英雄马尔杜克诞生时，居然也生着——

四只眼睛，四只耳朵，
嘴唇一动，火就燃烧起来，
四只耳朵都很大，

图4-18 四只眼睛的方相氏

（中国古代礼书插图）

这幅插图为宋以后构拟，基本上是文官形样，失却其真。一般认为"四目"是重叠排列，但韩国保存的一副面具，四目却是一线排开的。

124

---

① 参见［韩］方善柱：《昆仑天山与太阳神舜》，载《大陆杂志》第49卷 第9期，1974年，台北，第4页。

② 参见《月藏经·阎浮提品》。

眼睛同样也能看透万物。①

正是太阳才能穿透万物及其本质，他具有"双倍的神性"（视听二感官也为常人的一倍）。所以史诗歌颂他"Mari-jautu"，亦即——

我的儿子，太阳啊，上天的太阳啊！
他身披十尊神的威严灵光，十分强壮。②

这就像太阳神帝舜又称"重华"，重华是太阳的重重光华，即"重瞳"，重瞳为四只瞳仁，是凡俗化的说法，其实就是"四目"。所以《尚书·舜典》说舜"明四目，达四聪"。

太阳神"帝舜/帝俊/帝喾"之"重瞳"或"四目"，应该是"四面"的简化或卑化。所以"黄金四目"的方相氏应从太阳神衍生而出，而调节控制着雨旱阴晴（"魃"即"傩"，为雨旱仪式）。

图4-19　四目仓颉

（古人的构拟）

四目的"旱魃"，则是太阳的负面相，她原先还是大太阳神的"分身"乃至"女儿"，称为"黄帝女魃"，曾为黄帝"晒干"蚩尤制造的雨，从而战败他，后来才被妖魔化。

这又好像黄帝的死敌、方相氏的"首领"蚩尤同样具有"四目"③，同样是被丑化和怪化的南方太阳神一样。④

而黄帝的史官仓颉也有"四目"，他以"有文化的光明"照亮了世界。掌握了文字，人类就提升为"神"，以致"天雨粟，鬼夜哭"，害怕人

① 赵乐甡：《吉尔伽美什：巴比伦史诗与神话》，译林出版社1999年版，第182页。
② 赵乐甡：《吉尔伽美什：巴比伦史诗与神话》，译林出版社1999年版，第182页。
③ 参见（晋）任昉：《述异记》，齐治平校注，中华书局1982年版。
④ 参见萧兵：《傩蜡之风——长江流域宗教戏剧文化》，江苏人民出版社1992年版，第420页。

类从此会侵犯鬼神的利益。

而且，黄帝本身不仅"四面"，也有"四目"之说。

《太平御览》卷九十七引《帝王世纪》就有儒家理性主义的说法，黄帝三战神农（炎帝）而克之，是因为有杰出的僚属或助手，"或以为师，或以为将，分掌四方，各如己视，故号曰黄帝四目"。

图 4-20 马雅"四目"太阳神

（刻花石碑，尤旦卡地区，墨西哥；后古典时期，公元 900—1230 年）

这位太阳神吐出舌头，鼻子由类蛇形装饰物构成；最重要的是，有方相氏那样的四只眼睛。

荣格学派的心理分析认为，心灵核心往往用四倍结构来表示："心灵中心的自然而不可阻滞的表示，具有四重特征——也就是说，具有四个部分，或从一些如4、8、16等等数字系列中导衍出的另外的结构。数字16扮演了一个尤为重要的角色，因为它是由4×4组成的。"[①]

---

① ［瑞士］卡尔·荣格等：《人类及其象征》，张举文、荣文库译，辽宁教育出版社1988年版，第175—176页。

他们特别举出像盘古和大梵天这样"身化世界"或"创造万物"的"宇宙人"与"四"的关系。他们的身体，以成双作对形式出现的部分（如眼睛、耳朵、双臂、双足等），都变成相应的"对列性"事物（如日、月、雷电、山川等），这样，自然界的构成就以2—4—8—16的倍数递进。然而，"我们已经了解到，似乎与个性化过程有关的象征结构，都有着以'四'这个数字的意念作为基础的趋向——诸如意识的四种功能，或者是阴性特质或阳性特质的四个阶段"；于是宇宙或宇宙人的神话构成与心灵的象征结构一致起来，"这种情况再现为'盘古'的宇宙形状"①。更明显地，西方的"第一个人"（或"宇宙人"）亚当也跟中国的黄帝一样与四方或四色发生关系。

　　　　有一个犹太传说，上帝创造亚当时，他首先收集来自世界
　　四个角落的红、黑、白、黄四色尘土，因此，亚当"从世界的
　　一端到另一端"。当他弯腰时，他的头在东边，脚在西边。②

更值得注意的是，"在古波斯，同样的原始'第一人'——名叫格莫特——乃是一个放射光芒的巨大意象"，这显然是盘古－大梵天所由发生的那种"宇宙卵"，或"黄帝／混沌"式的大太阳；"他死时，从他的体内涌出各种金属，而黄金则出自于他的灵魂"，是一种简化式的宇宙人；"他的精液洒到地球上，产生了大黄灌木形状的人类第一对夫妇"，犹如"黄帝生阴阳"。而"令人惊疑的是，中国的盘古也描绘成像植物一样身披树叶的人"③。

这些神话的意象，尤其是"中央／土"或黄帝，逐渐成了中心霸权话语，不仅边缘化（乃至妖魔化）了"四夷"，而且逐渐被引用为中央

---

① ［瑞士］卡尔·荣格等：《人类及其象征》，张举文、荣文库译，辽宁教育出版社1988年版，第175页。
② ［瑞士］卡尔·荣格等：《人类及其象征》，张举文、荣文库译，辽宁教育出版社1988年版，第176页。
③ ［瑞士］卡尔·荣格等：《人类及其象征》，张举文、荣文库译，辽宁教育出版社1988年版，第176页。

集权统治的合法性、神圣性的证明，"君王/天子"居中，服黄，专祀"土"，五行也自秦汉以来更加政治化和权力化，就像印第安人四方之"中"逐步成为政治神话与统治术那样。"纵横两条伸展线相互交切第五点——中央——具有特别的重要性。它代表着酋长或君主的职位，这一个职位毫无掩饰地以神灵和人类之间的沟通者自居……"①

这些都是在把宇宙"人化""人间化"的同时，政治性地划分世界，划分人群，并且划分出了"中心"和"边缘"。

---

① ［英］乔治·汤姆逊：《古代哲学家：古希腊社会研究》，何子恒译，生活·读书·新知三联书店 1963 年版，第 53 页。

第五章　"五行"的来源

由"行"看"五"

《说文》卷二行部说："行，人之步趋也，从彳，从亍。"

但甲金文分明作"十"字通衢之形（不封口，示可通远）。有的还极端整齐，如𩇔（例如《殷虚书契后编》2·2·12，《行父辛觯》铭）。

罗振玉《增订殷虚书契考释》说："象四达之衢，人所行也。"案：徐灏笺注《说文》早就说过，"行"原像"通衢四达"之形。戴侗《六书故》引《诗》"置彼周行"等，皆证其原为道路之意。《尔雅·释宫》："行，道也。"《诗·召南·行露篇》毛传："行，道也。"高亨《诗经今注》："行，道路。"①

《诗·周南·卷耳篇》"置彼周行，嗟我怀人"，虽然旧传疏都训"列"，但新注家都明白，这里的"行"是"路"的意思。如高亨《诗经今注》："周行，往周国去的大道。"（5）

有时候，"行"指小路。如《诗·豳风·七月篇》"遵彼微行"，毛传："墙下径也。"高亨《诗经今注》："小道。"（201）

---

① 高亨：《诗经今注》，上海古籍出版社 1980 年版，第 22 页。下文仅注出页码。

"道"跟"路""行"同样有"衢径"之义。"行"本来也是"路"（十字通衢），所以行"道"之手段、途径、方法就借用"行"表示（动词化），以与"道"相应。这就是"道、路互训，道、行相连"的缘由。

"道""行"相连，主谓或动宾相应，见于《礼记·中庸篇》：

君子之道，辟如行远，必自迩……
道之不行也，我知之矣。

《诗·小雅·大东》："行彼周行。"高亨《诗经今注》："古代道路也叫做行。"（311）《楚辞》王注就引作"行彼周道"，可见道、行能够互换。

本书不专门研究"五行"的形成，"五行"的意义，以及"五行"与"四大"的异同，而只介绍"五行"与"五方"的关系（略涉"五行"间的生克，因为它有助于理解"五方/五行"的来由，特别是它与军事的密切关系）。

再观察其字形。"行"字古文字大略作卝，是十字通衢的象形。试比照：

卝 ✚ ✚ ♯

所以，它本质上与"十"的意象相通，只不过"十"字、✚或亚字是封闭的，"卝"未封闭罢了。它跟"十"字符号同样表明四向，甚至暗示着中心。图解出来就是：

北
西 中 东
南

如果将"行"字规整化一下，并在"中"部加点以会其意，那就跟"市井"或"井田"所体现的"世界中心观"相通了。

这甚至与"亚"字（形），与"明堂"等的意匠一致。

所以，"五行"最初的取义确实暗含着"五方"（四方十字并示"中"），而且关联着、参与着"宇宙中心"的构建。它们是同一种类的文化性、体制性的"符号丛"。这跟"五行"的最重要发生途径——五方及五方观念——是完全一致的。

王献唐说，"亚"初作✛，小变为亚，像"四达的道路"。《尔雅·释宫》："行，道也。"行作卄，也像"四达道路，和它相仿，只是一个开口，一个不开口"[①]。

由"行"之路，可以引出路之"行"，静止者动态化了。

李约瑟说："其字形上最初所表示的，就有'运动'的涵义。"[②]他赞成陈梦家《五行的起源》的说法："五'行'是五种强大力量的不停循环的运动，而不是五种消极无动性的基本（主要的）物质。"[③]

希腊人的"四大"，也是"连续变化不断的"。艾尔修《学述》介绍恩培多克勒的学说道："各种元素的位置并不是永远固定和一定的，而是互相交换的。"[④]

这些都暗藏着"生克"或"相胜"的可能。

而在亚里士多德那里，"四大"被改造成在医药与科学上更常见的燥、热、冷、润。"这些'行'，能，且不断的转化成另一'行'。在

① 王献唐：《山东古国考》，齐鲁书社 1983 年版，第 82 页。
② ［英］李约瑟：《中国古代科学思想史》，陈立夫主译，江西人民出版社 1990 年版，第 326 页。
③ ［英］李约瑟：《中国古代科学思想史》，陈立夫主译，江西人民出版社 1990 年版，第 326 页。
④ 北京大学哲学系外国哲学史教研室：《古希腊罗马哲学》，商务印书馆 1961 年版，第 75 页。

一种特有的现象中，一种性质可被它的相反（alloiosis）性质所取代。"[1]
于是这个思维图式被推到了高峰。这也是与五行所涵化的"行动"相关
的。它的模糊性、多解性让西方的对译发生困难，除了按照传统译"五材"
或"五大"为 Elements 之外，只能含糊地说，"行"表示"事物的变化
形态"[2]。

中国的五行，大家熟悉的主要是"五大"——金、木、水、火、土，
见于《尚书·洪范篇》。其说可能起于西周，或晚商，但不见于西周
早期（康王十六年以前）成立的《周易》。于是专家们别寻蹊径。从近
年较重要的《中国古代思维模式与阴阳五行说探源》（1998 年）一书可
见到一些新说。

如，马绛（John S. Major）以为"五行源于五大行星"，他只重视
"行"的"移动"和"排列"义。[3]刘起钎说略同。[4]班大为（David W.
Pankenier）认为，"五行"跟五大行星运动情况相关；特别应该注意殷
周递代之际"五星相聚"现象带来的特别"关注"。[5]

其他如，陈梦家《五行的起源》以为其来自"改火"之俗（参见《五
秘仪》）。赤冢忠以为与"四方风"相关，金谷治对此有所批评。[6]

谢松龄说："阴阳、五行起源于古代中国人心灵中涌动不息的生
命（生生）体验。"又说，"五行"之"行"，显现了"他们特殊体验
中的水火木金土之性。'行'所表达的，实际上就是那种具有生命的生生
之力"。[7]这也未免太"空灵"，几乎完全抛弃了五行的物质基础或背景。

①〔英〕李约瑟：《中国古代科学思想史》，陈立夫主译，江西人民出版社 1990 年版，
第 328—329 页。
②〔美〕W. 爱伯哈德：《中国文化象征词典》，陈建宪译，湖南文艺出版社 1990 年版，
第 94 页。
③〔美〕马绛：《神话、宇宙观与中国科学的起源》，见艾兰、汪涛、范毓周主编：《中
国古代思维模式与阴阳五行说探源》，江苏古籍出版社 1998 年版，第 110 页。
④ 刘起钎：《五行原始意义及其纷歧蜕变大要》，见艾兰、汪涛、范毓周主编：《中
国古代思维模式与阴阳五行说探源》，江苏古籍出版社 1998 年版，第 134—139 页。
⑤〔美〕班大为：《天命和五行交替理论中的占星学起源》，见艾兰、汪涛、范毓周主编：《中
国古代思维模式与阴阳五行说探源》，江苏古籍出版社 1998 年版，第 184—185 页。
⑥〔日〕金谷治：《五行说的起源》，曲翰章译，载《哲学译丛》1990 年第 3 期。
⑦ 谢松龄：《天人象：阴阳五行学说史导论》，山东文艺出版社 1989 年版，第 31—32 页。

我们反复申述，跟"四大"指静止的元素不同，"五行"的关键不在"行"而在"五"。"行"是物象或元素的抽象化、规范化、符号化。"五"与"行"相结合却是以模式数字去规范相关性"物象丛"，从而构成一个组织严密而又有复杂变化的文化性的意识形态小系统。

那么，这里模式性的"五"产生在什么情况下呢？首先要满足的东南西北"四向"（而不是"二向"）的确定。易言之，"五行"来源于"五方"或"五方"的确认。我们在《中庸的文化省察》里借鉴埃利亚德学说，竭力证明"中心"观念、自我中心幻觉，以及中心符号、中心标志、中心象征（系统）都早已形成——可以早到"氏族–部落"时期，那么，当中心符号（系统）跟"四向"结合起来的时候，"五方"的格局与观念便可成立，"五行"模式系统也就呼之欲出。有了四方，有了"十"字，就必然有"五/乂"，不必增加什么，"五"（第五项）便在纵横二道短直线的交叉点：中心。

"五方"是"五行"的决定性前提。四季之"中"之所以硬加进一个"季夏"就是适应"五行"有"中"的需要（"改火"，五季改火只是五行生克与五德终始的促成剂）。

含山玉片的发现，证明四方、五方甚至八卦、九宫的观念系统早就有了萌芽，它的基础仍然是太阳的视运动及其形成的方向、方位。它在实际生活，尤其是狩猎、战斗行为中，指导人类的行动（当然也涉及农业生产等）。

甲金文里的"准五行"

严格的五行或五行观念产生在什么时候？这里依照习惯的做法，先从有文字记载的材料开始。

近五十年来与之相关的最有实证意义的，是胡厚宣对殷墟甲骨刻辞里"四方风"的发现[1]，以及《尚书·尧典》《山海经》里相应方名、

---

[1] 胡厚宣：《甲骨学商史论丛初集·甲骨文四方风名考证》，1944年。

风名的再发现[①]。胡氏认为，至迟在殷代，四方、四土（四社）和"中土"（或中社，中商）已经齐全，初级的五行观念或思想已包孕其中。[②]

殷墟卜辞里有祭"四土"以"求年"的农耕仪式。

> 己巳，王卜贞：[今]岁商受[年]。王[占]曰：吉。
> 东土受年，[吉]；南土受年，吉；西土受年，吉；北土受年，
> 吉。（《粹》907）

《诗·商颂·玄鸟》"宅殷土茫茫"，土或作"社"。郭沫若《殷契粹编·考释》（简称《粹》）读"四土"为"四社"（《粹》907），当是。

陈梦家说，周代文献有"南土""西土"等，此处亦应泛指某向地域。[③]俞伟超批评说：

> 甲骨文中的"土"字，在绝大部分场合，可断为"社"字；而且，当时方国并立，并多异族，商王怎么会替四方的异国、异族来祈求丰收呢？[④]

他认为，这里的"土"还应该指专指性较强的立于"四向"之社。

胡厚宣揭示，武丁、文丁时期的卜辞才有"五方受年"的记载。[⑤]可见"五方"观念也是慢慢成形的。

商承祚曾据卜辞"王燎于东""燎于西"等，指出此即"四方"之祭，有如《周礼·春官·大宗伯》之"以疈辜祭四方百物"，《礼记·祭法》的"四坎坛祭四方"[⑥]。

---

① 参见萧兵：《楚辞与神话》，江苏古籍出版社 1987 年版，第 171—172 页。
② 胡厚宣：《释殷代求年于四方和四方风的祭祀》，载《复旦学报》（社会科学版）1956 年第 1 期。
③ 参见陈梦家：《殷虚卜辞综述》，科学出版社 1956 年版，第 585 页。简称《综》。
④ 俞伟超：《中国古代公社组织的考察——论先秦两汉的"单—僤—弹"》，文物出版社 1988 年版，第 38 页。
⑤ 参见胡厚宣：《殷卜辞中所见四方受年与五方受年考》，见深圳大学国学研究所主编：《中国文化与中国哲学》，东方出版社 1986 年版。
⑥ 参见商承祚：《殷契佚存·序》，金陵大学中国文化研究所 1933 年版。

其所释有"方帝"词组：

　　☐午卜，方帝，三豕屮犬，卯于土宰，絫雨。

商氏谓"乃祭四方之统名"，卯于"土"以小牢，则是"祭于社而乞雨也"[①]。"方帝"，就是"帝方"，帝读为禘（祭名），指禘祭于"方"或"四方"之神。

卜辞常见"帝（禘）方"或"帝（禘）于方"，还有"宁于四方，其五犬"，"其侑于四方"等辞。于省吾据以谓"方帝"乃"帝方"之倒文。"帝方"即"禘方"：大祭于四方。"土"（社）与"方"并祭，就是《诗·小雅·甫田》的"以社以方"。《左传》昭公十八年："郑子产为火故，大为社，祓禳于四方。"凡此，"社方并祭，都是来源于商代的"[②]。

陈梦家说，卜辞有四方、四土，而且承认：

　　与四方或四方相对待的大邑或商，可以设想为处于四方或四土之中的商之都邑。[③]

以自我为主体、为中心而确定"四土"或"四方"，这就是五方观念的基础。这也是若干民族或群团对世界划分的出发点。

《小屯南地卜辞》第1126片，可编排为：

北方

西方　（中）商　东方

南方

———————

① 参见商承祚：《殷契佚存·序》，金陵大学中国文化研究所1933年版。
② 于省吾：《甲骨文字释林》，中华书局1979年版，第188页。
③ 陈梦家：《殷虚卜辞综述》，科学出版社1956年版，第319页。简称《综》。

这就是导致五行发生的"五方"。何新曾据以谓:"这种以方位为基础的五的体系,正是五行说的原始。"[①] 前此,庞朴也说,殷代大体已萌芽了"以方位为基础的五的体系"[②]。

班大为说,虽然西周早期的《何尊》中才出现"中国"一词,但"这种概念是商朝时期认为他们统治范围的中心即宇宙的中心,也是世界的物质中心这样一种观念的延续"。在卜辞中,"宇宙整体"已经显现为能够包容一切并且可以自我调节的力量,"朝廷王室的神授权力理想地从中心放射性地伸向四方,犹如在天空中北极星所起的作用一样"[③]。何况还有更加耀目的处于"天中"的太阳(卜辞颇见"日出/日入"之祭,四方的名称也早已具备)。

但这不能脱离大地与大地"四方"的测定。"天地是四方之本。""有大地而后有四方,测四方是表彰得之于日而显现于地","东西"与"南北"两根连线加上其显现的交叉点,如"十"字所见,"一为东西,丨为南北,[十]则四方、中央备矣"[④];"同样,四时变化之源也是得之于天而显现于地(引案:如二分、二至"点"之确定),大地又是四时之母"[⑤]。这才是"五行"的基础。

冷德熙亦据胡厚宣"四方"方名和风名以及"四土"与"中商"等之发现,指出殷商时已有"四方"(五方)观念,"自然即有八方(九方)。《周易》八卦很可能就是从最早的八方观念演化而来"[⑥]。至少,这种思路是不差的。

"八卦"与"八方"的发现肯定有关,而且自从含山玉龟与玉版发现以来,便可以知道"八方"的确认远在殷商之前。而且含山玉版已经有

① 何新:《重论"五行说"的来源问题》,载《学习与探索》1985年第1期。
② 庞朴:《阴阳五行探源》,载《中国社会科学》1984年第3期。
③ [美]班大为:《天命和五行交替理论中的占星学起源》,见艾兰、汪涛、范毓周主编:《中国古代思维模式与阴阳五行说探源》,江苏古籍出版社1998年版,第173页。
④ (汉)许慎:《说文解字》"十部",徐铉校,上海古籍出版社2007年版,第105页。
⑤ 常正光:《阴阳五行学说与殷代方术》,见艾兰、汪涛、范毓周主编:《中国古代思维模式与阴阳五行说探源》,江苏古籍出版社1998年版,第257页。
⑥ 冷德熙:《河洛之学源流略记》,载《中国文化》1991年第5期。

特异的"中心"符号，八角星，加上圈外的四"圭"，证明其时已有"五方"观念，乃至"八面"之存想。

金谷治批评说，材料太少，甲骨卜辞里没有明确的"五方"，"帝五臣"不知是否与方位有关，"卜五火又"意义不明[①]——有人则以"五火"很可能暗示其时已有"五木改火"之制。资料确实太少，但必须跟前举出土实物相参证。

甲骨文又有东单、南单、西单、北单之辞。大部分是分举，仅举其要者。

> 庚辰卜，贞翌癸未原西单田，受㞢年。十三月。

胡厚宣说，"单"就是"墠"，指郊野平地（施肥于平野"西单田"，卜问是否能得到丰收）[②]。陈梦家释金文"南单"为地名。郭沫若亦以之为地名。丁山说，"单"即"坛"。于省吾说："商之四单即四台，是在以商邑为中心的四处远郊。"俞伟超则认为："'东单'、'南单'、'西单'、'北单'是一些王族的氏族。如作为地名来说，也就是一些王族的居住地……这也就是说，四'单'是王族的公社；其他的'单'，则包括了许多普通的公社。"[③]他为此做了繁重的考证，并不否认其与四方的关系。

罗振玉认为，殷代已有"五方帝"之祭。他说：

> 曰"贞方帝，卯一牛，出南☒"，曰"贞勿燎于东"，曰"己巳卜，三，燎于东"，曰"贞燎于西"，曰"癸酉卜，中，贞三牛"；曰"方帝"，曰"东"，曰"西"，曰"中"，疑即五方帝之祀矣。[④]

郭沫若认为，这里的"中"不指中帝而可能是贞人。又说："卜辞多假帝为禘，'贞方帝'者，'贞方禘'也。……［此］中字非必即中

---

① ［日］金谷治：《五行说的起源》，曲翰章译，载《哲学译丛》1990 年第 3 期。
② 参见胡厚宣：《殷代农作施肥说补正》，载《文物》1963 年第 5 期。
③ 俞伟超：《中国古代公社组织的考察——论先秦两汉的"单—僤—弹"》，文物出版社 1988 年版，第 40 页。
④ 罗振玉：《殷虚书契考释·礼制篇》，日本文求堂影本。

央土德王之黄帝也。卜辞如果有'五方帝'之祀，则亦宜有五行观念，然此所谓'五方帝'者仅属皮傅而已。"①五方之帝指"五方"的"禘祭"，跟"三皇五帝"无干。但他说周初无五行，殷代无五方观念，却失之保守。陈梦家说，方是动词，方帝"和后世的'方祀''望祀'相当，即各以其方向祭祀四方之帝，《小宗伯》所谓'兆五帝于四郊'"②。也是有些道理的。

案：甲骨卜辞，巫有"定向"而称者。

辛亥卜，帝（禘）北巫。（《鄴》3·46·5）

帝（禘）东巫。（《粹》1311）

饶宗颐认为，这就是"北土（社）之巫""东土（社）之巫"。他说：

上列有二条同在壬午日卜巫帝，同时亦卜燎于土，土是社神，则所谓帝于东巫、北巫，正如他辞之言燎于东土、北土，故知东巫北巫，即是东土北土之巫。即《诗经》所云："与我牺羊，以社以方。"实为方社之祭。③

社是土地之神，"方"指四方之神，但有时也指"四方土地"之神。

他的意思，从东、北二巫推出殷商有"五巫"（专祭"五方社"之巫），相当于传说时代的"五官"或"五正"。五官、五正即五巫，是分别祭祀东、南、西、北、中"五方土地"的巫官（祭司）。

他以韩国"巫俗用木头写四方帝"诸名号以祭祀四方大神的风俗来说明殷商"五巫"的性质。引《韩国巫俗图录》为证。④又，巫傩如湖

---

① 郭沫若：《金文丛考·金文所无考·八卦五行》，人民出版社1954年版，第47—48页。

② 陈梦家：《殷虚卜辞综述》，科学出版社1956年版，第578页。

③ 饶宗颐：《历史家对萨满主义应重新作反思与检讨——"巫"的新认识》，见《中华文化的过去现在和未来——中华书局成立八十周年论文集》，中华书局1992年版，第403页。

④ 参见〔韩〕金荞坤：《韩国巫俗图录》，图106。原书未见。引见前饶宗颐文。

北谷城县的春秋赛祭，摆五张桌子，上供五方之神，谓之"跑五方"①，也是祭五方土地之神。

案：此间傩仪的"春"（二月二）、"秋"（八月初一）二祭，除了祭玉皇、土地、财神、龙神、雷神外，还要祭五方、五岳、四渎的神灵。报告者引"以社以方"，说，"社是祭土神，是祭四方之神。把社和方合并举行，便是跑五方了"②。"社"与"方"是可以结合起来祭的，"社"有五方之社，除四向之社外，还有"中土"即"中社"，《诗经》迁就句式和韵律便分写为"以社以方"，但也可证明祭社、祭方可合可分。

张岩试图由社会结构的演进说明"中"的产生：

> 我国五行结构的产生，对位于"昔天之初"炎黄联盟"五帝之宫〔官〕"的"五官"系统。③

这跟"中心聚落"的出现相关（实在是有"聚落"就有"中心观"）。

> 由大汶口文化中那个"旦"字陶文可知，这种五方结构在小一些的部落联盟阶段已经出现。这种情况意味着联盟结构中已经有了更高的集权化程度，这应是考古学上"中心聚落"的伴生物。④

这种努力很有意义。

笔者在《中庸的文化省察——一个字的思想史》等论著里介绍过，"中"的观念或构造，起源极早，一个氏族或类氏族，一旦有了"自我（保护）意识"，就有了中、中心、自我中心的观念。几乎每一氏族、每一

---

① 杜棣生：《谷城县端公舞源流初探》，见张正明主编：《楚史论丛》（初集），湖北人民出版社 1984 年版，第 254 页。

② 杜棣生：《谷城县端公舞源流初探》，见张正明主编：《楚史论丛》（初集），湖北人民出版社 1984 年版，第 254 页。

③ 张岩：《〈山海经〉与古代社会》，文化艺术出版社 1999 年版，第 177 页。

④ 张岩：《〈山海经〉与古代社会》，文化艺术出版社 1999 年版，第 177 页。

部落都自以为居于宇宙中心，“老子天下第一”，将其他氏族、部落“边缘化”。按照埃利亚德理论，一个群团如果脱离“宇宙中心”，就不能跟宇宙同生命、共生长，或将走向消亡。

有了“中”，加上更古老的“四向”或“四方”，就有了“五”。无论狩猎打仗或畜牧耕稼，都关心太阳的时空运动，由“二向”进到“四向”是很早的事情（含山玉版甚至有了“四面八方”），“四向”或“四方”，简单些用“十”，复杂些用✵等来表示，它客观地存在一个“交叉点”或“中点”，即中心。这就有了“五”。所以在古文字或类文字符码里，“五”可用“十”字变形来表示：× ⌧ 卐。

学者们还指出，“五”这个数，“五进位”的计算，都出现得较早：一只手就有五个指头！

有的民俗学家认为，“五”这个数字是跟“四方”加上“中央 / 太阳”联系在一起的。不必特别建构什么“中心”，太阳就是“中心”。

盖捷特《克拉马斯语言》说：“5 这个数是个神圣的数，它经常出现在俄勒冈各部族的口头传说、神话和风俗中。”① 卡特林《北美印第安人》说，曼丹人巫师“拿起烟斗，接着把烟管伸向北方、南方、东方、西方，最后伸向他头顶上的太阳……”② 这就表示“五方”，如“五行”。

印度尼西亚爪哇人，一星期为五天，每一天都与特定方向、颜色相配，“第五天——杂色和中心”。在印度，“五”这个数是祸是福得视地区或所涉及的是什么事物与“五”发生“互渗”而定③，就像中国的阴阳“五行”可以用来卜测休咎、占筮祸福一样。

综上，甲骨文四方方名和鸟名的发现，含山玉版的出土，再次证明“五行”的起源是跟太阳的升降与大地方位的确定联系在一起的，其萌芽形态是很早的。由此亦可见，五行发生于“五方”：四向和中央。无论是四（向）、五（方）或八（向）、九（宫），都是所谓模式数字（pattern

① 参见［法］列维－布留尔：《原始思维》，丁由译，商务印书馆 1981 年版，第 211 页。
② 参见［法］列维－布留尔：《原始思维》，丁由译，商务印书馆 1981 年版，第 211 页。
③ 参见［法］列维－布留尔：《原始思维》，丁由译，商务印书馆 1981 年版，第 212 页。

图 5-1　"四方圣物"的繁化和蕴变

（12世纪，德国版《圣经》插图；转采自［美］坎贝尔：《神话意象》）

　　由"四方风"演变而来的四圣物，有时繁化为"八"，就好像"四面"之后有"八方"一样；具体的物象，变化也越来越大，简直看不出原来面目了。

　　这里，"四面"与"八方"之"中"，也是"中心"，就是代表耶稣的羔羊和十字架。"四面八方"的天使、使徒或神祇、圣物都围绕并拱卫这个"中心"，构成一幅"洋九宫图"。此图有些像"含山原八卦"，叠床架屋，"中心"之外有"四方世界"，还有"四向"的天使，外加"四隅"的神祇。

number）或巫术数字（magic number），它产生于数字知识和数字崇拜。在这一点上，东西方都是用大体一致的形象"显示"的办法，而且它们与它们的标志、代码或物象，往往越变越复杂，看《圣经》插图的演变就可明白。

　　由混沌之"一"或"道"或"太极"分解出两仪或二元（阴阳）、四向（或四象）、五行和八方（八卦），都是所谓"原初的美妙"或"神圣的开端"解体的过程。

至于具体的"五大元素"的选择与组合，则跟对自然物质及其性能的发现、利用分不开，各民族大不相同，体现不同的哲学观念与政治思潮。这些都已离开我们重点在"划分"的主题，要专门讨论。

先秦文献的"五行"

文献，较早的如《尚书·洪范篇》说："五行：一曰水，二曰火，三曰木，四曰金，五曰木。"综合看来，这绝不会晚到战国。于省吾说，文献最早见的是成书于东周的《洪范》和《国语·鲁语》，"以五行分属于四方和中央，则最早超不出东周时代"[①]。此可备一说。

《左传》昭公十二年说，楚左史倚相能读《三坟》《五典》《八索》《九丘》。孔氏正义引孔安国伪《尚书》序说，这就是所谓"三皇五帝"之书。《周礼·外史》"掌三皇五帝之书"，郑注也说，即"楚王所谓《三坟》《五典》是也"。《左传》疏引张衡说："五典，五帝之常道也。"马融说则把它与阴阳五行学说相比傅：

> 三坟，三气，阴阳始生，天、地、人之气也。五典，五行也。
> 八索，八卦。九丘，九洲之数也。

诸家于此，多置疑焉。姜亮夫说，《五典》者，就是《尚书·洪范》的"协用五纪"，即"岁、月、日、星辰、历数，所以历象日、月、星辰以授民时，所谓天事也"[②]。这太含糊。顾颉刚说，这大抵就是《国语·楚语》左史倚相所道之《训典》（他以其为书名），记载有关"族类""行义"，使人知道"治国之纲要"和"历代列国之成败"。[③]这恐怕也只是猜测。

① 于省吾：《释黾奄》，《古文字研究》（七），中华书局1989年版，第5页。
② 姜亮夫：《三楚所传古史与齐鲁三晋异同辩》，见姜亮夫：《楚辞学论文集》，上海古籍出版社1984年版，第94页。
③ 顾颉刚：《三坟五典》，见张舜徽主编：《中国历史文献研究》（一），华中师范大学出版社1986年版，第8页。

范毓周指出，西周晚期已有"五材"之说，去除《尚书》《左传》等书"六府"中次生级之"谷"，就是金木水火土之"五材"。《左传》襄公二十七年有"天生五材"，昭公十一年有"天，其有五材"。

《国语·鲁语》（上）以"地之五行"对应"天之三辰"（上·170）[①]，亦见于《左传》昭公三十二年史墨语："天有三辰，地有五行。"

《左传》昭公二十五年，郑子太叔云："则天之明，因地之性，生其六气，用其五行。"

《左传》昭公二十九年，晋大夫蔡墨说："故有五行之官，是为五官，实列受氏姓，封为上公，祀为贵神。"这些都是《书·洪范》之外较早记载"五行"的文本。

143

范毓周主要依据这些材料说，春秋后期，"'五行'观念已经有了更多的神学色彩，并且有了'五行之官'的信仰，为'五行说'的正式形成已经奠定了重要基础"。[②]

甲骨文中的"帝五臣"，"帝五丰臣"，连劭名认为就是"五行之神"；又称"五官"，引《春秋繁露》，"天地之气，合而为一，分为阴阳，判为四时，列为五行"，"五行者，五官也"。《左传》昭公十七年有五鸟、五工正等，"都与五行的观念有关"[③]。但卜辞"帝五臣"是否即文献上的"五官"，是有不同意见的。

《左传》昭公二十九年晋大夫蔡墨说："夫物，物有其官，官修其方……故有五行之官。"还说到"社稷五祀"。

《战国策·楚策》说：

蒙谷献典，五官得法，而百姓大治。

---

① 本书引用《国语》，均据上海师范大学古籍整理组校点，上海古籍出版社1978年版。以下仅注册次、页码。
② 范毓周：《"五行说"起源考论》，见艾兰、汪涛、范毓周主编：《中国古代思维模式与阴阳五行说探源》，江苏古籍出版社1998年版，第126页。
③ 连劭名：《甲骨刻辞所见的商代阴阳数术思想》，见艾兰、汪涛、范毓周主编：《中国古代思维模式与阴阳五行说探源》，江苏古籍出版社1998年版，第234页。

窃尝疑，《五典》"必关'五官'之职"。①《楚语》说：

> ……于是乎有天地神民类物之官，是谓五官，各司其序，
> 不相乱也。（下·560）

韦注"类物"是"别善恶、利器物"，再加上能够辨别、叙次"天/地""神/民"之关系、地位，这就是"五官"。五官要做到叙次"天/地""神/民"之位，并且"别善恶，利器物"就要掌握《五典》；而前引马融说，《五典》是有关"五行"之典，那么"五官"也可能是掌管、熟知"五行"之官。五官及《五典》所涉及的还有《楚语》所说的——

> 山川之号，高祖之主，宗庙之事，昭穆之世，齐敬之勤，
> 礼节之宜，威仪之则，容貌之崇，忠信之质，禋絜之服……
> （下·560）

更重要的，还要"能知四时之生，牺牲之物，玉帛之类，采服之仪，彝器之量，次主之度，屏摄之位，坛场之所，上下之神，氏姓之出"（下·560）。

《左传》昭公十七年，"五雉"为"五工正"。前举《楚语》倚相所说，自有许多是后人的踵事增华，但其中确有不少关系着原始之巫职。

长沙子弹库《楚帛书》有"群神五正"。《史记·历书》说：

> 盖黄帝考定星历，建立五行，起消息，正闰余，于是有天地、
> 神祇、物类之官，是谓五官。各司其序，不相乱也。

这"五正"或"五官"，原应是管理"五行"的巫师。饶宗颐说，这"五正"或"五官"，是"司五行之神"，"由于建立恒道，使其民有所属，

---

① 萧兵：《楚辞文化》，中国社会科学出版社1990年版，第416页。

故五正乃有明德，而神得享于其位。这样便是使神、民各就其序"①。

汉应劭以黄帝族敬云，受命时有"云瑞"，所以"以云纪官"，便划分五官所司各色云如下：

春官——青云

夏官——缙云

中官——黄云

秋官——白云

冬官——黑云

这当然是五行思想成熟的产物。《左传》正义只说，"各以物类名其职掌"。

传说中黄帝五季之官对应着"五云"（氏）。五（色）云涉及"五行"一个重要义项：五种颜色。这产生较晚，但不会太晚。战国《楚帛书》已有五色树。

汪涛认为，颜色作为宇宙一种元素或元素的象征，已经在殷墟卜辞里看出端倪。他说："颜色作为宇宙观的一个相关部分，也在某种程度上影响了五行说；这主要表现在他们祭祀时对祭牲颜色的挑选（引案：他对某些颜色的名称的鉴定，学术界有不同意见，但他做了极好的尝试）。例如，商人用黄色的祭牲来祭祀四方，在求雨止雨时专门占卜所用祭牲应该是黑色还是白色，这可能因他们心目中的雨水跟黑色发生关系，四方神灵同时也是地祇的缘故。"②

对三种以上颜色的选择或偏爱，证明较早就有了"四色"或"五色"的组合。春秋末期的《孙子兵法》和《墨子》的《迎敌祠》已有"五（色）

---

① 饶宗颐：《历史家对萨满主义应重新作反思与检讨——"巫"的新认识》，见《中华文化的过去现在和未来——中华书局成立八十周年纪念论文集》，中华书局 1992 年版，第 398 页。

② 汪涛：《殷人的颜色观念与五行说的形成及发展》，见艾兰、汪涛、范毓周主编：《中国古代思维模式与阴阳五行说探源》，江苏古籍出版社 1998 年版，第 289—290 页。

帝"等，这些是对世界"分类"的一种尝试。这里根据汪涛等的综述，把典籍上"五方"（或"五季"）与色彩的关系简介一下。

《尚书·尧典篇》里，四方地名，依汪涛说法，跟颜色也可以挂钩。

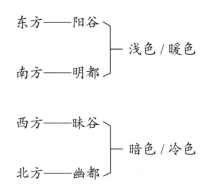

"这个宇宙模型比较原始，跟后来五行说里的那个模型并不一样。"[①]后来出现了"方色"一词，并且二者有标准的配搭。

《礼记·曾子问篇》说："如诸侯皆在而日食，则从天子救日，各以其方色与其兵。大庙火，则从天子求火，不以方色与兵。"

汉郑玄注说："示奉时事有所讨也。方色者，东方衣青，南方衣赤，西方衣白，北方衣黑。"

《大戴礼记·曾子天圆篇》有"正五色之位"。清王聘珍《解诂》引《周礼·考工记》："东方谓之青，南方谓之赤，西方谓之白，北方谓之黑；地谓之黄。"不说"中央谓之黄"，却说"地谓之黄"，可见早期"五方色"还不严整。

可靠性、古老性更大的《逸周书·作雒篇》说："乃建大社于国中，其壝：东，青土；南，赤土；西，白土；北，骊土；中央会鬯以黄土。"后来的地坛一直保留着"五方色土"。

---

① 汪涛：《殷人的颜色观念与五行说的形成和发展》，见艾兰、汪涛、范毓周主编：《中国古代思维模式与阴阳五行说探源》，江苏古籍出版社1998年版，第285页。

"五色帝"与配色关系同样如此严整。①

四方或五方与不同色彩的配搭，正如叶舒宪所说："在这种特殊的意指模式中，史前期神话思维的特征是一目了然的：原始人往往用具体的颜色来象征抽象的时间与空间方位观念。"如果这种色泽再跟具体的物质（例如"火"或"木"或"土"）相黏附，它的识别功能或象征旨向就更加明朗。这五种鲜明而又迥异的颜色——青、赤、黄、白、黑——不但能够标识较为难于直观把握的时空划分或转换，而且能够在某种程度上映写"宇宙生命"的历程。②例如，青是萌始（借用植物生命形态），红是强盛，黄是恒常，白则开始消褪，黑便是死亡；然后周而复始（当然不这么机械而简单，它们还有生克、终始、过渡等复杂过程，也有"五行不常胜"之类的辩证法）。各个民族四 / 五色与时空、元素的配搭，自有它的特点和理由，却不如华夏 – 汉族"五行"这样丰富、严整合理而又易于理解。但颜色的象征性、随机性与变化性极大，有时还出现"自相矛盾"。

吉野裕子说："在阴阳五行中的色彩以五原素为象征的同时，更进一步地把看不见的时间、空间具体化，成为人们生活的普遍规范。在以此为规则，祈愿四季的正常循环之际，色彩成了无可取代的辅助物。"③

专家们也承认，颜色本身具有象征的多元性、多指性与可转换性、可变义性，不能说某种颜色就是好或坏、美或丑。用色彩来标明物质元素的类属直到它们的性质，我们不但重视其构建的理由、效应，重视其某些合理而具价值的成分。有些还颇有现实意义，特别是在它们和军事相联系的时候（如前举《孙子兵法》和《墨子》的《迎敌祠》）。

如上，春天草木萌长，青葱一片，太阳初升时，绿意盎然，亲近祥和，所以用"青 / 绿"来标识东方、春天和"木"。春天就是生长和顺适，又名"青阳"。世界虽然被划分了，却还不完全抽象，让我们窥见它的

① 参见汪涛：《殷人的颜色观念与五行说的形成及发展》，见艾兰、汪涛、范毓周主编：《中国古代思维模式与阴阳五行说探源》，江苏古籍出版社 1998 年版，第 285—287 页。
② 参见叶舒宪：《中国神话哲学》，中国社会科学出版社 1992 年版，第 13—14 页。
③ ［日］吉野裕子：《阴阳五行与日本民俗》，雷群明、赵建民、井上聪译，学林出版社 1989 年版，第 135—136 页。

美丽，它的多彩。

至今，绿还表示安全，"红灯停，绿灯行"。

但矛盾或荒谬不时出现。例如红色，研究象征的特纳（V.Turner）就承认，它"既是善良又是邪恶"，有时"两者合为一体"。

南方与夏天炎热，与火类似，所以用红色表示，又名"朱明"。红色是血与生命象征，可表示热情。但火警与危险，威胁与恐怖，也以红色为标识。流血就意味着死亡。

航母用红色（标识、制服）表示"动力"（燃烧的油、气）和"火力"系统（中国说"开火"，英语用"fire"表示发动或启动、射击、升空）。这里，有的是有理可说的，有的则"不可理喻"、约定俗成或随机应变。

西方与成熟的秋天，本来都可以用"金"来标识，或称"总章"。但在中国，"黄"已被"中央土"所占有。所以虽有"金"，却只好以"白"色表示——这最没有"道理"。但一方面是收获，一方面是开始衰老，白色使人怀念绿水青山，使人知道它确实是金山银山。

金属制成的利器，最便于刑杀。秋收也要用刀"杀"作物，所以金也意味着"杀"。这虽然近于死，但可能通过死而"再生"。所以中国人在佛教东传以前，就以西为归宿地。救死扶伤者也用纯洁的白色来标识。

北方，水，冬天，都意味着寒冷与死亡，又称"玄冥"。中国人以为北方的幽都不仅是冻土地带，而且可能处于地下或水中，所以视为"玄冥"，且用黑色表示。黑色也表示坚强、稳重、踏实。大礼服、机器就多用黑色。

较特殊的为中国文化所发祥的"黄土地"，所以黄色被看作中央元素与中央色。据说，黄色在诸色中最抢眼，所以用作"安全色"（地带／制作／灯光等）。

至于空间的划分或设定，卡西尔说，相对于纯数学的功能性空间，神话的空间是结构性的。它是按照神话思维或信仰来分类或定位，并不完全依照实际事象的性质、地位或功能，而又保存着一定的形象性。

神话思维确定"四向"或"八方"之时，当然要根据一定的自然法则，例如它同样按照日出、日落来确定方向（夜晚则主要依靠北极星）。然而就整体而言，它是要建立"宇宙生命"运行规则的同一性。粗浅一些说，就是要就时空、方向来确定自然—社会之间幻想的同一性，即天/人的相应与互动。

> 整个空间世界以及整个宇宙，似乎是依照一确定的模式构造的，这模式或以放大的尺度或以缩小的尺度对我们展现自身，但不管是大是小，它都是同一的。神话空间的全部关系都基于这种原初的同一性：它们不顾及功效的相似性，而且依附于本质原初同一性。①

根据方向来占测事态的进程或结果的凶吉，跟占星术一样，根据的就是这种幻想的"原初同一性"。对于占测来说，"世上每一事件，每一创始以及新的构造，本质上都是幻想；在世界进程中表现出的东西，那居于世界进程背后的东西，是一先定的命运，是存在之统一的规定，它在任何时刻都同一地表明自身"②，而且被认为能左右人的行为效果以及现在与未来的遭际。它首先由生活实际所产生，又运用于实际生活（例如军事和生产，医药、烹饪行为和艺术活动上），而后被提升为一种理论图式，一种哲学，而后再回归生活，与生活实际相联系，相牵附，相附会——特别是在秦汉时期，为各种政治力量所掌握，所垄断，所歪曲。

然而，"五行"的实际应用或实践价值，决不仅仅局限在早期的巫术、宗教，以及后来的政治利用、权力运作与种种牵附或操控之中，它还融汇和运用于中国古代特有的"和"的思想。

仅举一例。《国语·郑语》郑史伯论"五行"相杂曰：

---

① ［德］恩斯特·卡西尔：《神话思维》，黄龙保、周振选译，中国社会科学出版社1992年版，第100页。
② ［德］恩斯特·卡西尔：《神话思维》，黄龙保、周振选译，中国社会科学出版社1992年版，第101页。

先王以土与金木水火杂，以成百物。

是以和五味以调口，刚四支（肢）以卫体，和六律以充耳，正七体以役心，平八索以成人，建九纪以立纯德，合十数以训百体。（下·515—516）

由"二""四"所推出的模式数字及其所代表的事物，都是密切关联，不能孤立对待的。如史伯所说："声一无听，物一无文，味一无果，物一不讲。"（下·516）（讲，论校也。）必须通过"阴阳相生，异味相和"，达成"阴阳和而万物生"，由此推出中国古典哲学和美学最辉煌的诊断：

和实生物，同则不继。

以他平他谓之和，故能丰长而物归之。（下·515）

这既是科学基础理论的先声（保持万物的多元性与多样性才能可持续发展；否则，就是熵增至最大值，还原为分子态而归寂），也是政治伦理、行为道德的准绳（孔子曰：君子和而不同，小人同而不和）。

恩培多克勒说：

一旦他们（画家）把多种色彩的颜料掌握在手，
就将其和谐地混合在一起……
从它们画出酷似万物的各种物体，
创造出树木、男人和妇女，走兽及飞禽及水生的鱼。[①]

也没有史伯的"科学哲学"所达到的高度的抽象性与普遍性。

"五行"的相生相克

"五行终始"或相生相克，是古代智者构拟的自然界"代表性物质"的"永久循环"或"永恒回归"图式（the pattern of eternal return）。

[①] 苗力田：《古希腊哲学》，中国人民大学出版社 1989 年版，第 114 页。

"生／克"，有时用"五行相胜"来表述。这是"五行"观念的运用，或践行的方式，使这个独特的思想有了指导行为，指导政治的意义或功能，体现出初民或古人对重要的物质（或物质元素）之间的"协作／对抗"关系的概括，充满了辩证精神，是典型的中国式"过程哲学"。

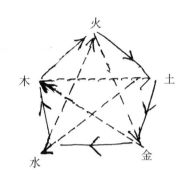

图5-2　相生相克

（何丙郁等的构拟）

何丙郁等曾用一个类似"所罗门五角星"的图式，表示五大元素无尽的"生⇆克"过程。[①]

"五行生克"跟"五德终始"之说详于邹衍理论（见《史记》本传，《古史辨》学派有详细介绍）。但"五行相胜"或"生克"之说，亦非邹衍凿空自造，亦有所本。饶宗颐氏指出：

这是一幅重要的"纲要"性图示，把五大元素的相生、相灭的动态化过程都显现了出来。

> 考五行相胜说，由来甚远，若《左传》史墨有火胜金、水胜火之言（昭三十一年及哀九年传），渐次亦为墨家、兵家、名家所采用。《墨子·经说》下之论五合，《贵义篇》之五龙；《孙子·虚实篇》之论五行无常胜（山东临沂新出《孙膑兵法》有"五壤之胜：青胜黄，黄胜黑，黑胜赤，赤胜白，白胜青"之语，见《地葆篇》）。《公孙龙子·通变》亦有引证木贼金。当日之言五行者有常胜与毋常胜二系。邹衍执常胜之说以解释历史，不沾沾于名实，从极大处落墨，故有其成就。[②]

旧说"五行"相胜或相克之说不会早于战国，这就没法解释春秋末期孙子"五行无常胜"；"无常胜"之说必于"五行常胜"盛行之后提出方显得有革命性，才对兵家作战有独创性的提高作用。

---

① 参见何丙郁、何冠彪：《中国科技史概论》，中华书局香港分局1983年版。
② 饶宗颐：《五德终始说新探》，见《饶宗颐史学论著选》，上海古籍出版社1993年版，第146—147页。

常正光说，生克之说，还要注意跟"四时"之发现的干连。"四时的特性，是相生又相杀：春生夏，夏生秋，秋生冬，冬生春；秋杀春之生，冬胜夏之暑。"它们可以用代表"四时"的物质来比拟：

　　春季草木萌生，应以木为特点；秋季收割，是金属刃器发挥功用的季节，所以要用金作代表（引案：这一条较为牵强）；夏季炎热如火，便以火为夏；冬季严寒，水由液态凝结成固体之冰，故用水为标志。[①]

这样，"四时"的代表物，又能够间接表示"四方"。"四方依附中央，中央立于大地（土），于是五方的排列顺序也要把土摆在木火与金水的中央，木火土金水的顺序便是周而复始，循环不已的相生关系了。"[②]

当然，也可以把"四大"或"五大"之 elements 看作带有约定俗成乃至强迫性的"符号"，不一定要那么黏着，其"能指 / 所指"之间是一种对立统一的假定性关系，而其相生相克，也可以服从季节循环的"永恒回归"原则，而不需要太多的"理由"了。

易言之，五行生克本来只是实际生活里常见"物质"的关系，例如土生金，金属矿出在地里，水来土掩则土克水，金生水，不但金属器上易积露水，其本身可能通过火之尅而成液态，凝结锻造之后又能克木……相当简易，但规范化、公式化以后就容易教条化、神秘化。

"五行不常胜"的辩证法

　　《孙子·虚实篇》说，"五行无常胜"，而"四时无常位"。《墨子·经说（下）》有"五行毋常胜"之说。云："说在宜。"[③]《墨子·经说

---

① 常正光：《阴阳五行学说与殷代方术》，见艾兰、汪涛、范毓周主编：《中国古代思维模式与阴阳五行说探源》，江苏古籍出版社 1998 年版，第 258 页。
② 常正光：《阴阳五行学说与殷代方术》，见艾兰、汪涛、范毓周主编：《中国古代思维模式与阴阳五行说探源》，江苏古籍出版社 1998 年版，第 258 页。
③ 参见谭戒甫：《墨辩发微》，中华书局 1964 年版，第 291 页。

（下）》："合水土火火。"谭戒甫校改为："金水土木火。"

> 金、水、土、木、火，离。然火烁金，火多也。金靡炭，
> 金多也。金之府水，火离木。[①]

这里错讹、含糊之处颇多，很不好懂。但是，这里有个量与质的关系。量变到了一定临界点就导致质变。火可烁金，因为燃料达到一定数量和温度，就可以融化金属——就好像兵力达到一定规模，在数量上绝对压倒敌人，就可以战胜对方。然而达到一定数量的金也能"靡"（消耗）蕴藏着火的炭（暗示金能胜火——就像遇到实力强大的敌人的攻击，"弱军"亦能消耗其力量而逐渐消灭之）。此如汉王充《论衡·命义篇》所指出的：

> 譬犹水火相更也，水盛胜火，火盛胜水，遇其主而用也。

就看主事者怎样巧妙掌握量与质、量变与质变的关系了。
清孙诒让《墨子闲诂》校《经说》下半句为：

> 火烁金，火多也；金靡炭，金多也：合之府（成）水。（上·343）

他认为，应对它整体地把握与解读：

> "合之成水"，言金得火则销烁而成水。《庄子·外物篇》
> 云，"金与火相守则流"是也。（上·343）

这样也能说得通，但前说不可废。
梁启超说："〔墨子〕言'无常胜'之义，注家或以后世五行生克说解之。实则'胜'训'贵'；意谓此五种物质无常贵，但适宜应需则

---

① 参见谭戒甫：《墨经分类译注》，中华书局 1981 年版，第 28 页。

为贵。"[1] 反而把事实简单化了。

他的《墨经校释》已有此语，还说："生克说出邹衍以后，墨子时无有。《孙子·虚实篇》云：'故五行无常胜。'即引此经之文。"生克说或常胜、无常胜之说，《孙子兵法》也早在《墨子》之前许久，而且埋伏在传说与神话之中（例如炎黄之战）。

栾调甫《读墨经校释》分"五行"学说为常胜／无常胜两派，指出：

> 这是金与火之间有一种当值之量：金过此量，金能胜火；火过此量，火能胜金。金火二者更迭相胜，只是能过此量者为胜，不能过者不胜。过者其物必多，不过者其物必少。[2]

这至少能启示：数量变化达到一定阈限就会引起质变。如《孙子兵法》所暗示，必须集中兵力于决胜点而"分合为变"。

《墨子》"说在宜"，"宜"被校改为"多"，但旧说"五行各随所宜为用"，未必便错。"宜"就是得形势之便，处情况之"宜"。宜就是适合。《孙子》"五行无常胜"：一来用以证明"兵无常势"；二来用以证明世无不败之师，恒须自警；三来用以证明，即令处于"被克"之弱势，也能集中兵力于决胜点，在此"点"上压倒敌人，"因敌变化而取胜"，如五行之更迭为"主"（占据"主动"），虽无常胜，却可造成胜敌之势也。

西方也并非没有"四大"间生克之说的思想迹象。

赫拉克利特的一个说法，似乎已经涉及"五行"或"四大"间的克胜或"生死"。

> 火生于土之死，气生于火之死，水生于气之死，土生于水之死。

---

① 梁启超：《阴阳五行说之来历》，载《东方杂志》第 20 卷第 10 号，1931 年；顾颉刚：《古史辨》（第五册），上海古籍出版社 1982 年版，第 351 页。
② 栾调甫：《梁任公五行说之商榷》，载《东方杂志》第 21 卷第 15 号，1932 年；顾颉刚：《古史辨》（第五册），上海古籍出版社 1982 年版，第 383 页。

火死则气生，气死则水生。

土死生水，水死生气，气死生火；反过来也是一样。[①]

另一种译文，据《麦克西姆斯演讲集》（xii，4）所引赫拉克利特："火生于土之死，气生于火之死，水生于气之死，土生于水之死。"[②]

李约瑟介绍说："按 Syros 之 Pherecydes 之理论，'行'与'行'之间有克伐的作用（这与相胜的理论显然是一样的）。"[③]

乔治·汤姆逊也注意及此，而且说得更明确："中国早期儒家的这些言论和希腊苏格拉底以前的哲学家具有同样的特征。……［他们］所关心的是整个生命的问题，人和自然是同时并举的。"[④]

四季的划分，一般也是跟"四方"或"四大"相一致。希腊人的"四季"划分联系着"宇宙是由四种元素构成的概念"。

"医药之父"希波克拉底说："光明与黑暗，热与冷，干与湿，在宇宙之间占有同等的份儿。热胜产生夏；冷胜产生冬；干胜产生春；湿胜产生秋。"他的《人性论》认为，人具有四种"气质"，"跟着一年四季的交替而代兴"。亚里士多德说，阿蒂加－伊奥尼亚的四个部落是和四季相合的，"这四个部落轮流主持着四季的功能"[⑤]。

这里的"热／冷／干／湿"置换了"火／水／气／土"四种物质（亚里士多德也是这样做的），它们的递嬗交替相当于四种"行"的生克胜败。

在较早触涉"四大"的米利都学派的阿那克西曼德那里，"宇宙以一系列的循环运转形式，处于不断的运动之中，热与冷、湿与干彼此交

① 北京大学哲学系外国哲学史教研室：《古希腊罗马哲学》，商务印书馆 1961 年版，第 26 页。

② 苗力田：《古希腊哲学》，中国人民大学出版社 1989 年版，第 37 页。

③ ［英］李约瑟：《中国古代科学思想史》，陈立夫主译，江西人民出版社 1990 年版，第 328 页。

④ ［英］乔治·汤姆逊：《古代哲学家》，何子恒译，生活·读书·新知三联书店 1963 年版，第 66 页。

⑤ ［英］乔治·汤姆逊：《古代哲学家》，何子恒译，生活·读书·新知三联书店 1963 年版，第 132 页。

替代代兴，从而造成一年周期中的夏和冬、春与秋"①。这也像在暗示，四种（两项各自对立的）因素，造成季节的循环。

乔治·汤姆逊说，这既像中国的"阴/阳"对立学说，"又像中国哲学家所相信的那种和五行相当的五帝代兴的朝代周期（或历数）一样，阿那克西曼德也认为宇宙按照一定的周期重被吸入无限当中而又从无限当中像先前那样地重被创造出来"②。"永久循环"就意味着宇宙不朽，而不是不生不灭。

"五行"产生并应用于军事

"五行"与"五方"的对应，其重要性特别体现在军事制度与行为上。指明行动的方向，确定敌方的方位，尤为军事所需。军队的编制、服色，战斗行列与五行的联系最为直接（参见《孙子兵法的文化比照》，与本书有部分复叠）。

丁山早就敏锐地感觉到"行"与"亚"在本质上的一致性。他说：

> ［亚］颇似屮、仆。而联其外缘成方阵形（引案：亚），疑商周文献所见"亚旅"，初象卒伍成行之形。③

他只从"军制"着眼（军制或阵形与"五行"确实相关，看匈奴马队分色便知），独到却不够全面。"行"为十字通衢，"亚"是"隐奥"空间（五室），都是"十"文化字群之有机构成，都涉及"四方"及其"中"点：原始的"五行"（引案：亚、行俱属"十"文化字群，并涉军旅陈列运动之事，这一点必须首先明确）。

《广雅·释诂》："行，陈（阵）也。"

---

① ［英］乔治·汤姆逊：《古代哲学家》，何子恒译，生活·读书·新知三联书店 1963 年版，第 177 页。

② ［英］乔治·汤姆逊：《古代哲学家》，何子恒译，生活·读书·新知三联书店 1963 年版，第 177 页。

③ 丁山：《甲骨文所见氏族及其制度》，中华书局 1988 年版，第 51 页。

《左传》襄公三年："乱行于曲梁。"杜注："行，陈也。"

《楚辞·九歌·国殇》："凌余阵兮躐余行。"阵/行对举而互文，是行、阵集于一事也。车战最怕乱了行列，所以双方都重视"阵"，阵一乱，战车就挤成一团，动弹不得，等着挨打。

由于关系着生死存亡，"五行/五方"的关联在军事上特别重要。

《孙子兵法》中"五行"思想依稀可辨，除了"五事"（《孙子兵法·计篇》）、"五法"（《孙子兵法·形篇》）、"五危"（《孙子兵法·九变篇》）之外，最明显的是《孙子兵法·势篇》。在这里，"四时"与"五行"也是永久循环，经过死灭或丧败而再生：

> 终而复始，日月是也；死而复生，四时是也。
>
> 声不过五，五声之变，不可胜听也。
>
> 色不过五，五色之变，不可胜观也。
>
> 味不过五，五味之变，不可胜尝也。
>
> 战势不过奇正，奇正之变，不可胜穷也。

这不由得使人想起约略同时而稍前的《老子》第十二章："五色令人目盲，五音令人耳聋，五味令人口爽。"证明此时音、色、味的"属性"与"感觉"以"五"来归纳排列，已成习惯。《孙子兵法》讲的是虽"五"而变化无穷，《老子》论的是数"五"令人感觉（器官）受损。"五"有"很多"的意味，但不能呆板计算、机械运用。

"五行常胜"之说，确实比较浅表、机械。然而，邹衍"深观阴阳消息而作怪迂之变"，能够从具体到抽象，从个别到一般，由微观推验宏观，"先验小物，推而大之，至于无垠"（《史记·孟子荀卿列传》）。如兵家所言："兵法：一曰度，二曰量，三曰数，四曰称，五曰胜。"（《孙子兵法·形篇》）先由看起来非军事要素的"细节"开始计算，如唐杜牧所注，"度我国土大小、人户多少、征赋所入、兵车所籍、山河险易、道理迂直"，跟敌方比较，确认敌/我强弱之形，"然后能用机变数"，创造必胜的态势，以打败敌人。所谓"地生度，度生量，量生数，数生称，称生胜"者也。大处着眼，小处着手；由小观大，由浅入深。"图难于易，为大于细。"（《史记·太史公自序》）阴阳家在具体现象的分析中达成恢宏的概括，"其序四时之大顺，不可失也"[①]。让历史形成一个有序的结构，如饶宗颐所说，"执常胜之说以解释历史，不沾沾于名实，从极大处落墨，故有其成就"。在政治上尤其受新建王朝的欢迎，它让朝代的更迭有了理论根据以及可附会的"哲学"证明。所以秦汉阴阳家兴盛，"五德终始"与"五行生克"之说风行，而演化出谶纬之学。学术政治化和神话迷信化掩盖了其本来面目与固有价值。

158

兵四家里的"兵阴阳家"重视"阴阳消息"与"五行相胜"，连孙子都不免，只是他能批判地接受，从而建构出革命性的"五行无常胜"。不然，哪里来中国式战略战术的机变性呢？

《孙子兵法·虚实篇》里提出：

> 五行无常胜
> 四时无常位

光彩照人的辩证思想，令人惊叹不已。

这说明作为"五德终始"学说基础的"五行生克"在当时业已形成，"五行常胜"（生克循环）已由常轨变成"定律"。

孙子虽受其影响，却力图打破它，建构他的"兵无常势，水无常形"的变化观、运动观，而攀上"能因敌变化而取胜者，谓之神"的军事辩证法高峰。

将"五行"引入兵法或阵法，还有所谓"五（色）旗"的配置。孙子以旗为通信手段，指挥部伍。

《孙子兵法·军争篇》：

> 视不相见，故为旌旗。是故昼战多旌旗，夜战多鼓金。［鼓

---

① （汉）司马迁：《史记》，易行、孙嘉镇校订，线装书局2006年版，第544页。

金〕旌旗者，所以壹民之耳目也。[①]

它讲到"五行无常胜"，却没有"五色旗"之阵。但所谓戎狄，却保存了"五行"式的军制（如前，有人竟认为"五行"出于北狄兵制，都是从它在文献中出现先后来确定时代早晚，是极为片面的）。

《墨子》书里有初始的"四方""五行"观，四向有特定色泽的神圣（或图腾）动物与之对应，除了有名的四（色）龙之外，《迎敌祠》就有四方之坛。观其内容，似乎比《孙子》还古老。简略表示如下：

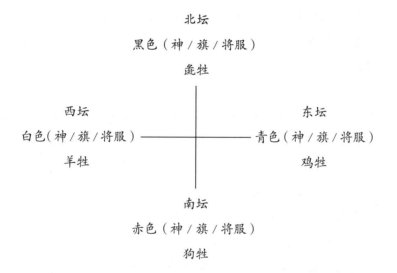

所用牲都是家畜，但似乎与图腾复叠或巧合。

叶舒宪说，这是一种军事礼仪，"可以看到四方位同四种颜色、四个数字、四种动物之间相对应的咒术关系"[②]。四种牺牲跟后来的"四灵"不同。按照卡西尔等所评述的印第安人图腾空间分配理论，四牲也可能是"与当时人的方位定向密切相关的图腾标记"[③]；而且，恰恰是东（夷）：

① 银雀山汉墓竹简整理小组：《银雀山汉墓竹简孙子兵法》，文物出版社 1976 年版，第 60 页。
② 叶舒宪：《探索非理性的世界——原型批评的理论与方法》，四川人民出版社 1988 年版，第 79 页。
③ 叶舒宪：《探索非理性的世界——原型批评的理论与方法》，四川人民出版社 1988 年版，第 80 页。

鸟；西（羌）：羊；南（苗）：犬（槃瓠）；北（狄）：豕（豕韦等）。但可能是巧合（北方与“豕”关系也不大）。重要的是，它跟“战争巫术”有联系。

在《墨子·贵义篇》中颜色跟干支联系，还与龙（或与各方某时应杀之龙）黏附在一起。结合《迎敌祠》，更是与临阵作战相干连，对付不同方向来敌，应按其方之色且设同色之祭坛迎战，巫术色彩很浓，是早期“兵阴阳家”言。以黑为例——

敌以北方来，迎之北坛。坛高六尺，堂密六。年六十者六人主祭。黑旗黑神，长六尺者六。弩六，六发而止。将服必黑。其牲以彘。

《银雀山汉墓竹简孙子兵法》的《黄帝伐赤帝》简应该与之对读：

［黄帝南伐赤帝，至于▢▢］，战于反山之原，右阴，顺术，倍（背）冲，大咸（灭）有之。……

东伐▢（青）帝，至于襄平，战于平▢，［右阴］，顺术，倍（背）冲，大咸（灭）［有之。▢］。……

北伐黑帝，至于武隧，［战于▢▢，右阴，顺术，倍（背）冲，大咸（灭）有］之。……

西伐白帝，至于武刚，战于［▢▢，右阴，顺术，倍（背）冲，大咸（灭）有］之。

已胜四帝，大有天下……[①]

比今本的“黄帝胜四帝”具体多了。五方帝各有专色，可见“方色”到春秋时已较成熟。“四方帝”在这里已不是四方神或各族传说祖先或英

---

① 银雀山汉墓竹简整理小组：《银雀山汉墓竹简孙子兵法》，文物出版社 1976 年版，第 101 页。

雄神，而只是借代被边缘化的"四夷"。以黄帝为中心霸权话语，看来已有时日，不是战国以后的事（我们对这段话极为怀疑，因为它与整个《孙子兵法》的思想倾向对立，疑为后人增饰或注文羼入——但其本身，产生不会晚于春秋；可参看《孙子兵法的文化比照》）。

李零说，由此可知，今本《行军篇》黄帝所胜的"四帝"，是"五色帝相胜"。"这种'五色帝相胜'的说法与《孙子》书中'势篇'的'五声之变'、'五色之变'、'五味之变'，《虚实篇》的'五行无常胜'，都属于战国以来流行的'五行'学说。"[1]大体不差。但五行学说有多种，"五色帝相胜"与"五行无常胜"是有冲突的。五行并不都是"战国以来"才流行的。

"五色帝"跟"三皇五帝"的五帝绝不是一回事。

徐旭生说，传说史上的"五帝"有两个系统[2]：

东（齐鲁系）：黄帝／颛顼／帝喾／尧／舜

西（秦系）：太昊／炎帝／黄帝／少昊／颛顼

"五色帝"则是"第三种：符号化系统"，除黄帝外，其他并不实指。

李零说，"五色帝，是以五族后代中最出名的国家的方色而命名"。例如，东：太昊（青）／西：少昊（白）／南：炎帝（赤）／北：颛顼（黑）。[3]这也是看得太实太死。传说史上的"五帝"，主要是递嬗承继的关系，如《史记·五帝本纪》的处置。有的还是"父子"如太少昊，或翁婿如尧舜。除了炎帝（被黏附上蚩尤），都不是同时代人，什么时候跟黄帝打过仗，什么时候被黄帝打败过？那不过是模式数字化的符号、标记，借喻"中心"占据四达之优势，战胜"四夷"或边缘，"凡四军之利，黄帝之所以胜四帝也"（《孙子兵法·行军篇》）。

银雀山汉简《孙膑兵法·地葆篇》有"五壤"之胜：

---

① 李零：《〈孙子〉十三篇综合研究》，中华书局 2006 年版，第 349 页。

② 参见徐旭生：《中国古史的传说时代》，文物出版社 1985 年版，第 204—208 页。

③ 参见李零：《兵以诈立——我读〈孙子〉》，中华书局 2006 年版，第 259 页。

青胜黄，黄胜黑，黑胜赤，赤胜白，白胜青。[1]

看起来非常机械，但如果使其首尾相接，"白胜青"之后就是"青胜黄，黄胜黑……"依然是循环，不过"循环论"色彩较浓，消极性也较强。

它表面只是相克而没有相生。但如果"青胜黄"之后黄被消灭干净，那么，哪里还有黄去胜黑？这只是用某种颜色代表一种力量——力量总是有大小强弱之递代与变化。一般情况下，"青胜黄"，但是时空环境或内外情况、力量对比改变，黄又可以胜黑。不妨打个譬喻：拿破仑是"青"（人们可以举出许多理由证明其代表绿色的春天），战胜了"人老珠黄"的意大利，再去组织力量通过黄战胜黑（比如奥地利），通过黑战胜赤（比如德国），通过赤战胜白（情况改变，终于陷入俄罗斯白茫茫的雪野），俄奥德联军又以"白"战胜了"青"……这是历史循环论而归于机械论。"五行生克"，加以绝对化，就是始于变动论，长为循环论，终成机械论。"五行无常胜"，才是辩证法。

张震泽说："青黄黑赤白代表五种土壤相生相胜的性质，非指五壤之颜色。"[2] 怎么不是颜色？土壤没有颜色，就没有个性，甚至丧失其部分"质的规定性"，无法识别或确认。这里的颜色，乃至土壤，可理解为符号，代表某种力量或者环境。但不要看得太死，特别是四色帝、四方帝，不必硬跟历史上的"五帝"挂钩。

如上，"五行"之行本来是"十"字通衢的形象：卐。

前举丁山却认为，本来就是"亚"形方阵的"彻行"，连《孙子》的"五行无常胜"都被认为指"战争的行阵"。他认为：

从匈奴那四色绚烂的大方阵看五色分配五方的过程，应该

---

① 银雀山汉墓竹简整理小组：《银雀山汉墓竹简孙膑兵法》，文物出版社 1976 年版，第 61 页。
② 张震泽：《孙膑兵法校理》，中华书局 1984 年版，第 72 页。

承认兵阴阳家所伪讬的墨子备城门迎敌祠那套思想，正是"五行毋常胜"的基本理论。换句话说，五行所以为五行者，殆因古代的军阵常以五色旗裳分别为东、西、南、北、中五个行列。[①]

所以，他坚持，"五行"创始于兵家"以五色配合五方"的战阵行列（以色彩来标志与识别各个兵种、工种、专业队伍，至今在航母上还在巧妙使用）。

"五行"虽然不一定创自兵家，但肯定跟"兵阴阳"的方术有关：开头是便于组织队形、构成方阵的五色标志，为了便于识别和指示、突出"中央优势"亦即方阵中心统帅的圣俗权威性，逐渐演化为肯定"中心话语"（中央黄帝）对于"边缘话语"（四方）的支配地位。

或认为，这跟田猎、田耕的"方阵"结构及仪式相关。白川静就认为，"亚旅/惟亚惟旅"与农耕礼仪相关，到了《左传》，"亚旅"则成了"从事有关军事之职，然似亦与仪礼有关"[②]。可惜许多仪轨模糊了，只能在少数民族那里找到一些痕迹。

匈奴的"四方"或"四向"的大方阵，由四种毛色的马队组成。

《史记·匈奴列传》说，匈奴在骑兵大队马匹分四色。

匈奴骑：

其西方尽白马，

东方尽青駹马（索隐云"色青"，正义引郑玄云色"不纯"，《说文》云"面颡皆白"，《尔雅》云"黑马面白"），

北方尽乌骊马（索隐引《说文》云"骊，黑色"），

南方尽骍马（索隐案《诗传》：赤黄曰骍）。

加上"中军"，就是"五行阵"。它们的"方色"基本上与中原相合。

有的学者认为，北狄的"五行"受了中原影响。有人则认为，这才

① 丁山：《中国古代宗教与神话考》，龙门联合书局1961年版，第125—126页。
② ［日］白川静：《说文新义》卷14下，林洁明译，第2931页；引见《金文诂林·补》6·4120。

163

是中原"五行"配置的一个源头。因为军队是最强调"实践",最易让人模仿和袭用的。五行源于北狄,此说甚为奇特,但也并非毫无道理。我们知道,十、卍、卐、卅、田等"十"字丛符号最初见于西亚,头顶有卐形符号的塞种"太阳胡巫"来自月氏乌孙故地,虽然这些宇宙性符号可能独立发生,但也不能完全排除由西到东的缓慢传播。

所谓"五行"元素跟"四大"极为相似,也不无可能是东西文化碰触交流的结果。

北方狄人后裔的蒙古人,可以看作某种"中介"。

《鲁布鲁克旅行记》称蒙古人的一种方形石屋或石墓为"金字塔",说:

> 他们也为富人修建金字塔,另一些地方见到石屋,尽管那附近没有石头。……
>
> 再往东方,我看见状若大庭院的其他墓地,用大块平石板铺盖,有圆的也有方的,而朝大地四方的角落上,有四个高耸的石柱。[1]

他们的葬礼也注重"四方":"我看见他们为新近死的一个人用长竿挂十六张马皮,向着四方。"[2]

《西域图志》记蒙古人有所谓"五行葬法"者。有应用五行葬法者,则以五行之"元素"葬,如:

> 应金葬,则置诸山;应木葬,则悬诸树;应火葬,则焚诸火;应水葬,则沉诸河;应土葬,则埋诸地。如不用五行葬者,则撤蒙古包,弃其尸于道傍。[3]

这可能受到华夏 – 中原的影响。

---

① 《鲁布鲁克东行记》,耿昇、何高济译,中华书局1985年版,第220页。
② 《鲁布鲁克东行记》,耿昇、何高济译,中华书局1985年版,第220页。
③ 丁世良、赵放等编:《中国地方志民俗资料汇编:西北卷》,北京图书馆出版社1989年版,第304页。

如果确有交流或播化的情形的话，那么，乘骑者从来都是最好的文化交通者，在"前丝绸之路"或草原之路上，中介的使者只可能是游农或游牧的"羌人""鬼戎"或"北狄"先民——一目的"鬼国"，即希罗多德《历史》里中亚草原之路"七种人"里最重要的"独目人"。羌人与藏族人在体质与文化上的类同，考古人类学已获得新的证据（例如西域出土羌人遗骨最接近藏族人 B 组，等等）。藏族人还保存"五色／五行"之制，可整合讨论。

一目的"鬼国"即史籍"鬼方"，跟正北的"猃狁／荤粥／熏育／匈奴"，乃至西北所谓"鬼羌"，都有文化亲缘关系。正是匈奴实行最典型的"四／五（色）旗／马"之制，后来还被东北方的满族"八旗"制度创造性地借用。

当然，最初不可能如此严整辉煌。

像《史记》《汉书》中的描写只能是战国以后匈奴国势与军力强盛以后的情形。

此事还有待深入探讨，这里只略举一些文化遗制罢了。

在藏族史诗《格萨尔王》里，霍尔王的军阵也是按马色编制，但不限于"四"或"五"。"霍尔王兵马像大海／一个人（引案：白帐霍尔王）骑着紫马在军中／跟班的紫马无其数／前呼后拥一窝蜂。"[1] 服色也与马色一致。其他的马队也一样。

> 再看那边万人中，
> 一个人（引案：黄帐霍尔王）骑着战马火炭红。
> 跟班的红马无其数，
> 前呼后拥一窝蜂。[2]

---

[1] 《格萨尔王传》（贵德分章本），王沂暖、华甲译，甘肃人民出版社 1981 年版，第 163 页。

[2] 《格萨尔王传》（贵德分章本），王沂暖、华甲译，甘肃人民出版社 1981 年版，第 163 页。

以下分别为：

黑帐霍尔王	青色马队
辛巴梅乳孜	红色马队
达易阿乍（霍尔王小弟）	花色马队
霍尔达莫布杰康	红色马队
英雄超夹	紫色马队
恩莫夹拉累巴	黄色马队
阿娃达尔瓦	杏黄色马队

其中红、紫二色重复。由于同色者有间隔，可以分辨。

满族最初以"大金比箭"，即所谓"牛录"（niru），为军事式部落组织的最小单位，出猎时，"各出箭一支，十人中立一总领"，即"牛录额真"（niruejen，"箭主"）。

后来人员增加，军队扩编，就有了"四（色）旗"制度，"四色"更接近早期的"四分法"（"五行"的依据），据称时在明万历二十三年（1595）；至万历四十三年（1615）增加镶色旗，总为"八旗"，就像中原的"四面"延展为"八方"。

（正）黄 / 镶黄

（正）红 / 镶红

（正）白 / 镶白

（正）蓝 / 镶蓝

这就是雍正五年（1727）敕修的《钦定八旗通志初集》所说，"甲寅年，始定八旗之制"，以初设四旗，增设四旗，总为"八旗"。

这初始的"四（色）旗"，我们认为，跟匈奴的"四色马队"一脉相承，都是北方游牧民族"四大"（或竟类"五行"）思想的制度表现。

满族的初始"四旗"，是跟"四方"或"四隅"相对应的。我们知道，清代封号里很尊贵的一项是：

和硕（满语 hošo，意为东南西北"四方"之"方"，或"四隅"之
"隅"——暗指征服四方，控制四方）。

努尔哈赤以四子侄统率初始"四旗"（营）：

代善／莽古尔泰／皇太极／阿敏（侄）

这"四大贝勒"称为"固山贝勒"或"和硕贝勒"，意思是［控驭］
"一方之贝勒"。[①] 易言之，就是由一位"旗主"王子率领一（色）"旗"
征逐并控制四方中的一方。后来有了八旗，则由八位和硕贝勒分领。努
尔哈赤死后，甚至是"八贝勒"共治国政，可见其权位之高、制度之严。

在军事组织上，使用"五行"式划分的，还有纳西族。在东巴经《董
术战争》中，"术"部在五"方"，由不同的魔王领率不同的"元素"鬼（兵
卒），修筑不同的垒，开辟不同的地，由上述"元素"鬼和不同颜色的
动物或设施把守。略为：

东方	当绕吉布魔王	木鬼	木垒	木地	黑虎
南方	时知吉补魔王	火鬼	火垒	火地	黑龙
西方	楞斯斯普魔王	铁鬼	铁垒	铁寨	白胸黑熊
北方	奴祖吉补魔王	水鬼	水垒	水寨	黑蹄野马
天地之间（中）	米麻生登魔王				
	根绕那命魔王	土鬼	土垒	土寨	布有铜刺、铁刺[②]

可以看出，把守者除兵卒外，动物的颜色尚不严整，天地之间（中央）
只有兵卒（土鬼）而没有动物参与。所以它还保存着原始性：最初只有"四
方"，第五方的概念和中原华夏 – 汉族也不同。

《董术战争》接着叙述"五行常胜"，即一元素"克"另一元素，

---

① 参见周远廉：《清朝开国史研究》，辽宁人民出版社 1981 年版，第 110 页。
② 参见李国文：《东巴文化与纳西哲学》，云南人民出版社 1991 年版，第 182 页。

自身再被又一元素所"克"的过程。分别为：

> 称能的木魔都用铁来降住……
> 厉害的火用水来克制……
> 厉害的铁鬼用火来克制
> 厉害的水鬼用土来克制
> 厉害的土鬼用水来克制（案：各本略有异文）

李国文指出：（1）"这种原始的军事设置和军队组织，明显的是精威五行配列在军事上的运用"——但也许只是一种反映，一种"五行相胜"的人工展开，不知道事实上是否存在过这样编制的军阵；（2）"克制"云云，"正是精威五行相胜或相尅的道理"，但——

> 土能胜水
> 水能胜土

似乎有"漏洞"，不知是否"五行不常胜"的某种表达？（3）"相克"云云，基本与《春秋繁露·五行相胜》相合，但不能肯定是受了汉族影响。[1]我们觉得这种可能较大。

这种胜克的搭配又被仪式化。在《大祭风送吊死者迎接祖先招魂》里，迎祭祖宗的人家要运用"相胜"原理以克敌的元素依次关闭五行之门，从而驱赶众鬼。

> 让它们滚开！
> 东方的木门要用铁来关闭
> 南方的火门要用水来关闭
> 西方的铁门要用火来关闭
> 北方的水门要用土来关闭

---

[1] 参见李国文：《纳西族象形文字东巴经中的五行学说》，见伍雄武编：《纳西族哲学思想史论集》，民族出版社1990年版，第167页。

天和地中间的土门要用铁（木？）来关闭 [①]

这样严格的搭配显然受了"成熟的五行学说"的影响。

在《祭拉姆道场趣英拉姆结尾经》里则由常见的事物"胜克"，推及五方恶鬼的可靠处置方式。

> 东方的木可以用铁压倒，让铁去砍死东方的毒鬼和仄鬼；
> 南方的火可以用水淹灭，让水去淹死南方的真鬼和知鬼；
> 西方的铁用火可以熔化，让火去烧死西方的呆鬼和老鬼；
> 北方的水可以用土覆盖，让土去覆盖北方的情鬼；
> 天地中央的土用石来相压，让石去压死中央的猛鬼和恩鬼。[②]

"土"本应由"金"来克，这里却是纳西特色的用石来压；元素"木"也没有出现。

东巴巫在"祭天"时要"射五方"，所射就是敌方按"五行"布置的五位魔王和他们率领的"元素"鬼（兵卒）。后来还被牵连进不同的民族。在东巴经《请排神威风神和丁巴什罗》里，丁巴什罗大神所射对象为：

东方	森（木）·哈巴（汉族）	木鬼
南方	咪（火）·勒布（白族）	火鬼
西方	署（铁）·景敖（印度人）	铁鬼
北方	见（水）·果洛（蒙古人）	水鬼
天地之间（中）	排人、纳人、俄人等（普米族等）	土鬼

名称、说法或有不同，但"五分"是一致的 [③]。

---

① 参见李国文：《纳西族象形文字东巴经中的五行学说》，见伍雄武编：《纳西族哲学思想史论集》，民族出版社 1990 年版，第 168 页。
② 参见李国文：《纳西象形文字东巴经中的五行学说》，见《纳西族哲学思想史论集》，民族出版社 1990 年版，第 166—168 页。
③ 参见李霖灿：《么些研究论文集》，台湾"故宫博物院"1984 年版，台北，第 232 页。

这里当然带着狭隘民族主义与文化歧视的历史局限，"政治不正确"，但未普遍，也不持久。

影响所及，纳西族也有五水：

东方　流自番地红虎口之水
南方　流自玉绿青龙口之水
西方　流自螺白狮子口之水
北方　流自金黄大蛙口之水
中央　流自花斑大鹏口之水①

这好像印度佛教一样色彩较浓。

附说"道德的五行"

我们通常说的"五行"，首先是见于《尚书·洪范篇》的五大元素：金木水火土。此即"自然的五行"。可以参读《国语·鲁语》（上）及《淮南子·原道训》等。

荀子说，孔子之孙子思撰作的《中庸》有五行。"案往旧造说，谓之五行"（《荀子·非十二子》）。然而我们看《礼记·中庸篇》，却不但没有看到金木水火土，也没有看到"五行"字样。这引起有关《礼记·中庸篇》作者和时代的争论，《中庸的文化省察》已略作介绍。

现在确知，《礼记·中庸篇》确实有五行，不过并非习见的金木水火土，而别有所指。这是怎么回事？

1973年，马王堆汉墓出土帛书，其中与《周易》经传共存的有《老子》甲本卷后的佚书《五行》。②

它所谓的五行是——

---

① 参见和志武：《东巴经典选译》，云南人民出版社1994年版，第197页。
② 参见国家文物局古文献研究室：《马王堆汉墓帛书》（壹），文物出版社1980年版。

仁　义　礼　智　圣

据专家研究，那真是儒家的"五行"学说，而且的确是思孟一派的著作①，《荀子》的话完全可信。可见物质性的宇宙分类已反映到意识或心灵层面了。

《荀子·非十二子篇》："案往旧造说，谓之五行。"唐杨倞注："五行，五常，仁、义、礼、智、信是也。"

《礼记·礼运篇》及其注疏主要据思孟"道德的五行"而立论。

《礼记·礼运篇》说，人是"天地之德，阴阳之交，鬼神之会"，是宇宙运行的"焦点"或相交处，即"中"，而"五行之秀气也"（下·1423）。"五行"本指宇宙间代表性的物质元素（金、木、水、火、土），其集中而优异的产物就是"人"。易言之，"人"（包括人体）集中了物质里最优秀的成分，并且天然或先验地产生精神及其最高要素：德。具体化为"五德"，就是五行在人的精神或心灵世界里的显现。唐孔颖达疏对此最有体会："秀谓秀异。人感五行秀异之气，故有礼、义、仁、知、信也。"（下·1423）

物质的五行（五元素）跟精神的五行（五德）是对应的。由此角度看，二者又是相互生发、相互运作，也相互比拟的。

> 故人者，天地之心也，五行之端也。（《礼·礼运》，《十三经注疏》下·1424）

这一点，也数孔疏讲得较清楚：

> 万物悉由五行而生，而人最得其妙气，明仁、义、礼、智、信为之首也。（下·1424）

171

---

① 参见庞朴：《帛书五行篇研究》，齐鲁书社 1980 年版；李学勤：《帛书〈五行〉与〈尚书·洪范〉》，载《学术月刊》1986 年第 11 期。

"端"在这里有开始、首要、出发点的意思。人虽由物质五行而生，精神五行却是它的精华，并且反过来成为物质五行的"先导行"，引导物质五行乃至整个宇宙生命走向完美。古人把世界（天地）看成一个有"气"、有"心"的类生命体或竟"生命"；而人也被看成一个有心灵、有精神、有道德的"小宇宙"。如拉德克利夫－布朗所说，中国人的大小宇宙是相应与互动的——"五行"也一样，天人以和，人天合一。"食（五）味，别（五）声，被（五）色，而生者也。"具体的、殊指的五行，皆由天人关系而生，此"言人兼此气性纯也"（郑玄注，下·1423）。

马王堆帛书《老子》甲本后古佚书说：

> 仁、义、礼、知之所由生也。四行之所和，和则同，同则善。
> （其《经说》亦谓"四行之所和，言和仁义也"）

宇宙生命一体化，宇宙的划分也一体化：物质的／意识的层面相映并且相生。

古佚书对这"四行"的解说是：

> 见而知之，知也；
> 知而〔安〕之，仁〔也〕；
> 〔安而行〕之，义也；
> 行而敬之，礼〔也〕。

《孔丛子·公孙龙篇》亦有四行："尹文子曰：'今有人于此，事君则忠，事亲则孝，交友则信，处乡则顺。有此四行，可谓士乎？'王曰：'善。'"

《礼记·冠义篇》说，"将责四者之行于人"，所以"孝、弟、忠、顺之行立"。刘起釪说，这也是"四行"[1]。当是。

---

[1] 刘起釪：《五行原始意义及其纷歧蜕变大要》，见艾兰、汪涛、范毓周主编：《中国古代思维模式与阴阳五行说探源》，江苏古籍出版社 1998 年版，第 145 页。

"四行"虽然非"五",但本质上与"五行"一致,都是讲的几种相互联系的德行。

《庄子·天道篇》有所谓"天行":"知天乐者,其生也天行,其死也物化。"陈鼓应注译本引林希逸曰:"'天行',行乎天理之自然也。"可知"天行"是"天道"的具体化、行为化。此又见于《庄子·刻意篇》。

《庄子·天道篇》还说"夫子亦放(仿)德而行,循道而趋",二句互文,或者说"放(仿)德而行"是"循道而趋"的具体化;行者,行道也。就是实现"达道"的具体途径(《中庸》谓之"达德"),亦即儒家"五行"(仁、义、礼、智、信)。这就是《帛书五行篇》所说在"内"曰德,不形于内而形于外谓之"行",跟前举现存儒籍"德/行:内/外"的理论相合。

我们在《老子的文化解读》里已经论证,"道"的本义是"人行路上","道"与"行"语义上是沟通的、相应的;"德"虽起于"省视",但后来从"彳"而联系于行,"德行"连称,"德"跟"道"的语义也是相通的,德是道的体现、道的实行。

一般说,古人认为,"德"是内在的、精神性的;"行"是外显的、行为性的。二者相辅而成,但在中国传统里"德"更是主导性的。

《周礼·地官·师氏》:"以三德教国子。"郑注:"德、行,内外之称:在心为德,施之为行。"《尚书·尧典》孔疏:"在身为德,施之曰行。"《左传》桓公二年"昭德塞违",孔疏:"在心为德,施之为行。"没有否认遂行与实践的重要。

所以,要用"行"来涵养并体现"德",以"德"来指导且控驭"行"。《周易·震卦·象传》说,"君子以果'行'育'德'",又说,"君子以常德(而)行"。《礼记·曲礼篇》说:"修身践言,谓之善行。"善行、正行,就是德。《荀子·正名篇》:"正义而为谓之'行'。"《大戴礼·曾子制言篇》:"夫行也者,行礼之谓也。"《大戴礼·盛德篇》:"能行德、法者为有行。"

子思"家学"的《礼记·中庸篇》说:"达道有五,达德所以行之者三。"

五 "达道" 是什么呢？《中庸》说指的是——

　　　　君臣 / 父子 / 夫妇 / 昆弟 / 朋友

　　这就是通常所谓 "五伦" 或 "五常"。这是 "天道" 在人际关系上的体现。"行" 本也是 "路"，但指的是具体可行的 "路"，主要指实行的途径，思孟 "五行" 说的就是具体实现 "理想（化）的五大关系" 的具体途径或德行素养。这就是儒者或曰的 "思孟五行"：

　　　　仁 / 义 / 礼 / 智 / 信

　　但在子思那里，这五种德行好像还没成熟，所以只说了三条：知 / 仁 / 勇。还说这是 "达德"（可臻达大道的德行）："三者天下之达德也，所以行之者一也。"（或说 "一" 字衍）行，这里是整体实行的途径。
　　《礼记·中庸篇》没有明白的 "仁、义、礼、智、信（圣）" 的 "五常" 即 "五行"，只有五达道和达到它们的 "智仁勇" 三途径。但是第三十一章论 "天下至圣" 之五 "德" 却能勉强比附 "五常"，亦即《帛书》所见之儒家五行。
　　先粗疏地构拟如下：

　　　　圣：聪明睿知，足以有临也；
　　　　仁：宽裕温柔，足以有容也；
　　　　义：发强刚毅，足以有势也；
　　　　礼：齐庄中正，足以有敬也；
　　　　知：文理密察，足以有别也。

　　这不是我们的私臆。朱熹《四书章句集注》把 "聪明" 云云与上文 "至圣" 联系起来，说 "聪明睿知" 是 "生［而］知之［之］质"。《论语·季氏篇》孔子曰："生而知之者上也。" 可见这种 "知" 是一种 "圣"。

暗示这是一种天赋的力量，是自然或天之"至善"在人身上的体现。正如《中庸》所说："诚者不勉而中，不思而得，从容中道，圣人也。"正因为是"圣"，所以能"临"，谓"居上而临下也"。浅显些说，这里的"圣"相当于"诚""信"。

"诚"或"圣"以下，朱熹接着说，"其下四者，乃仁、义、礼、知之德"。宽裕温柔而容忍，当然是"仁"。

发强刚毅而有"势"是"义"。义者宜也。坚毅而又适应形势，便是"宜"。

齐庄中正而有敬，礼也。齐肃庄正即所谓"礼仪三百"。

"文理密察"，朱注："文，文章也；理，条理也；密，详细也；察，明辨也。"都是智力超群、明察毫末的表现。由此可见子思《中庸》已隐藏着"道德的五行"。

《荀子·非十二子》对所谓"思孟五行"批评得尖锐而苛刻，前文稍稍提及，现在整个抄录如下：

> 略法先王而不知其统，犹然而材剧志大，闻见杂博。案往旧造说，谓之"五行"，甚僻违而无类，幽隐而无说，闭约而无解。案饰其辞而祗敬之曰，"此真先君子之言也"：子思唱之，孟轲和之。世俗之沟犹瞀儒，嚾嚾然不知其所非也，遂受而传之，以为仲尼、子游为兹厚于后世：是则子思、孟轲之罪也。

先秦思想理论界的辩说论难相当激烈，火药味很浓，不然便不足以动人视听。然而"五常／五伦／五达道"都是很普通的教条，怎么能说"僻违而无类，幽隐而无说，闭约而无解"呢？

《荀子·非十二子》的说法本身就相当古怪。

第一，"案往旧造说，谓之五行"，可见它是有"往旧"的依据，却又带着"创造性"。

第二，他对子思这种五行学说批评得很尖锐。有人辩解说，这是笼统地批评《中庸》的鬼神"迷信"观念，像"国家将亡，必有妖孽"，等等，僻违、幽隐、闭约均"多可见"。① 其实这三条主要是指责子思五行的。

第三，"案饰其辞而祗敬之"，就是尽力发挥而且推崇。

第四，子思唱而孟轲和，可见其要旨并非孔子旧有，并非"真先君子之言"，思孟在这一点上有"罪"。

第五，影响逐渐扩大，"世俗之沟，犹瞽儒嚾嚾然不知其所非也"。

我们认为，这指的就是郑玄注《中庸》所说的"五大"与"五德"的配搭或整合。

木（神）　金（神）　火（神）　水（神）　土（神）
　仁　　　义　　　礼　　　智　　　信

这才配得上说"僻违而无类，幽隐而无说，闭约而无解"。然而这仍然按"往旧"造说，是有传统、有根据的。这正体现宇宙与人心的互动，是天人合一的一种体现，也是宇宙分合的一种形态。它包含几个层次：如上，四方（向）的划分，四方与中央的整合，早就见于殷商，甚至更早。

"四大"元素早见于印度、波斯、希腊等处，可能与华夏有所交流甚或影响（可惜具体时间、途径尚难确定）；中土的"四大"或"五大"（物质）元素来源应颇古老，绝不自邹衍始；儒家"五行"（五达德）出自"五伦/五常"（五达道），也有"传统"（至迟见于马王堆佚书《五行篇》）。

"五德"与"五大"的整合（如前引郑玄所说），即《荀子》所批评的"思孟五行"，也渊源有自。

《庄子·天运篇》将"五行"称为"五常"。

　　天有六极五常，帝王顺之则治，逆之则凶。

① 参见谢松龄：《天人象：阴阳五行学说史导论》，山东文艺出版社1989年版，第39页。

陈鼓应注云："'六极'，即六合，指东、南、西、北、上、下；'五常'，即五行，指金、木、水、火、土。"[1]

儒者称"五伦"为"五常"，纯属人际关系；而庄生以"五常"指（至少主要指）自然品性或自然（物质）元素。这是否暗示当时的"五常/五行"已是自然—人文"五要素"的结合？

班固《白虎通义·号》说："伏羲仰观象于天，俯察法于地，因夫妇正五行，始定人道。"

照谭戒甫等的意思，这"五行"指的是"五伦""五常"[2]。还跟《帛书》和《中庸篇》等伦理化、道德化的"五行"基本一致。

这样，"自然/社会"元素相对应的儒家五行系统就构拟出来了。

木　金　火　水　土
‖　　‖　　‖　　‖　　‖
仁　义　礼　智　信（诚：圣）

虽然现在还不能从《论语》等儒家经典里找到直接而明显的证据，但是这种"五行"正是以儒家为代表的"天人合一"思想的鲜明表现。董仲舒的"天人感应"学说不是无根之木，它的渊源之一便是古儒家"天人合一的五行"，"宇宙生命一体观"分分合合的昭示。

在儒家学说里，五行的基础是自然，其实现则是人文。

五行≈五德≈五常

章炳麟氏用汉人郑玄注《中庸》的话解释子思"五行"。

寻子思作《中庸》，其发端曰："天命之谓性。"《注》曰："木神则仁，金神则义，火神则礼，水神则智，土神则信。"《孝

---

① 《庄子今注今译》，陈鼓应注译，中华书局 1983 年版，第 362 页。
② 参见顾颉刚：《古史辨》（第五册），上海书店 1935 年版，第 721 页。

经》说略同此（《王制》正义引）。是子思之遗说也。[1]

这说明，即在汉人遗说里也有将"五大元素"精神化、道德化的传统，而且必有所本。

> 沈约曰，《表记》取子思子。今寻《表记》云："今父之亲子也，亲贤而下无能；母之亲子也，贤则亲之，无能则怜之。母亲而不尊，父尊而不亲。水之于民也，亲而不尊；火尊而不亲……"此以水、火、土比父母于子，犹董生以五行比臣子事君父。[2]

到了董仲舒那里，这又进一步政治化。在中国文化里，自然的人文化，亦即"物质"的精神化，精神的伦理化，伦理的政治化，均属正常。

谢松龄说，"现存思、孟著作，虽未见'五行'字样，但'僻违''幽隐''闭约'则多可见"[3]；《中庸》《孟子》实少如此迂怪之论。他所举《中庸》"国家将亡，必有妖孽"云云，亦即前引杨向奎论点的依据，只是中国传统人本位思想"妖由人兴"的发挥；"见于蓍龟，动乎四体"，则证明其与《易传》有内在联系。这些至多可能是某种"怪说"的残迹。但其也颇含精警成分（只要不把"妖孽"看成民间的"妖怪"）。王朝末日，多有"妖人"加速其覆灭，观清末可知，盖犹尼古拉二世之有拉斯普金也！

至于《孟子》的"五百年必有王者兴"，"五"跟"五行"之"五"同是模式数字，邹衍一派的"五德终始"理论确实与之有渊源性的联系。谢松龄说，"观其大旨，即可知这是一种推度运数的学说，是内陆文化

---

[1] 章炳麟：《子思孟轲五行说》，见上海人民出版社编：《章太炎全集·太炎文录初编》（第一册），徐复点校，上海人民出版社 2014 年版，第 8 页。

[2] 章炳麟：《子思孟轲五行说》，见上海人民出版社编：《章太炎全集·太炎文录初编》（第一册），徐复点校，上海人民出版社 2014 年版，第 8 页。

[3] 谢松龄：《天人象：阴阳五行学说史导论》，山东文艺出版社 1989 年版，第 39 页。

传统所不齿的'作怪迂之变'"①，暗示邹衍学说跟儒家某派有关，这是很有见地的，但这不一定是荀子所批评的"思孟五行"；思孟五行，如果确属僻违、幽隐、闭约的话，只能是自然—人文"五大要素"的黏合与牵附。

章云"古者《鸿范》九畴，举五行傅人事，义未彰著，子思始善傅会"，并非没有可能；"旁有燕、齐怪迂之士，伥塘其说，以为神奇。耀世诬人，自子思始"②，更是大胆推论。这些都值得我们钩稽，不要因为没有直接证据而忽略，何况这种说法确实与出土帛书有暗合之处。

《尚书·洪范》，刘节说作于战国末年。③顾颉刚等亦有类似看法。但是现在发现《尚书·洪范》里保存着极古老的成分，这要专节讨论。刘节说：

> 今所传子思、孟轲之书（如以《中庸》为子思作），未有言之阴阳五行者。《中庸》注之说及《王制》正义所引，安知非出于燕齐迂怪之士，何以必知出于子思、孟轲哉？战国时，齐鲁之学，以孟氏为盛；而五行之说，盛唱于驺衍辈，亦在齐鲁间，或与孟氏之学有关，故荀子讥之也。④

事实证明，思孟确实有自己的"五行"，而足供邹生借用者。

郭沫若的解决办法是，《中庸》以诚为"中"，那么必然有四方，也就有了"五行"。

> 事实上［《中庸》］更把"诚"当成了万物的本体，其所

---

① 谢松龄：《天人象：阴阳五行学说史导论》，山东文艺出版社 1989 年版，第 40 页。
② 章炳麟：《子思孟轲五行说》，见上海人民出版社编：《章太炎全集·太炎文录初编》（第一册），徐复点校，上海人民出版社 2014 年版，第 9 页。
③ 参见刘节：《鸿范疏证》，载《东方杂志》第 25 卷第 2 号，1928 年；收入刘节：《古史考存》，人民出版社 1958 年版。
④ 参见刘节：《鸿范疏证》，载《东方杂志》第 25 卷第 2 号，1928 年；收入刘节：《古史考存》，人民出版社 1958 年版。

以然的原故，不就是因为诚信是位乎五行之中极的吗？故尔在思孟书中虽然没有金木水火土的五行字面，而五行系统的演化确实是存在着的。①

《中庸》以诚为"中"，主要指"衷心／忠心"之中，不干方位。一般来说，很难设想这种"没有五行的五行"到底具有什么内容："诚"相当于五元素的"土"吗？其他"四大"是后儒所附会的礼、义、智、信吗？新发现的帛书《五行》里没有"诚"，而以"圣"代替"信"字。然而恰恰是用道德概念替换了(物质)元素概念——这，简单说，是自然的"五行"的伦理化或道德化。问题只在其始于何时，出自何人，是不是将五德行与五元素相附会。

饶宗颐认为，"五德终始说"亦起于子思。《马王堆老子甲本》后《佚书》云：

胃（谓）之德之行。不刑（形）于内胃之行。……德之行。五〔行〕和胃之德，四行和胃之善。

饶氏说：

《佚书》且屡屡言及仁气、义气、礼气诸名，即班固所谓"五行者，五常之形，气也"。《礼记·乡饮酒义》云："天地严凝之气，始于西南，而盛于西北，此天地之尊严气也，此天地之义气也。天地温厚之气，始于东北，而盛于东南，此天地之盛德气也，此天地之仁气也。"知《礼》所称之义气、仁气，盖有所本。②

180

---

① 郭沫若：《儒家八派的批判》，见《十批判书》，科学出版社 1959 年版。
② 饶宗颐：《五德终始说新探》，见《饶宗颐史学论著选》，上海古籍出版社 1993 年版，第 143 页。

他认为："德之五行及终始二词，实本于子思，而邹氏扩大其义，以论朝代更易之德运。"[①]这里主要是以德为"气"，有些把道德"物质化"（亦即五德之五元素化）的趋向，气之外显为"行"；"终始"之义仅小涉，而未及其根本"生克"之论也。

就像"五行"观念一样，"四维"也被道德化，而不仅仅是一种譬喻。"四维"本指方地之"四角"，或"吊挂"这"四角"的想象的"四天柱"，或"天网"之四维。

然而《管子·牧民篇》说："四维张则国令行。"

所谓"礼义廉耻，国之四维；四维不张，国乃灭亡"，完全道德化与政治化。这是中国思想一大特色。

"四大"，佛教哲学也曾将其内化为心灵，为道德。

《四十二章经》（卷二十）："佛言：当念身中四大，各自有名，都无我者。"（参见《法苑珠林·三界地量》）我们不熟悉佛教典籍，也许别处更为多见，谨举质诸方家。

西方文化里有所谓"所罗门之星"（Gryngolet），它集"天地人间"五大元素（土、气、水、火、灵）和"五德"（仁、友、真、礼、爱）于一身。

星作"双钩体"五角形。

很明显，它也是把基本是自然物质之"五大"或"五行"的观念化、道德化。

---

① 饶宗颐：《五德终始说新探》，见《饶宗颐史学论著选》，上海古籍出版社1993年版，第146页。

第六章　世界性的"四大"与类"五行"

古希腊的类"五行"

在希腊，阿那克西曼德（约前 611—前 545）较早触涉"四大"。

辛普里丘的《物理学》说："他是由于观察四种原素互相转化的途径，因而想到不以其中某一原素，而以另一种高于这一切原素的东西为基质才合适。"[①]

这几乎等于说"四大"之外还有第五种"基质"，这就暗示了"第五行"的存在。李约瑟《中国古代科学想史》转述得明白一些。

> 他的说法以"土"、"火"、"气"、"水"为四个单位；在这四者以外，另有一个单位名之为 Non-Limited——非限物质（希腊文作 apeiron；引案：或译"无定"），是一种上述四者的基层。[②]

---

① 北京大学哲学系外国哲学史教研室：《古希腊罗马哲学》，商务印书馆 1961 年版，第 7 页。

② ［英］李约瑟：《中国古代科学思想史》，陈立夫主译，江西人民出版社 1990 年版，第 328 页。

罗素介绍亚里士多德的思想说："世界共有四大原素：土、水、空气和火，其中土和水是重元素，空气和水是轻元素。土和水有一种自然向下的运动，空气和火有一种自然向上的运动。"[1]这当然是就直观而言。而"最高的天体还有第五种元素，这是火的一种升华"[2]。这不是构成特殊的"五行"吗？

希腊人、印度人、波斯人讲到基原性"元素"时，一般只是"四大"。但据李约瑟介绍，希腊人曾提出"第五行"的讨论（他不认为这和中国有什么关系）。"Tarentum 之 Philolaos（当公元前 430 年顷）感得有第五'行'之需要，是因为他认为在各'行'与那五种熟知的立体几何图形之间，应该有些关联。"[3]这一"行"有些像阿那克西曼德说的"非限"或"无定"物质（aperion）。"柏拉图就承用了此说，而以这第五'行'为 aether（以太），意即'一种微妙之气'。亚里士多德则又转而谓此说乃指天体物质而言……"[4]这就离中国的"五行"愈来愈远。

恩培多克勒却只是说："有四种元素，水、火、土、气。友爱是使元素结合的东西，憎恶是使元素分离的东西。"他认为，它们是在变动中，"各种元素的连续变化是不断的"。[5]

如上所说，"五行"触目的特征是配色。青、赤、黄、白、黑五色还能够在一定程度上标志宇宙生命的生、壮、熟、衰、亡。这是一种可直接感知的官觉表象。例如，木的色泽可以表示其生命状态与过程，火的强弱或"色泽"同样可以标志其生命力有大小盛衰。[6]但是，这种力或状态又不是纯粹机械、消极被动或不可逆转的，它可能通过人类

---

① ［英］罗素：《人类的知识——其范围和限度》，张金言译，商务印书馆 1983 年版，第 23 页。

② ［英］罗素：《人类的知识——其范围和限度》，张金言译，商务印书馆 1983 年版，第 23 页。

③ ［英］李约瑟：《中国古代科学思想史》，陈立夫主译，江西人民出版社 1990 年版，第 329 页。

④ ［英］李约瑟：《中国古代科学思想史》，陈立夫主译，江西人民出版社 1990 年版，第 329 页。

⑤ 北京大学哲学系外国哲学史教研室：《古希腊罗马哲学》，商务印书馆 1961 年版，第 74 页。

⑥ 参见叶舒宪：《中国神话哲学》，中国社会科学出版社 1992 年版，第 13 页。

的努力，尤其是积极巫术仪式行为的干预，使其纳入或安于正常的、良性的循环轨道，从而实现天人以和式的宇宙生命或自然—人类之间的动态平衡。

张岩比较"四／五"两种结构（有差异的），对应如下。前者以北美古今印第安人为代表，后者以中国古代为代表。二者均称"标准"，古希腊绝无此"成熟"形态。

"四大" 土／火／水／风		**"五行"** 木／火／土／金／水		
方位 东／西／南／北		**方位** 东／西／南／北／中		
色彩 蓝／红／黑／黄		**色彩** 青／赤／黄／白／黑		
四方神 多种名号（参前）		**五方帝** 五方神		

其"符号"也有相应之处：

> 前者的"十"字形四方祭祀地点，对应于我国远古的十字形五方祭祀地点（社），金文中社的象形为亞字（引案：此即所谓"亚"形明堂）。前者的四方结构与群体的划分结构相对应（如苏人祭典中的"四区"列队），我国古代的五方结构亦与政权结构相对应。直到西周时期的天子级祭神大典中，我国古代的祭祀者们仍是以"四区"的方式围绕神社或神庙（引案：例如明堂）来排列其祭位。[①]

实际上，印第安人的以方位（或方位－季节"时空"交叠）为基准的"四分"虽较常见，却也是有较大发展的，从"二—四"的偶数对列，到加入"中心"变为奇数的"五—七"划分，也在祖尼人中出现（参见"方明"章所附述）。这主要与初民对"时空"构造的深入与复杂化相关。

---

① 张岩：《〈山海经〉与古代社会》，文化艺术出版社 1999 年版，第 178 页。

中国五行学说当然素称完整，势力强大，其"五大元素"和神物的繁杂配伍，主要见于：

《礼记·月令》
《管子·幼官篇》
《吕氏春秋·十二纪》
《淮南子·天文训》

中央以外的神物，讨论得太多，这里暂不说它[①]，只讲"中央"者。可见其复杂程度的变化，这特别是跟战国秦汉以来祭祀仪式的繁复化相关。

时间	日	帝	神	天子所居	乘	驾	载	衣	服	音	所见文献
中央：中土	戊己	黄帝	后土	大庙大室	大路	黄骝	黄旂	黄衣	黄玉	宫：黄钟之宫	《礼·月令》（上·1372）
中土：中央	戊己	黄帝	后土	太庙太室	大辂	黄骝	黄旗	黄衣	黄玉	宫：黄钟之宫	《吕氏春秋·仲夏季》后（1·312）
中土：中央	戊己	黄帝	后土（佐）			黄龙（兽）				宫	《淮南子·天文训》（上·88）

其项目不同者——

虫	味	臭	祀	祭	星	食	器	数	所见文献
倮	甘	香	中霤	先心		稷与牛	圜以宏	五	《吕览》
倮	甘	香	中霤	先心		稷与牛	圜以掜	五	《吕览》
					镇星				《淮南子》

《淮南子·天文训》又有后土"执绳而制四方"[②]。

---

① 参见萧兵：《〈楚辞〉扶桑若木与太阳树神话》，见萧兵著：《楚辞与神话》，江苏古籍出版社1987年版，第170页。
② 参见刘文典：《淮南鸿烈集解》（上册），中华书局1989年版，第88页。本书引用《淮南子》，均据此，注出册次、页码。

这里有关"世界中心观"的义项甚多，除分见各专节外，主要选择比较特殊的、注疏有所阐发者介绍一下。最重要的是中央元素（土／黄）的明确介入，使"四方"变成了"五行"。

　　中央从来以黄、土（黄土）来象征。郑注说，黄帝是"黄精之君，土官之神"，显然认定其为黄土的神格化。"后土"应是此土之神，但因为见于《陈侯因𰯼敦》的黄帝从战国以后声誉大增，后土便屈居为"佐"。《礼·月令》郑注以颛顼之子"土官"之黎当之，孔疏则举《左传》共工之子句龙为后土以补充之，又调和道："知此经后土非句龙而为犁者，以句龙初为后土，后转为'社'；后土官阙，犁则兼之。故郑注《大宗伯》云：犁食于火土，以宗伯别云'社稷'，又云'五祀'句龙为社神，则不得又为五祀，故云犁兼也。"（上·1372）

　　郑注中央之味与臭云："土之臭味也。凡甘香者皆属之。"（"臭"，意为气味，中性，与今义不同）高注《吕览》也说："土味甘，土臭香。"又说："土色黄，故尚黄色。稷、牛皆属土。"一切皆从"土德"派生，越变越琐细。

　　希腊人等的类"五行"哪里有这么复杂？

　　王爱和认为，从商周的"四方"宇宙观发展成"五行"学说，这主要是战国时期的事。[①]"中央之帝"或黄土之神的黄帝，也正是在战国从西北一隅走到中国历史舞台的中心。但必须明白，殷墟卜辞里出现的与"四土"（四社）对列的"中土"或"中商"，"五行""五方"观念业已萌生。含山类八卦图等中心图案八角星纹※的频繁显现，证明"中心"观念，乃至五行象、八方观、九宫图，都已有了端倪。这可以看作"文明"诞生的迹象。只是那种与五种颜色、五种元素、五种时节（四季加上"季夏"）等的配搭，要等到战国时才完备。邹衍的重大贡献是将其系统化，从微观推演宏观，"必先验小物，推而大之，至于无垠"，但同时不免于附会，以至于封闭——特别是将其政治化，长期以来，造成政治迷信，

① 参见王爱和：《中国古代宇宙观与政治文化》，金蕾、徐峰译，上海古籍出版社2011年版，第21—22页。

为王朝的递代提供合法性（然而，既然有生克，新王朝不也一定会被替换吗？）。此前的《孙子》与《墨子》"五行毋相胜"的思想十分辩证。葛瑞汉用一句话，"韩非仅把它作为一种被嘲弄的占卜方法而提及"[1]，轻轻带过。殊不知，"五行相胜"在春秋后期，必有强大势力，不然《孙子兵法》就是无的放矢。他和墨子的批判是有勇气、有效果的，尤其对战略战术的机动灵活而言。

要之，某些西方汉学家不重视"五行"起于"行"，起于对方向的测定和"掌控"，把它的成立尽量向后推。这无碍于中国"五行"的成熟与繁复。

古代印度的"四大"或"五大"

罗伯特·格雷夫斯（Robert Graves）为《世界神话百科全书》写的序言里说：

> 祭祀佛陀和俄赛里斯的莲花有五个花瓣，象征人的四肢和头颅、五种感官、五根手指和足趾；而且像金字塔一样，它还象征着四个方位和顶点。[2]

可见类"五行"观念在古代埃及以及印度佛教的早期已经较为成熟，比所谓"四大元素"的出现还要早。这就是最初的四象性（Quaternity）的发展。

在"僧佉哲学"系统里，五大元素及其关联变得非常繁复。

据黑格尔的转述，意识产生——

五唯／五种基素（tanmatra）／五种细微质（原质／原子）

---

① ［英］葛瑞汉：《阴阳与关联思想的本质》，见艾兰、汪涛、范毓周主编：《中国古代思维模式与阴阳五行说探源》，江苏古籍出版社1998年版，第9页。
② ［法］G.H. 吕凯、J. 维奥：《世界神话百科全书》，徐汝舟、史昆、李扬等译，上海文艺出版社1992年版，"序"第7页。

这种超越感官知觉的"五种基素由意识产生，它们自身又产生五种元素（旧译'五大'）——即地、水、火、风与空"[1]。可以看出，这跟中国纯属物质的"五行"区别很大。

在此前的印度教系统里，不仅有五种石头来代表五大神的"五神坛"，而且，"数论派"认为，湿婆神以五种不同的表现来展示"世界五大原则"。他以五颗头颅或五种形态显示其为"新生者"（Sadyojāta），"仁慈者"（Vāmadeva），"中心之主"，"最高的本质"（Tatpuruṣa），"不怖者"（Aghora），民间供奉这种五首大神，即"五面最高自在天"。[2]

> 此外，湿婆身上包含了五大基本原则（Sadāśivatattva），或者说宇宙的五种运动：创造、维持、毁灭、救赎与解脱。这些通过"永恒湿婆"形象的五张脸体现出来。
>
> 作为永恒的、不可思议的湿婆，其形象中的数字五也代表着五大认识器官（Jñānendriya，慧根），五大行为器官（Karmendriya，作根）与五大元素（Tanmātra）。该形象象征着宇宙整体及其一切显现。[3]

印度教用按次序排列的"灵石"置于金属板上，称为"五神坛"（Pañcāyatana）。或说，这是"数论派"的构拟。

> 圣石（Sālagrāma）：毗湿奴（Vishnu，创造大神）
>
> 巴纳楞伽（Bāṇaliṅga）：湿婆：（Shiva，破坏神；Linga 为男根意象）
>
> 金线石（Svarnarckha）：难近母（Durga，湿婆之妻）

---

[1] ［德］黑格尔：《哲学史讲演录》（第一卷），贺麟、王太庆译，商务印书馆 1959 年版，第 138 页。

[2] 参见 ［德］施勒伯格：《印度诸神的世界——印度教图像学手册》，范晶晶译，中西书局 2016 年版，第 75 页。

[3] ［德］施勒伯格：《印度诸神的世界——印度教图像学手册》，范晶晶译，中西书局 2016 年版，第 75 页。

红石（Svarṇabhadra）：迦尼萨（Gaṇeśa，群主，象首战神，智慧）

太阳石（Sūryakānta）：苏里耶（Surya，太阳神）

图 6-1 "四大"之神

（佛教密宗金刚界曼荼罗，采自弘学《佛教图像说》）

"曼荼罗"四隅为"四大"（地、水、火、风）之神，又称"四执金刚神"，系物质"元素"之人格化。所抱持之大圆轮，本来是"太阳轮"，这里称"空大"，象征"大空智"，与"四大"合为"五大法性"，有如中国"五行"之"内在超越"为伦理道德心性。

印度的"四大"，在佛教那里人格化为"四大"之神，又叫作"四执金刚神"。在密教金刚界"曼荼罗"中成为身会四隅之地，"围绕五大月轮，抱持大圆轮（引案：原初应是太阳轮），头出于四隅者"[1]。

东北：地神——身呈黄色，天女形，著羯磨衣，头戴弓月

西南：水神——身呈白色，著羯磨衣，顶有七蛇

东南：火神——身呈赤色，著羯磨衣，背有火焰

西北：风神——身呈黑色，作忿怒形，头戴独钻

---

[1] 参见弘学：《佛教图像说》，巴蜀书社 1999 年版，第 494 页。

中央大圆轮为"空大"，象征"大空智"，与"四大"合为"五大法性"，就好像中国道德心性化之"五行"；按照教义，它们"赅摄一切万法"①。

图 6-2　五方神佛

（佛教图像）

也有将"四神"或"五神""五佛"一字排开的，但不多见。

"曼荼罗"的宇宙图式

跟《明堂图》《楚帛书》之类颇为相似，乃至异质同构者有印度文化系统的"曼荼罗"。

"曼荼罗"（Maṇḍala），译为"坛"或"坛坊"。它的构造相当复杂，而且越来越复杂。这里介绍最简明的"标准型"（有的以"须弥山/Sumeru"为中心，四圣山为"四卫"）。它的本质是宇宙的四分。

在布局上，它的主要特征是四方形，中间有图像（例如莲花）或文字。有时还有"四向"的意构，形成类"亚"形。例如不列颠图书馆珍藏的一件敦煌藏经洞发现的唐代《随求尊位曼荼罗》（参见第290页，图 9-19），略去其细节和文字，基本图形便是类"亚"形之内的方框，中圆，圆形里是巨大的莲花——而莲花跟所谓"莲脐"同属宇宙中心之象征。② 这跟外方内圆，并且套着亚形的汉代"明堂—璧雍"建筑格局简直是太相像了。

---

① 参见弘学：《佛教图像说》，巴蜀书社 1999 年版，第 494 页。
② 参见萧兵：《中庸的文化省察——一个字的思想史》，湖北人民出版社 1997 年版，第五章"世界脐"。

图6-3　唐代《陀罗尼经咒图》

（敦煌千佛洞发现，参见《中国美术全集》唐代绘画卷第16图）

它的中央为佛像，四周是经咒，外廓有十八幅法物图或吉祥物图。

还有更详尽的"曼荼罗星象图"。例如法隆寺《星曼荼罗》，"是根据唐一行撰述的《梵天火罗》，参照其他《千手千眼观世音菩萨大悲心陀罗尼》、《千光眼观自在菩萨秘密法经》、《千手观音造次第仪轨》等经而画的"①。它却是圆形的，模拟天空，跟前举中国星图可比，与方形、类亚形"曼荼罗"有所不同。

陈遵妫介绍它道：

这个星曼荼罗，纵曲尺约四尺，横约三尺，画成一个直径二尺七寸的圆形；十二宫各画在直径一寸八分的圆形内。图分四层，中央为观音本师弥陀如来；第二层，上部为北斗七星象，

① 陈遵妫：《中国天文学史》（第二册），上海人民出版社1982年版，第398页。

下部为九曜星象；第三层为兽带十二星象；第四层是二十八星象即二十八守护神。①

这里最值得重视的是中央佛像和照临在他的上方的北斗七星。

图6-4　曼荼罗

（藏传佛教文物）

藏传佛教的曼荼罗越来越繁复，但基本仍是中心的方形，外框以圆环。

作为宇宙图式的"曼荼罗"，有时采取现实化的形式：天文图。如同中土标志四方（四时）的四灵或四神，"佛典也有四禽，它以龙、龟、虎或狮子、孔雀为佛道守护的灵物。在祭北斗七星（引案：它也是所谓'中心象征'）的曼荼罗上，于东、北、西、南四方位，绘着龙、龟、虎、凤以为法；在棺椁或放置棺椁的石室的四方，也画着四禽，以正死者归宿北方极荫的方位，同时举行四禽永久镇护死者遗骸的法式"②。这就

① 陈遵妫：《中国天文学史》（第二册），上海人民出版社1982年版，第398页。
② 陈遵妫：《中国天文学史》（第二册），上海人民出版社1982年版，第394—395页。

跟殷商王侯静卧在亚形墓室中央同样，归宿北极也就是进入"宇宙中心"而处，不但四灵呵护，"主体"也能占据中枢，君临四方，交际天人。"亚"形跟曼荼罗一样成为冥土/人间/天堂交流的"通道"。

这是高度简约的天象图，跟中国的"四神图"同一性质（我们在"五行、四方及其中央"章已经介绍过从战国到西汉的"四神——二十八宿"天象图了）。

那么，"中心"是什么？或者说，由什么来标识？

是"腹脐"（世界脐），是"莲花"（莲花可与腹脐、阴门换位），是大佛（太阳王），是太阳，是须弥山，是"北极星"，是"经轮"或"法轮"……

中心佛像或象征太阳，或兼摄北斗。正如陈遵妫所说："佛教把天体看做神即天神。佛典称二十八宿诸大王是观音的变身；盖以一法身呈现二十五菩萨——五百菩萨，所以把辰曜即天体看成天神。"[1]

北极星、太阳都曾被视为"天中"，亦即"宇宙中心"。曼荼罗的"中心"也是世界性中心象征符号系统的有机组成。然而，跟曼荼罗本身一样，其象征也是多样的（当然最终仍能整合为"中心"）。

埃利亚德（Mircea Eliade）说，"曼荼罗"有几重紧密联系的含义：圆，围绕物；中心，世界中心；天堂（乐园）；众神居住或显现的处所。

他说：

> 密教礼拜仪式特有的一种仪式要求建筑曼陀罗。……事实上，它是一个相当复杂的图案，包含一个圆边和一个或几个包围着一个分为四个三角形的正方形的同心圆；在每个三角形的中心以及曼陀罗本身的中心，是另一些圆，内含神的形象或它们的象征。[2]

---

[1] 陈遵妫：《中国天文学史》（第二册），上海人民出版社1982年版，第395、398页。

[2] ［法］米尔恰·以利亚德：《不死与自由——瑜伽实践的西方阐释》，武锡申译，中国致公出版社2001年版，第244页。

简要地说，它是宇宙符号，包含着宇宙的几何形体化。

在制作与仪式运作上，"它被认同为超越的层面。这已表明了曼陀罗的时空象征——信徒将进入一个理想的、超宇宙的层面"①，所以它又是"天堂"，或内在超越性的"乐园"（Paradise）。

梵·弗朗兹在《个体化的过程》中说：

> 在许多绘画中，"伟大的人"（引案：创世者——宇宙人）出现在被分成四部分的圆圈中心。荣格用印度语"曼陀罗"（魔圈）来表示这种序列的结构，而这个结构乃是人类心灵的"核心原子"——人们并不知道它的本质——象征性描述。②

曼荼罗中心可以是创造世界的"造物主"，也可以是他创造的世界的核心：太阳，圆，或者八角星（八瓣莲花）。阿·札菲说："在印度和远东的视觉艺术中，四或八束光线的圆，是宗教意象的普通模式，并用作为冥思的手段"③。这可以是圆，也可以是圆形世界（当然也可以像"方地"那样被四等分、八等分或九等分的方形宇宙：Mandala）。"宇宙人"佛陀就诞生在这或圆或方的世界之"中"。"在他出生之际，有朵莲花（引案：同时象征女阴／产门）从地上升起，他步入莲花之中，环视空间的十个方向。此时，莲花放射出八束光芒；佛陀也上下巡视，合成十个方向）。"④ 八道光芒自然可以是莲花八瓣，这就把曼荼罗与八瓣莲花、八角星有机联系了起来。

---

① ［法］米尔恰·以利亚德：《不死与自由——瑜伽实践的西方阐释》，武锡申译，中国致公出版社 2001 年版，第 248 页。
② ［瑞士］卡尔·荣格等：《人类及其象征》，张举文、荣文库译，辽宁教育出版社 1988 年版，第 189 页。
③ ［瑞士］卡尔·荣格等：《人类及其象征》，张举文、荣文库译，辽宁教育出版社 1988 年版，第 220 页。
④ ［瑞士］卡尔·荣格等：《人类及其象征》，张举文、荣文库译，辽宁教育出版社 1988 年版，第 220 页。

图6-5　指向四面八方的曼荼罗

（西藏唐卡，右附龙口里的"经轮"）

有的曼荼罗，中心层层叠叠，用类十字划出"四向"，再用佛像指示"八方"，看起来像经轮式的构造。

曼荼罗的一种"改型"如♣，实际如同明堂的"亚"形布局。深入地说，亚形明堂、亚形曼荼罗跟"十"字文化符号群的✳形并无二致。

靳之林认为，无论是甲金文里的"亚"形，抑或四出羡道大墓的布局，都是"按照这个以我为中心的'♣'形通神结构"而安排的。周王城"仍然是四正四维空间定位观念的应用和发展"，而且是"遵循伏羲作卦而文王演卦的周代八卦观念的建筑格局"。[1]他同样注意到汉西安南郊的礼制建筑，跟完整的明堂同样，"严格地按照天圆地方、四正四维、八方八位、太阳'十'字交叉中心与祖先神和天一、太乙生命之神相通的观念建筑布局"[2]。吉德祎《四方之轴》也早提及此。

靳氏强调的是它们的"通神"结构和功能。但说到底，无论是仪式行为还是仪式布置，本质上都是为了"通天"，交际天人，沟通民神。"亚"形或"明堂"，无疑寓含着中心象征或其构造；"十"字布局，靳之林与我们，与叶舒宪、何新等一样，都认为是"太阳"符号。后世许多礼制（例如天坛）乃至四合院之类民居，也暗含类似的构造或观念。可惜学者间交流与沟通太少了。

---

① 靳之林：《生命之树与中国民间民俗艺术》，广西师范大学出版社2001年版，第231—232页。

② 靳之林：《生命之树与中国民间民俗艺术》，广西师范大学出版社2001年版，第233页。

中心佛像，或说也是大梵天的一种变体，象征着太阳。它高踞宇宙中心，有如"太一"。"不论圆象征出现在原始人的太阳崇拜还是现代宗教里，在神话或梦里，在西藏僧侣绘制的'曼陀罗'或城市平面图里，以及在早期天文学的天体概念里等等，它总是指出生命最重要的方面——根本的统一。"[①]

同样重要的是"中心象征"与"四方"的关系。"在印度和远东的视觉艺术中，四或八束光线的圆，是宗教意象的普遍模式，并用作为冥思的手段"，所以"坛坊/曼荼罗"的"四分法"或中心圆与四向的构图"代表了宇宙与神圣力量之间的联系"。[②]

特别是它还标出这"坛坊"的四向之"门"（或通道），只是其"定位"与中土之传统相异，是下东、上西、左北、右南。

西方

北方　中央　南方

东方

又，敦煌千佛洞还发现唐代的《陀罗尼经咒图》（图6-3），跟《楚帛书》也颇为接近，希望学术界予以重视。它的中央是趺坐在莲瓣上的多臂佛像，似乎也是"中心象征"；四周框以经咒文字，其外廓是十八幅法物或吉祥图案——这显然也是一种宇宙图式，基本上是"中央"统摄四方。

这样，如图齐所说，曼荼罗就成为一种"宇宙图"（cosmic grammara），它跟"原始八卦"一样，绝不仅仅是指示（四向）空间，而且还把握时间，反映太阳或宇宙的运转。"一个依据一种基本的原理而衰亡，并围绕着一个轴心——苏默鲁山（引案：Sumeru是世界的轴心，上接苍天，下通神地）而旋转的过程"[③]。这些，不但在印度，而且在中国

① ［瑞士］卡尔·荣格等：《人类及其象征》，张举文、荣文库译，辽宁教育出版社1988年版，第219—220页。

② ［瑞士］卡尔·荣格等：《人类及其象征》，张举文、荣文库译，辽宁教育出版社1988年版，第220—221页。

③ ［意］图齐：《图案形宇宙图的理论与实践》，莱德公司1961年版，第23页；见尹锡康、周发祥主编：《楚辞资料海外编》，湖北人民出版社1986年版，第186页。

的亚形庙室，在伊朗的京都或皇宫图里都可以找到对应物。

所以，"曼荼罗"就是印度式"明堂图""玄（旋）宫图"。

而印度，恰恰也有跟"明堂"结构一模一样的"亚"形神庙布局。

藏文 Bum 是一种瓶状容器所生发的曼荼罗——极乐世界。"瓶生"能够召神，曼荼罗也能无限增殖。

> 这一类的静修可以导致曼答辣（曼荼罗）的真正增殖，即当静修者本人以不同形式出现和显现（如像大日如来那样）并从其如此变化的本身中出现一批无尽的神，然后再重新吸收于其内；或者是当神秘修习者从无限的空间召来无数的佛陀时，以便从他们中获得奥义的灌顶，然后又将他们重新送回到被此定为其自心的空间。[①]

所以，曼荼罗又是一种生命符号。它的中心的莲花即"宇宙脐"，是绵绵不绝的"谷神/玄牝"，能够——通过静修或幻觉——繁生无数的"佛"，而后又凝聚于自我和思维。它的时空观是以有限展示着无限，又让无限凝集于有限。

关于曼荼罗的来源，胡梅尔（S.Humel）认为，其母型，可能产生于西藏，"更确切地说，是和西藏西部地区的巨石建筑相联系的"[②]。

图齐（G.Tucci）认为，古代近东（以及伊朗）的宇宙模式观念更为古老，它后来传到印度，也许通过"苯"（Bon）传到了西藏，而在"曼荼罗"里模式化，并且理想化。[③]

卡罗扬诺夫说，"用内接矩形表示空间的方法是藏族宇宙模式观点

197

[①] ［意］图齐、［德］海西希：《西藏和蒙古的宗教》，耿昇译，天津古籍出版社 1989 年版，第 130 页。

[②] 参见［苏］斯塔尼米尔·卡罗扬诺夫：《伊朗与西藏——对西藏苯教的考察》，冯晓平译，见《国外藏学研究译文集》（第十一辑），西藏人民出版社 1994 年版，第 134 页。

[③] 参见［意］图齐、［德］海西希：《西藏和蒙古的宗教》，耿昇译，天津古籍出版社 1989 年版，第 75—82 页；参见《国外藏学研究译文集》（第十一辑），西藏人民出版社 1994 年版，第 134 页。

的特征，它反映了一个更为常见、更为普遍的关于宇宙天地四方平面模式的观念"；但这不是西藏所独有的。印度和中国西藏都有这种图像和图像崇拜，而且应该注意塞种人的类似观念。B.A. 列特文斯基在东帕米尔属于"伊朗（或塞种）文化"创造者的墓葬群落里发现一个公元前8—前6世纪的铜牌，上有极似苯教"香巴拉"的图形，"即各个角连成对角线的内接方形"①。

印度教、佛教还有体现语言文字神秘力量的六字（或五字）真言。语言神秘或"巫音"集中为"唵"（ôm）。

图6-6　"六字真言"的"唵（ôm）"声

"唵"的性质本是敬语助词，意指"但愿如此"，相当于基督教的"阿门"（āmēn）。它是"梵"（Brahmān）的标识。

《"唵"声奥义书》（Māṇḍūkya）说：

唵！此声，此宇宙万有也。其说如次：

凡过去者，现在者，未来者，此一切皆唯是唵声。

---

① 参见［苏］斯塔尼米尔·卡罗扬诺夫：《伊朗与西藏——对西藏苯教的考察》，冯晓平译，见《国外藏学研究译文集》（第十一辑），西藏人民出版社1994年版，第134—135页。

其余凡超此三时者，此皆亦唯是唵声。①

这是将宇宙音声化或语词化。

> 称梵为神秘的"唵"音，
> 专心致志地将我思忆……②

它后来被借用为佛教密宗六字真言的第一字。藏文写为𑖌。
此一语被分为五字。

五诀：○　⌣　⌣　3　3∨
五方：东　北　西　南　中
五色：白　绿　红　蓝　黄
五宝：雍仲　经轮　莲花　"仁琦"　"帝唯浸"

又回归为类"五行"。

如上，印度的"五大"（mahabhūtāni）是：地，水，火，风，空。

西藏苯教的一种宇宙起源故事说，南喀东丹却松国王拥有五种"本原物质"，法师赤杰曲巴将其集中置入其体内，轻声说"哈"，"风"就以光轮的形式，吹动并旋转出了"火"；风火相生，冷热冲撞，产生了"露珠"（水）；其上产生微粒，为风吹落，堆积成"山"（地）——于是形成世界。③这又是一种"语言创世"，就像耶和华说"要有光"，就有了光。④

西藏的原始宗教苯教（Bon）并不单纯，从"四大"与"五行"观考察，已经渗进许多藏传佛教的因素，由此可以反溯佛教的一些观念。

---

① 《五十奥义书》（修订本），徐梵澄译，中国社会科学出版社1995年版，第131页。
② 《薄伽梵歌》，张保胜译，中国社会科学出版社1989年版，第97页。
③ 丹珠昂奔：《藏族神灵论》，中国社会科学出版社1990年版，第75页。
④ 参见萧兵：《语言创造世界》，《中国文化与世界》（第6辑），上海外语教育出版社1998年版。

经过多次整理的西藏苯教经典《什巴卓甫》（Srid-paimdzod-ph·ug）讲述了宇宙与"五行"的起源。据噶尔梅的概述是：

很早很早以前，南喀东单却松王拥有五种本原物质。赤杰曲巴法师从他那里把它们收集起来，放在自己的体内……

这似乎想说，"五大要素"先天地存有于人体，或者说人体基本也由这宇宙的五种物质构成，然后是由元语词——"哈"或"唵"催生——〔他〕"轻声默念，'哈'，由此产生了风"。语言创造了世界，其介质是"风"，风就是气。

"当风以光轮的形式飞快旋转之时就产生了火。"原气就是团旋着的混沌，微粒状弥漫物质在宇宙诞生之前于黑暗中飞转、碰撞，终于击发出"光"或"光轮"——混沌裂出"光明"并转换生成为"太阳"。它是热炽的、可见的，是猛烈燃烧的"气"——火，"风吹得愈猛，火烧得愈旺"。就好像黑暗爆裂出光明一样，火也产生了二元性的变化。"热火和冷风"相融汇，相冲突（因为"原气"本质是黑暗，并且蕴藏着寒冷），产生了"露珠"：水。"在露珠上出现了微粒（土？）。这些微粒被风搅起，在天上飞来飞去，堆积成山（地）。"风是原动力，无时不在，无处不有，本质上仍是"气原论"。——世界就是这样由赤杰曲巴法师创造出来的（他的别名叫作恩卓杰波，mNgon-rdzogs rgyal-po）。接着才出现"宇宙卵"（cosmic egg）。

从5种本原物质中又产生出一个光卵和一个黑卵（引案：似乎对应着混沌的明暗二元）。光卵呈立方形，大如牦牛；黑卵呈锥形，大如公牛。法师用一个光轮敲击光卵，轮卵的碰撞产生出光，散布在天空，形成了托塞神（'Thor-gsas，散射神），光线下射产生了达塞神（mDa'-gsas）。

人间性的主神由是诞生，二元对立冲突也从此开始。

200

什巴桑波奔赤（Srid-pa sangs-po'bum-khri）从卵心中出现，他是个白人，长着青绿色的头发。他是现实世界之王。格巴梅本那波（bskal-pa med-'bum nag nag-po，他是赤杰曲巴法师的对手）让黑卵在黑色王国里爆炸，黑光升腾，产生了愚昧和迷惘；黑光下射，产生了迟钝和疯狂。从黑卵中心跳出一个满身黑光的人，叫门巴塞敦那波（Mun-pa zer-ldan nag-pa），是虚幻世界之王。他们分别是神和恶魔的法师。

水或海洋与风结合产生女性，她们与男性一起生育万物。

露珠和雨也从这5种本原物质中产生，形成了海洋。当风吹海面时，一个篷状形气泡跳到蓝色光卵的表面。当它破碎之后，出现了一个青蓝色的女人。桑波奔赤给她取名为曲坚木杰谟（Chu-kam rgyal-mo）。他们没有点头，也没有触鼻就结合了，生下了野兽、畜类和鸟类。他们低下头，互触鼻子结合了，生下了9个兄弟9个姐妹。[①]

从以上"本原物质"等等，联系着"五诀""五色"与"五宝"，又建构出苯教五神：

东方 O 诀	白色	象征雍仲卍	建萨哇绒浸神
北方 ∪ 诀	绿色	象征经轮	建甲拉给齐神
西方 ∪ 诀	红色	象征莲花	建几巴鄂米神
南方 ℥ 诀	蓝色	象征"仁琦"	建鄂勿登格里之神
中央 ℥∨ 诀	黄色	象征西方圣地"帝唯浸"之门	建公斯纳卡巴之神

---

① 以上引文俱见［英］桑木旦·G.噶尔梅：《概述苯教的历史及教义》，向红笳译，见《国外藏学研究译文集》（第十一辑），西藏人民出版社1994年版，第89—90页。

兹依马长寿图示如下。①这就是"藏密"的五行图。

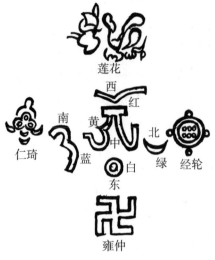

图6-7 "藏密"的五行图

（据《钵教源流》编绘）

这个藏传佛教密宗的《五行图》是与西藏本土原始宗教的信仰与故事建构出来的（为便对照，本图复见）。

西藏西部的一个宇宙起源故事，保存在苯教教义"空"的演变历程中。其第三时是"照亮了冈底斯山之雪和玛法木错湖之水的光芒"。第四时即"自然五行"的形成，"这五行活动于宇宙的范围内"。第五时是"多尔（漏）"时，"这就是说五行各以其特征而活动"②。这跟藏传教密宗的"五神""五方"等的划分是基本一致的，只是它用"时间"的概念来表述而已。

波斯创世神话深受印度影响。琐罗亚斯德教以"光"（太阳）为本源，"创造尘世万物之前，霍尔莫兹德（大神）先以'漫无边际的光源'造出熊熊燃烧的火焰，再以熊熊之火造出形如十五岁青年的大气，继则

① 参见马长寿：《钵教源流》，见陶长松、季垣垣、魏治臻等编：《藏事论文选·宗教集》（上），西藏人民出版社1985年版，第153—154页。

② ［意］图齐、［德］海西希：《西藏和蒙古的宗教》，耿昇译，天津古籍出版社1989年版，第274—285页。

以大气造出液态的水，最后用水造出土壤"①，这"四大"造出以后才创生万物。其顺序是：

[光] —→ 火 —→ 气 —→ 水 —→ 土

兄弟民族"四大""五行"及符号系统

作为"四神—四灵"崇拜的孑余，中国北方（活动于北京郊区等处）有一种"四大门"教——"具体"及此，就像印第安人有"四方风教"一样。似属萨满教的分支。

秋浦据李慰祖撰写的《四大门》（燕京大学，1941年刊本）介绍，"四大门"又称"四大家"，崇拜四种动物：

狐狸　　　黄鼠狼　　　刺猬　　　　蛇
（胡门）　（黄门）　　（白门）　　（常门）

人们把这四种动物冠以人的姓氏（如上，则为胡、黄、白、常；也许别有秘义）。……有些地方把老鼠（"灰门"）也加进去，称"五大门"。②也许为了与"五行"相应。

胡与狐同音。黄、灰是鼠狼与鼠之色。

"常"也许采其常见，但更像与"长虫"之"长"同音，而有所讳隐。

　　人们认为这四种动物都是有灵性的，每家家道生业的兴衰、家宅的平安与凶逆等，皆在于四大仙家的意志。……平时人们力避冒犯它们，如果无意间碰见，得讲几句祝愿话，放其过去。也立下一些禁忌，诸如不能在院宅里随便泼水、小便等，特别是有

---

① 元文琪：《二元神论：古波斯宗教神话研究》，中国社会科学出版社1997年版，第228页。
② 秋浦：《萨满教研究》，上海人民出版社1985年版，第133页。

月经在身的妇女，处处回避，否则便认为冲着仙家，会招来灾祸。①

之所以选中这四种动物，是因为家居习见，它们又行踪诡秘，习性古怪，大多对人畜有所危害，还"把自己变化莫测、无从掌握的命运和它们的一些习性联系起来进而加以崇拜"②。这既典型又古老，不妨与各族四大、五行对照。

南方兄弟民族，除了纳西族外，彝族的类"五行"观念比较成熟。

彝族创世史诗《尼苏夺节》里，诺谷小龙用泥巴塑成五个天神，管理天上五方：

东：红天宫

南：白天宫

西：黑天宫

北：绿天宫

中：[？]天宫（总管）③

彝族八卦图里，四方配色为：

东：绿

西：白

南：红

北：黑

跟华夏－汉族一致。讲述祖神源流的《裴妥梅妮》第二十七篇《梅日格》说，"鸟儿飞四方，天地分四极"，四方配色如上。彝族尚黑，

---

① 秋浦：《萨满教研究》，上海人民出版社 1985 年版，第 133 页。

② 秋浦：《萨满教研究》，上海人民出版社 1985 年版，第 134 页。

③ 参见云南省少数民族古籍整理出版规划办公室编：《尼苏夺节》，孔昀、李宝庆整理，云南民族出版社 1985 年版，第 3 页。

认为死后魂归黑色的北方："你今已亡故，顺着黑色路，看着勒尼木，朝着北方去，寻找祖先魂。"[①]这跟华夏－汉族以北为"幽都"，印度"曼荼罗"里北方为死者之居都有些相似，但彝族并不以"黑"为不吉。

彝族的"四方神"及其配色，天上地下，仙神女男，十分繁复，尤其跟"彝族八卦"（或"十方八卦"）联系起来的时候。仅举一例。在引魂书《梅维节》里，"天地四八方/各方有神主"——各具一色的女神。

东：绿色神——祖赛嫫
南：红色仙——番赛嫫
西：白色神——添赛嫫
北：黑色仙——格赛嫫[②]

四仙女互相配合，"造好了万物"。据说，"这与彝族哲学清浊为本，阴阳为条件，红绿为表现形式的观念有关"[③]。

彝族支系阿细人史诗里四方配色大致是：

东：红——红云：红雨——红龙
西：黑——黑云：黑雨——黑龙
南：黄——黄云：黄雨——黄龙
北：白——白云：白雨——白龙[④]

天上的金银龙神在日出、日落、星升、星落时分别派出黑、黄、红、白龙，

① 杨家福：《裴妥梅妮——苏颇（祖神源流）》，罗希吾戈、师有福、阿者倮濮译注，云南民族出版社1988年版，第100页。
② 参见杨家福：《裴妥梅妮——苏颇（祖神源流）》，罗希吾戈、师有福、阿者倮濮译注，云南民族出版社1988年版，第115页。
③ 杨家福：《裴妥梅妮——苏颇（祖神源流）》，罗希吾戈、师有福、阿者倮濮译注，云南民族出版社1988年版，第115页。
④ 参见云南省民族民间文学红河调查队：《阿细的先基》，云南人民出版社1978年版，第50页。

天上的安渣神则在四方布置四色云/雨，大雨下了十三天十三夜，洪水泛滥，灭绝人类。[①] 看来这四色雨是由四色龙降下的，虽然史诗没有明确记载。

楚雄彝族史诗《洪水泛滥》里，只说四条龙堵了四条河并且打起了架，于是，"云彩呈四色"：

东（日出方）：绿（云）

西（日落方）：白（云）

南：　　　　　红（云）

北：　　　　　黑（云）

接着，"四方都下雨/洪水漫齐天"[②]。

江城彝族《洪水连天》里，龙分五色（方位不明）：

青/红/黄/黑/白

"五龙齐腾跃"，"大地成汪洋"。[③]

峨山彝族《洪水滔天史》，出现守海边的九头绿龙，守海尾的八尾红龙，但又说水神"指使四条龙/守住四海口"[④]。其他二龙色泽不明。

在彝族创世史诗《尼苏夺节》里，天神陈古子，为处罚人类，"宇宙镇脚处，放开四条龙"，"带四阵风雨，天空四处飞"[⑤]，没有写出方位/色泽。但是守卫天宫的五天官，则是：

---

① 参见云南省民族民间文学红河调查队：《阿细的先基》，云南人民出版社 1978 年版，第 50 页。

② 云南省少数民族古籍整理出版规划办公室：《洪水泛滥》，云南民族出版社 1987 年版，第 10 页。

③ 云南省少数民族古籍整理出版规划办公室：《洪水泛滥》，云南民族出版社 1987 年版，第 33 页。

④ 云南省少数民族古籍整理出版规划办公室：《洪水泛滥》，云南民族出版社 1987 年版，第 41 页。

⑤ 云南省少数民族古籍整理出版规划办公室编：《尼苏夺节》，孔昀、李宝庆整理，云南民族出版社 1985 年版，第 17 页。

东：红／南：白／西：黑／北：绿／中（？）[①]

看来，在彝族八卦等较成熟的观念里，方色配置比较严整，跟中原"五行"一致，不排除受华夏－汉族的影响；其他则随机性较大，并没有发展得成熟、完备，却可以由其看出最初分类的情状。

彝文《祛鬼祓妖经》里有凉山彝族方位与色泽的特殊配置。例如：

> 彼其三魔者，寄居东方白云间，其一驾白云，周身著白装，随带白色犬，来自东方白云层，驱则使返东方白云间。[②]

其他如第四魔"寄居西方黄云间"，等等，或有紊乱，但大体明白而一致。摩瑟磁火将其归纳为：

他说，这种"方位—色彩"观念影响到彝族生活的方方面面。例如，"许多部族名称也与色彩相关"[③]。但既然是八位"魔"寄居不同方位和云彩之中，就说明他们是某方的代表者、占据者或保卫者。

纳西族祭天坛场竖有五棵神木。与"五木"对应的有五天柱与"五色（方）龙"。

---

① 云南省少数民族古籍整理出版规划办公室编：《尼苏夺节》，孔昀、李宝庆整理，云南民族出版社1985年版，第3页。

② 摩瑟磁火：《彝文文献〈祛鬼祓妖经〉整理翻译札祀》，见中央民族学院彝文文献编译室编：《彝文文献研究》，中央民族学院出版社1993年版，第175页。

③ 参见陈英：《论彝族先民的"五色观"》，载《贵州民族学院学报》（社会科学版）1990年第4期。

美国学者洛克介绍说，纳西族有类似于"龙"的"那伽"（梵文 Naga，或译为龙），那伽族有区域性的"署"（^{7}Ssu），这种那伽（类龙神物）"分别具有所居区域的不同颜色，如东方为白色，南方为绿色，西方为黑红或铜红色，北方为黄色，天地之间的区域（案即'中'）为斑杂色"①。这当然受华夏-汉族五行思想的影响，但又颇具特色。"这些'署'都与龙（lu，读鲁）有联系，龙也和他们一样有区域性的颜色。"② 中央为斑杂色，大概是吸收了四方诸色的缘故吧。

纳西族《创世纪》里以不同质料的"（撑）天柱"取代了五色树。③

北方
黄金柱

中央
西方 　　大铁柱 　　　**东方**
墨珠柱 　　　（白） 　　　白螺柱

南方
碧玉柱

"白螺柱"或作"白海螺天柱"，"碧玉柱"或作"绿松石（柱）"，"墨珠柱"或作"黑玉（柱）"，撑天"大铁柱"或注明为"白"色的。④

说到用"五木"标识四方与中央，当然会想起前文介绍的《楚帛书》。它用四或五种色泽各异的（神圣）树木与时空配搭。

① ［美］洛克：《论纳西人的"那伽"崇拜仪式——兼谈纳西宗教的历史背景和文字》，见白庚胜、杨福泉编译：《国际东巴文化研究集粹》，云南人民出版社 1993 年版，第 64 页。
② ［美］洛克：《论纳西人的那伽崇拜仪式——兼谈纳西宗教的历史背景和文字》，见白庚胜、杨福泉编译：《国际东巴文化研究集粹》，云南人民出版社 1993 年版，第 64 页。
③ 参见云南省民族民间文学丽江调查队：《创世纪：纳西族民间史诗》，云南人民出版社 1978 年版，第 6 页。
④ 参见中国哲学史学会云南省分会：《云南少数民族哲学、社会思想资料选辑》（第一辑），1981 年版，第 27 页；中共丽江地委宣传部编选：《纳西族民间故事选》，上海文艺出版社 1981 年版，第 41 页。

	东：春 / 南：夏 / 西：秋 / 北：冬 / 中：季夏

	东：春	南：夏	西：秋	北：冬	中：季夏
《帛书》文字	青木	赤木	白木	墨木	黄木
《帛书》图像	青树	赤树	白树	黑树	

图像里没有"黄木"，中央的位置为"神圣文字"（呈凵冂形"牛耕体"，如"太极图"般体现宇宙生命的永久循环）。

同样的，《淮南子》里昆仑区（象征天地）的五方五色树也以甶形表示如下，以便与《楚帛书》对照。

在所谓彝族"八卦图"里，五方之神（名）各有名称，但其日时方色和"元素"显然已受华夏－汉族的影响，却又有自己的特色。

东：甲乙——木——能莫兹之地（日出处）

南：丙丁——火——乃莫方之地

西：庚辛——金——捏莫格之地

北：壬癸——水——图莫铁之地

中：戊己——土——黄帝之土[1]

---

[1] 参见李世忠、方贵生、列布：《彝族八卦图简介》，见楚雄彝族文化研究所：《彝族文化研究文集》，云南人民出版社 1985 年版，第 366 页。

古代美洲的"四方"与"四色"

古代美洲人对于世界构造模式的推想跟印度人、中国人十分相似。"四鸟"最有代表性。我们在相关章节里已不避重复地做了简介。较成熟者，例如，在托尔特克人的观念里——

　　大地为一硕大无朋之盘，位于宇宙的中央，向纵、横两个方向扩延。天地四周，为漫无涯际的瀛海（宇宙海）；整个宇宙也"为瀛海所弥漫"。大地以及漫无涯际的瀛海分为四扇形或四部分；它们始于宇宙的中央，向水天相接处伸延，故有所谓"天水"之称。[①]

宇宙被四分，一"方"代表一个"世界"，并且各自被赋予一种颜色。

东　方	北　方	西　方	南　方
日出之域 （光明与丰饶之境）	冥世	太阳所居	太阳轨道左面 （遍布芒刺之地）
白色	白色	红色	灰色

而美洲最典型的五方 - 五色树配置，见于玛雅文化，四方某色树各有一位雨神（恰克）占据。中央"绿树区"又构成萨满式三层世界：上层为"天堂"，为伊什塔布大神所居，俨若黄帝居中，控制着四方四帝；下层为地狱，有冥府之神把守。[②]

整个呈准"亚"形布局，又与《淮南子·地形训》昆仑"五方色树"的布置基本一致。现加田形框套图示如下，以清理路。且请与前举《楚帛书》《淮南子》和纳西族的"五色树"相比照。

---

① ［美］塞·诺·克雷默：《世界古代神话》，魏庆征译，华夏出版社1989年版，第422页。
② 参见［美］A.B.叶菲莫夫，C.A.托卡列夫：《拉丁美洲各族人民》，李毅夫、陈观胜、周为铮等译，生活·读书·新知三联书店1978年版，第83页。

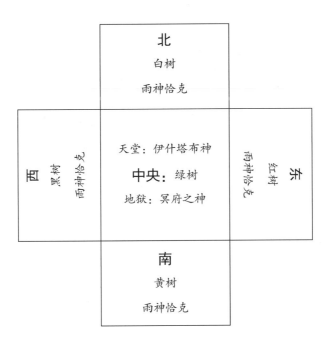

实际上，这已是"方明"式的六方（乃至七方），像祖尼人的划分，只是还未标明。

它不仅有"四方"，而且具"八面"，这"八面"也由植物或其他神物来代表。如果加上中央大神，那就是美洲式的"九宫"。

列维 – 斯特劳斯说，"四"是由"连续的二分法"展开的，在印第安波尼人季节祭典的棚屋构造里看得很清楚：南／北是对列的、二元的，展开为"四隅"（西南／东南／东北／西北）；与季节的二分"夏／冬"（在中国是"春／秋"）相对应（合并为一"年"，展开为四"季"）；"四隅"分别用四种颜色的"树／柱"来代表。列维–斯特劳斯为其图解如下。①

$$
\text{空间}\left\{
\begin{array}{l}
白杨树\cdots\cdots\ 白色\cdots\cdots西南 \\
美洲枫树\cdots\cdots红色\cdots\cdots东南
\end{array}\right\}南\cdots\cdots夏 \\
\left.\begin{array}{l}
榆\ \ 树\cdots\cdots\ 黑色\cdots\cdots东北 \\
柳\ \ 树\cdots\cdots\ 黄色\cdots\cdots西北
\end{array}\right\}北\cdots\cdots冬
$$

宇宙"四分"的标识很多，或以山，或以水，或以树，或以某种物

① ［法］列维 – 斯特劳斯：《野性的思维》，李幼蒸译，商务印书馆 1987 年版，第 159 页。

图6-8　美洲的"四分"世界与"四方"神树
（密克特克斯文化）

　　这幅"方位－季节"图，四方都有神树，且有神卫护；四方及其神物，都由"中央"大神所控驭。

质元素。较早期，是标识以神名，例如上举，以某区为某神的"领地"，或者仅仅以色泽表示。作为其"降格"，就是某种神物，尤其是神圣动物对于"四区"的捍卫。

　　中国人最熟悉的是后起的"四神""四灵"或"四兽"（最有名的当然是青龙、白虎、朱雀、玄武），考释已经很多，较早期的则是"方形"丘墟台坛的保卫者。

　　"昆仑"的基座是方形的，守卫者是开明兽（太阳神虎），九首开明守卫着昆仑九井或九门，就好像格里芬守卫黄金或圣地（详见《山海经的文化寻踪》）。

　　更"标准"的就是——

　　　　帝颛顼"鲋鱼之山"：四蛇卫之（《山海经·海内东经》）
　　　　穷山"轩辕方丘"：四蛇相绕（《山海经·海外西经》）

　　我们曾经举出，墨西哥尤坦卡半岛上，雨神兼太阳神库库尔坎（kukulcan）金字塔，也有巨大的神蛇盘屈守护，只可惜不是四条。如上所说，美洲"四神"，与"四向"相应，与中国的"四神"或者"四灵"（青龙、朱雀、白虎、玄武）相似，其他则基本上是"天"与"地"的二元结构的分解（"角蛇"也象征大地，但又像中国之"玄武"与"北方神"对位），代表"天"的主要是"三光"，而"主神"高踞于"四方"之上者，却是太阳；所谓"万能之神"（Kinnikasus），则相当于创造无数文化器物的黄帝。四神逐渐被看作中央之神的护卫或扈从。

在印第安苏兹人那里，四色（四方）神是：黑 / 黄 / 紫红 / 蓝。更重要的是，"他们的住宅是朝大地的四方开门的，每一方的门前站着一个卫兵"①，犹如保卫帝坛或神墓之四蛇：

> 东：蝴蝶
> 西：熊
> 南：鹿
> 北：海狸

阿兹特克"太阳石"与《明堂图》

宇宙"四分"图式，比较重要的还有阿兹特克（Aztec）的太阳石。"这块历石直径360厘米，重24吨。它平放在一座'鹰像'前的台座上，雕刻面朝上。""太阳石"的中间部分是四个太阳拱卫着"中央"太阳。

> 阿兹特克人相信，宇宙已经历了四个周期，即是说，宇宙间前后有过四个太阳，相继又消失了，圆盘中央是第五个太阳。中间是太阳神托纳提乌的面部，其上下左右分别刻着一个月二十天的图画文字。整体由两条大蛇构成的环状所围绕。两条蛇的头部在下端。
>
> 历石的缘饰是星星和燧石刀，表示白昼阳光，还有代表天空的雕刻图案。②

---

① ［法］列维 - 布留尔：《原始思维》，丁由译，商务印书馆1981年版，第206页。
② 朱伯雄：《世界美术史》（第二卷），山东美术出版社1988年版，第403页。

图6-9　阿兹特克"太阳石"

（王大有摹本）

它的内圆指向"四方"，但又似乎"兼顾八面"。当中是吐舌的托那蒂乌太阳神——也有视为"世界之脐"者，它是一种"中心象征"。四方分别为：洪水"日"，水"日"，龙"日"，虎"日"（四日名称有异说）。

这种环绕着的"双蛇"多见于美洲古代文物，跟中国的虹形双首蛇虺十分相似，是世界性的"咬尾者/环蛇"（参见《太极图与曲线美》）。

最新研究表明：四个小太阳不仅表示业已消失的"光明"，而且记录着曾经毁灭的四个"时代"。与旧说不同，这四个时代被各自具有的四种强大"力量"所灭亡，从"东"顺时针方向看，分别为：

美洲虎（猛兽毁灭世界和巨人族）

飓风（或"四风"时期；暴风侵袭，人变为猴）

大火（或"四雨"时期，天火灭世）

暴雨（洪水暴发，人化为鱼）

"第五个"时代，将在"四运动"或"四地震"之宗教日灭亡。[1]1519

---

① 参见［美］戴尔·布朗：《灿烂而血腥的阿兹特克文明》，万锋译，华夏出版社2002年版，第3页。

年，"科尔特斯"的到来使这"世界末日"提前到来。[①]每一周期为25年，周而复始。

阿兹特克太阳石中心部分是太阳神托纳蒂乌（Tonatiuh）的头像，正如中国作为太阳的"黄帝""太一"雄踞于"宇宙中心"一样。

这个太阳神圆脸大鼻方口，口吐红舌，长须断发，耳戴环饰。头部上方以⌃形表示太阳光芒。有趣的是，它同时又是"世界脐"或"天脐"——而腹脐是以处于人体"小宇宙"的中点而成为"大宇宙"的中心的，有如中国东方的"天脐"。王大有说，这很像中国南方铜鼓以中心太阳纹为脐，而铜鼓的"脐、芒、晕、晕圈、太阳纹，在阿斯特克太阳石中［也］明晰可辨"[②]。

而如果太阳石之"脐"（太阳神）标志宇宙之"中"的话，那么围绕此"中心太阳"的四个太阳（鸟日、虎日、洪水日、水日；有异称，洪水日或称"土日"）又标志什么呢？恐怕是东、南、西、北四个方向吧。这就跟《明堂图》《玄宫图》《楚帛书》之类颇为相像了。

王大有论述阿兹特克"五太阳"和"五行"配置的情形说：

> 阿斯（兹）特克部落联盟即是以托纳蒂乌太阳神（亦称运动之日，羽蛇神）为中央日神，以风日（扬子鳄为相）、虎日（亦为火日，虎为相）、洪水日（一人操舟为相，亦为水日）、水日（雨神为相，亦为土日）为辅佐日神。阿斯特克众神之城特奥梯华坎的地理分布即如此；阿斯特克文化精英太阳石亦如此，印加王居中，辅以四个"苏尤"，印第安人的"恰克神"（方位神），中绿，东红，西黑，北白，南黄。[③]

他对四个小太阳神性的介绍，跟最近的研究有所不同。

乔治·C.瓦伦特简介这块"太阳石"说：

① ［美］戴尔·布朗：《灿烂而血腥的阿兹特克文明》，万锋译，华夏出版社2002年版，第3页。
② 王大有：《龙凤文化源流》，北京工艺美术出版社1988年版，第254页。
③ 王大有：《龙凤文化源流》，北京工艺美术出版社1988年版，第254页。

日历石高度概括了阿兹特克人的无穷无尽的世界。日历石的中心——太阳神托纳蒂乌的脸盘，代表他们现在的时代；脸盘四周有4个小方框，每个方框表示世界前的四个时代；20个日子的名称环绕着中心圆圈，而这些名称的外围则是一条玉石和绿松石饰带；这不仅给人一种贵重的印象，而且还象征着天空和天空的颜色。这条饰带又带着星辰符号，太阳光线的代表图案穿过其中。[①]

两条巨大的"火蛇"，据说象征"年岁和时间"；它们环绕圆石的外围，在下方"面对面"地连接。这就是阿兹特克的"宏观宇宙"，它以时空交叠的形式反映宇宙及其运动。

太阳神
托纳蒂乌

暴雨（洪水）　　　大火　　　飓风（鳄鱼）　　　美洲虎

图 6-10　阿兹特克"太阳石"中部五方之神（王大有摹本，分解图）

中央为托纳蒂乌"太阳神"，旁边的四个神也代表太阳，所以合称为"五日"。第二行是"四方神"的放大。按旧说，顺序为：洪水日、火日、龙日、虎日。可以与中国的"五方神"做有限度的比较。最近研究表明，这"四方神"又标识曾经毁灭的"时代"。

① ［美］瓦伦特：《阿兹特克文明》，朱伦、徐世澄译，商务印书馆 1999 年版，第 171 页。

近年的研究深入了一步。据戴里·布朗介绍，这绝不仅仅是一种"日历"，还是预示"世界前景"的"指南图"。"它不仅讲述了这个世界的过去，更指出了世界将在何时灭亡。"[1]如上所述，世界具有五个"时代"，第五时代为"四运动"（宗教日）或"地震"时期。但是，不要紧，过去世界"创造—毁灭—再创造"，"现代"虽然"毁灭"，同样会有新的"创造"。旧的不去，新的不来。它们重现的是"生—死—生"的永久循环。

新认知下的阿兹特克"太阳石"的"五日"（五方）之神跟中国的五方神可作比较，其要点大致如下：

阿兹特克四"太阳"			
兽"日"美洲虎形	西方	金	白虎
风"日"龙蛇形（美洲鳄）	东方	木	青龙
火"日"一人操舟形	南方	火	朱雀
水"日"特拉洛克雨神形（似鸟）	北方	水	玄武（龟蛇）

中　国

其中唯"火"日的形象不明朗，跟中国缺乏"对应"。特拉洛克雨神形（水日）有尖喙，似鸟。王大有说，像中国的雷公（公鸡或鸟形），很有见地。但是它不也很像"朱雀"吗？只是一个司火，一个掌水，互倒而已。王说，"一人操舟"，或是以"火"克"水"之神。中国南方洪水神话里跟发动洪水的雷公斗争的英雄（老伏羲）也曾持篙操舟勇闯天关，可惜不知道它与美洲治水英雄有无"血缘"联系。

这里，只是中国的"龟蛇"（玄武）被"失落"了，而"玄武"的造型曾在美洲被发现。

只是兽（虎）、风、火、水毁灭四个"时代"，中国并无此种观念。洪水毁灭人类的传说则是世界性的，中国、美洲也不例外。闻一多说，

---

① ［美］戴里·布朗：《灿烂而血腥的阿兹特克文明》，万锋译，华夏出版社2002年版，第3页。

共工化身是黑龙，相当于南方发动洪水的雷公（见于《淮南子·览冥训》女娲补天故事，所谓"杀黑龙以济冀州"），黑龙按照《墨子·贵义篇》属于北方（杀之于"壬癸"日）；而"玄武"——龟蛇——恰属北方而"黑"。①

　　一般认为，玄武最早形象为"龟"。应该说"玄武"在文献里最早的指涉为"龟"，后来才龟蛇结合，合体为"玄武"。然而共工作为"神"与"官"并化身北方之"黑龙"，其渊源非常古老。

　　洪水之神或治理洪水之神应该是北方的黑龙，可惜"太阳石"上"火"和"雨"的人格化神像的性质不大明白。它们跟中国的"四神"或"四灵"如此相似，实在令人深思。

　　至于中央，阿兹特克处于"天脐"的是托纳蒂乌太阳神，它的化身是有羽毛的巨蛇。

　　中国的中央之神是黄帝。黄帝或写作"皇帝"，即辉煌灿烂的［太阳］神，跟托纳蒂乌–凯察尔柯特尔趋同。他的化身是黄龙，实际上也是巨蛇。

① 参见闻一多：《神话与诗》，古籍出版社 1956 年版，第 48—49 页。

第七章　式盘，博局，规矩纹镜

式盘：测时卜向与占筮

　　中国古代式盘是一种占筮用具，跟八卦有紧密的联系，其记载颇为古老。《老子》（王弼注本第二十二章）："圣人抱一，以为天下式。"屈原《天问》"天式纵横，阳离爰死"，都涉及它。古典解释，如《史记》和唐司马贞《史记索隐》，都揭出它的宇宙象征性质。

　　《史记·日者列传》："分策定卦，旋式定棋。"

　　　　《史记索隐》："式即栻也。旋，转也。栻之形上圜象天，
　　下方法地。用之则转，天纲加地之辰，故云旋式。"

　　古人用以测天文，定势态，占吉凶。"司天文者解释其学说用地盘，日者推占吉凶用天地盘。"[1]李零也指出，占盘可测定星辰之坐标方位。[2]具体操作方法业已失传，大致是通过观测星象与地形地物以"测时卜向"，决定行动的方向、时刻或"战法"，是一种结合实存与玄想的占筮器具。

---

[1] 王振铎：《司南指南针与罗经盘——中国古代有关静磁学知识之发现及发明》，见《科技考古论丛》，文物出版社 1989 年版，第 121 页。
[2] 参见李零：《长沙子弹库战国楚帛书研究》，中华书局 1985 年版，第 36 页。

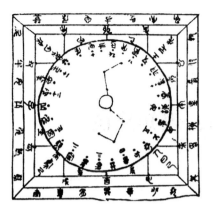

图 7-1　式盘及其结构

（汉代，采自孙机、王振铎等）

　　式盘基本结构有两种：一是大方盘含╋形，中间是可旋转的"圆盘"，北斗七星在中央（左图）；另一种是大方盘上套"圆盘"，刻着指向"四面八方"的米形图案，这不但与"天圆地方"的盖天论图式相关，而且暗含着宇宙"四分"或"八分"的格局（右图）。

　　这样，式盘上刻画着简化了的宇宙图式就是自然而又必然的事情。国外汉学家感触及此，企图用更明白的名称译写式盘。例如：

　　　　Cosmic board（直译"宇宙板"，[美]夏德安）[1]
　　　　Diviner's board（直译"神仕用板"，[英]李约瑟）[2]
　　　　Cosmic model（直译"宇宙模型"，[英]库伦）[3]

　　我们注意到，式盘里含着宇宙"四分"或"天圆地方"的盖天论图式[4]，例如╬形就基本与"明堂"亚形布局一致，有的则与日晷、博局、

① Donald J. Harper，*The Han Cosmic Board*（《汉代天文式盘》），in Early China, No. 4, 1978-1979；参见[英]李约瑟：《中国科学技术史》（第四卷第一分册），科学出版社 1975 年版，第 307 页。

② 参见[英]李约瑟：《中国科学技术史》（第四卷第一分册），科学出版社 1975 年版，第 307 页。

③ C. Cullen, *Some Further Point on SHIH*（《关于式的几个问题》），in Early China, No. 6, 1980-1981；参见[英]李约瑟：《中国科学技术史》（第四卷第一分册），科学出版社 1975 年版，第 307 页。

④ 参见李零：《中国方术考》，人民中国出版社 1993 年版，第 97—99 页。

规矩镜一样，有类亚形基本图案而又带 × 形"指隅"杆，甚至绘上"八卦"或米形图案，表示其指示或规定时空的性质。

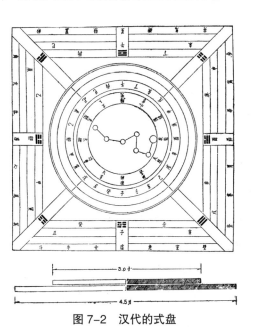

图 7-2　汉代的式盘

（复原图，采自王振铎）

　　式盘本身就企图再现"天圆地方"的盖天论宇宙模式，如《史记索隐》所说。

　　其操作，是在方盘上旋转圆盘，"分策定卦，旋式定棋"，用来测天文，定势态，占吉凶。居"中"的是"北辰/北斗七星"，众星拱之。指向杆上，绘出卦图，强调其与"八卦"联系。

　　前引卡西尔说，相对于纯数学的功能性空间，神话的空间是结构性的。

　　神话思维确定"四向"或"八方"之时，当然要根据一定的自然法则，例如，它同样按照日出、日落来确定方向（夜晚则主要依靠北极星）。然而，就整体而言，它是要建立"宇宙生命"运行规则的同一性。粗浅一些说，就是要就空间、方向来确定自然－社会之间幻想的同一性，即天－人的相应与互动。这就是中国人说的"天人合一"，以及由其主导的"天人互拟"和"天人感应"。

　　整个空间世界以及整个宇宙，似乎是依照一确定的模式构造的，这模式或以放大的尺度或以缩小的尺度对我们展现自身，但不管是大是小，它都是同一的。神话空间的全部关系都基于这种原初的同一性：它们不顾及功效的相似性，而且依附于本质之原初同一性。①

这样，自然在"人为区划"内的运动，天体在"分区"（2/4/8/12……）里的状态、"行为"，都会因这"原初的同一性"，而影响、决定人的生活。这样，就有必要仰赖某些神秘的"工器"，例如八卦九宫图、式盘、博局、"规矩纹镜"等来预测宇宙的"行为"、时空变换对于人类命运与未来的支配。

根据方向来占测事态的进程或结果的凶吉，跟占星术一样，根据的也是这种幻想的"原初同一性"。对于占测来说，"世上每一事件，每一创始以及新的构造，本质上都是幻想；在世界进程中表现出的东西，那居于世界进程背后的东西，是一先定的命运，是存在之统一的规定，它在任何时刻都同一地表明自身"②。

例如，人们在灾害降临之后所受到的伤害，会留下"刻板印象"，认为某种迹象、某种"异变"、某种灾难，都是自然制作的"先定的命运"，预制的祸福，并且形成为"格式"或"惯例"。如加以卜测，并进行贿祭、祈祝、许愿等更加"积极"的措施，就可能会禳解、减轻乃至免除这种种对人类宿命般的责罚。其前提在于预知和占测，未雨绸缪，有备无患，变不知为"知"，化无可奈何为尽力而为，爰有种种的占筮和禳祝。

从理论上说，这是人类试图控制机率，试图以"偶然"对决"必然"，把险恶的"可能性"变成有利的"必然性"，化"消极"为"积极"，对抗天意或命运。虽属"幻想"，却必须一试，人不能在灾难面前束手就缚。

式盘要用来占筮，要模拟并把握自然界的随机运动，要占天象，测时向，察地物，观人文，所以必须"上圜象天，下方法地"，刻制星象气物图案，体现宇宙模式。

---

① ［德］恩斯特·卡西尔：《神话思维》，黄龙保、周振选译，中国社会科学出版社1992年版，第100页。
② ［德］恩斯特·卡西尔：《神话思维》，黄龙保、周振选译，中国社会科学出版社1992年版，第101页。

那么，"鄙俗庸琐"的博局为什么也要象天法地，刻上"规矩纹"（TLV）之类宇宙性符号呢？博弈不仅是一种游戏、一种赌博，更是一种占筮，是一种类似宇宙游历的神圣行为；旋式是旋转式盘，"正棋，盖谓卜以作卦也"，实际上是一种测算宇宙、认知宇宙，乃至重整宇宙、再造宇宙的仪式行为。"博局"与"式盘"有共通之处，二者可以互释：由式盘知道博局能够占筮天文人事的吉凶，而式盘也可以用来博弈、占筮——都是古人要认识自然变化及其"规律"的尝试。

人类必须通过博弈、占筮、测算，来认知、把握宇宙及其随机运动，融入宇宙，参与它的规律性、随机性变化，所谓"参自然之变易，赞天地之化育，预万物之兴替"，才能够不断地更新自我，更新世界，更新天命，更新一切时空的秩序和价值。尽管往往无效，但动机却是"积极"的。

图 7-3　汉四门方镜拓本（采自王振铎）

这种内圆外方的构图当然仍是"盖天论"的遗痕。但是中央那象征圆天的圆形如此巨大，说明它与式盘的联系，那里本来是放置"北斗杓"并让它旋转、指向的。

博局：博弈与生死赌赛

所以，更有趣的是卜筮跟博局的关系。

据李约瑟介绍，法国汉学家沙畹当初看到汉武梁祠石刻上的《博局图》的时候，认为那是在举行一次宴会（宴享图）。劳费尔（Laufer）

和中山平次郎看出，他们是在表演"方术"。李约瑟称之为作法场面，"表示方士正在作法"，并且描写道：

> 背景上一块绘有TLV纹的图板，显然是挂在墙上的。地上放一小桌，似乎是为了表示平放才仔细地画成那个样子，它很可能就是占卜用的盘或"栻"。这个图形包括一个代表大地的方块，方块四周围绕着代表天的旋转圆盘。①

图7-4 六博

（1.河南灵宝出土的汉绿釉博戏陶俑；2.江苏沛县出土的汉代画像石；3.山东滕县西户口出土的汉画像石；4.四川新津出土的汉画像砖）

有些像式盘者，就是《博局图》或《六博图》，右下角是司仪或掌算之"行"；右二人在观战，墙上所悬的式盘可能是博局"展开图"。因为方几上博局"侧视"看不到，所以特地画出来，示意其神圣和重要。一般博局图多是用散点透视法把它画出来的。

六博不单是游戏或赌博，除了确属一种博弈之外，还用来卜筮、测算宇宙及其运动，其图案往往跟式盘、规矩纹铜镜相似，都是宇宙的"简图"。中心图案的卍，跟"巫/卐"、亚形、明堂等趋同。

---

① ［英］李约瑟：《中国科学技术史》（第四卷第一分册），科学出版社1975年版，第306—307页。

那么，"博局"到底是游戏还是占卜？

如李约瑟前引书所说："这样，我们碰到了一种把占卜与游戏相结合的东西。由于它和磁极性的发现有关，以后在物理学一章中我们会了解到它［在科学上］的重要性。"[1]但事情绝不止此。李约瑟点出："［游戏和占卜］这两者在原始社会里实在很难辨别清楚。我们从美洲印第安人的例子看到，游戏是体现神意的占卜的一种形式。"[2]

李零更努力揭示"博局"与"式盘"在占筮"天意"上的共同性。"占筮"本身跟博弈一样多少要依据概率与猜测，二者本质上相通。演算"式盘"同样也是试图让自己的操作跟天象的运作一致，与赌博一样要冒一定风险。

> 博戏，不仅博具本身是模仿式，而且其游戏方法，从投茕（引案：即"琼"）、行棋到计筹似亦脱胎于演式。上文已说，式法占验是一种模拟系统……无非是想以人工模拟的随机组合去再现天道运行的随机组合，本身已包含了某种赌博的心理成分（有点像是"轮盘赌"）。[3]

225

图 7-5　羽人博局图（汉代画像石／砖）

（1. 河南新野出土；2. 江苏铜山台上村出土；3. 四川成都出土）

"六博"主要是一种"博弈"游戏，玩法见于《楚辞·招魂》等，但也用以对天文、地理、人事进行测算、占筮、问卜。原始时期游戏与占筮、赌博难解难分，有时游戏等于玩命。卜筮更能决定人的生死，有一定冒险成分。用游戏来占卜，有些像现代用"叶子戏"算命，以扑克牌占卜一样。

① ［英］李约瑟：《中国科学技术史》（第四卷第一分册），科学出版社 1975 年版，第 308 页。
② ［英］李约瑟：《中国科学技术史》（第四卷第一分册），科学出版社 1975 年版，第 311 页。
③ 李零：《中国方术考》，人民中国出版社 1993 年版，第 162 页。

江苏东海尹湾汉墓群 M6 出土《博局占》木牍。[①] 木牍背面为《博局图》，正面绘一"灵龟"，上题占算"用神龟之法……"，下有以"龟甲"状排列的干支表，显然跟"含山玉龟／版"等同属"龟卜"系统，发掘简报称之为"神龟占卜法"。李学勤《〈博局占〉与规矩纹》讨论了"博局"占法，以及与含山玉版的关系。[②] 博局有一"方"字，含山玉版的八角星✳与"方"相关——而属于"十"字文化丛，像太阳一般指向四"方"；李氏认为，八角星纹与✠（巫）就符号性质而言是相通的[③]，艾兰、范毓周等迳读✠为"方"[④]。它们大体上能够代表大地。"八角星"的性质，跟"巫"的关系，下文再说。"方"字表现"方地"跟博局上的 L 形纹所示大体一致，木牍背面也"强调"出了 L 纹。最重要的是✪形符号不但与✠的格局本质相通，而且跟汉镜"博局"的中心纹样相同。学者多认为它是一种"宇宙符号"，也有人说是变体的"亚"字。西方也有这种繁化的十字纹。或者说，它属于"十"字文化丛，着重指向功能（木牍上方明白写出"南"，这是战国地图常见的）。

这件明白写出《博局占》的木牍，再次证明"博局"可用作占卜无可置疑。

正如"羽人"（神仙）也要下棋或占卜那样，天神也要博弈（《山海经》"帝台之棋"可为物证），以便随机确定人类和世界的运动；人类也要通过博戏和占筮来体验、认知、参加、干预这种随机运动（例如用天然的棋石占筮并祈祷百神），才能"感天地而动鬼神"，从而"掌握"自己和世界的命运，"与天地兮同寿，与日月兮齐光"！

而规矩镜或博局镜之刻绘宇宙符号，意义当不外乎此。

有些学者因为式盘、博局与规矩镜都出现所谓 TLV 纹，认为后两者出自前者。像梅原末治《汉以前古镜的研究》，卡普兰《论 TLV 镜的来源》，

---

① 参见纪达凯、刘劲松：《江苏东海县尹湾汉墓群发掘简报》，载《文物》1996 年第 8 期。
② 参见李学勤：《〈博局占〉与规矩纹》，载《文物》1997 年第 1 期。
③ 参见李学勤：《走出疑古时代》，辽宁大学出版社 1994 年版，第 120—121 页。
④ 参见［英］艾兰：《龟之谜——商代神话、祭祀、艺术和宇宙观研究》，汪涛译，四川人民出版社 1992 年版，第 82—98 页；范毓周：《殷墟卜辞中的✠与✠帝》，载《南方文物》1994 年第 2 期。

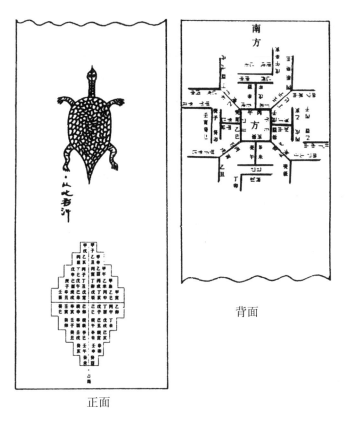

正面　　　　　　　　　背面

图 7-6　江苏尹湾《博局占》牍

（采自纪达凯等，局部示意）

　　这个木牍还提供了具体占卜的"思路"和确定的位向、含义之线索。可惜一时还不知道怎么占卜（注意：木牍背面的《博局图》连"规矩纹"镜的 TL 纹都有清楚的交代；只是不见 V 纹，也许用斜线替代了它）。

　　鲁惟一《到达乐园之路》等，俱略持此说。孙机也说："由于曲道（引案：式局 /TLV 纹）渊源于占栻，所以从栻盘上推出来的相生、相克、生门、死门等说，也被博局接受过来……"[1] 除"曲道"云云有不同看法外，这三者都有共同点，许多元素可互换，也能借以占卜。式盘是博局、铜镜规矩纹的先导可能较大，规矩纹本身更值得注意。

---

[1] 孙机：《汉代物质文化资料图说》，文物出版社 1991 年版，第 394 页。

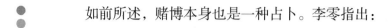

如前所述，赌博本身也是一种占卜。李零指出：

> 人类的游戏往往都与赌博有关，棋可以赌，马也可以赌，拳也可以赌。这些游戏一般都包含两方面，一方面是角力斗智，一方面是比运气……①

"角力斗智"可以靠自我努力，发挥主观能动性；"比运气"却主要靠概率，是偶然性在起主导作用——尽管概率多少是有规律可循的——这就跟戏剧同样有"悬念"，引起参与者和旁观者的极大兴趣和关心。"即使表面看最不带赌博成分的游戏，人与天争、力与命争的机遇捕捉，也常常要比人与人争的竞技状态本身还吸引人"②。

"博"之言"搏"，带有"人与天争，力与命争"的意味，所谓"与天神博"就是一种"歪曲形态"的抗争，"射天"之类厌胜巫术、禁咒巫术是其强形式，卜筮则是弱形式（参见《楚辞新探》论"启代益作后"篇）。

河南洛阳金村出土的日晷上出现 TLV 纹，证明这种纹样跟测时制历直接相联，博局、式盘、铜镜出现这种纹样，肯定与天文气象之学相关。而天文气象变化在上古是跟人事休咎、国运优劣、民生吉凶密切关联的，当然也跟个人命运相关。玩具与赌具都可以用作卜具，就像吉卜赛女人用纸牌为人算命，现代各国民众也偶尔拿扑克牌来占卜一样。

除了上述意见之外，黄茂琳介绍日本学者的看法说：

> 小南一郎教授发表《六博的宇宙论》（引案：载《月刊百科》1987 年第 7、8 期）……他根据大室斡维研究围棋局说有宇宙论的象征，则六博局"象征天地构造的图案"，更为概括、明显。③

---

① 李零：《中国方术考》，人民中国出版社 1993 年版，第 156 页。
② 李零：《中国方术考》，人民中国出版社 1993 年版，第 156 页。
③ 黄茂琳：《铜镜、六博局上所谓 TLV 规矩纹与博局曲道破译及相关问题》，见黄盛璋主编：《亚洲文明》（第三集），安徽教育出版社 1995 年版，第 101 页。

撇开围棋不谈，式盘、博局或规矩纹镜跟宇宙论相关是无疑的，虽然我们不一定要把它们叫作"宇宙镜"（cosmic mirror）或"宇宙盘"。

规矩，再造世界的神圣工器

这里着重论述规矩纹。没有规矩，不成方圆，宇宙容易失去秩序或形制，重新返回混沌。

作为工具，它用来测算、绘制世界，而测绘世界本身就是对世界的一种再造（参看《千面混沌——世界的创新》）。

欧洲一幅绘画中，上帝（或者耶稣）手拿一支圆规对正在涌动的"宇宙"（它有日、月、星辰与烟火）进行"测算"，实际上是要整顿和再造世界。跟女娲所执一样，这就是 V 纹。

这是"再造"的准备乃至实施。没有规矩这种神圣的工具是很难完成的，工具成了工具神。这是人类对自己最初也是最伟大的创作的敬重。西方的学者介绍说：

> 圆规或两脚规是测量工具，因此它象征节制和判断。它象征作为宇宙建筑师的上帝，主管天文的缪斯与拉尼亚，文科七艺中拟人化的天文学和几何学，正义和谨慎两美德；在文艺复兴及后期艺术中象征忧愁（四秉性之一）和成熟（人类的生命四阶段之一）。[①]

至于 L 纹，直角尺（carpenter's squar），曾经是建筑工匠保护神多玛（耶稣门徒）的标志。"右向的角度代表正确、正义及严厉的法律（参见《孙子兵法的文化比照》论"右利手性"）。共济会的首领在他的胸

---

① [美]詹姆斯·霍尔：《东西方图形艺术象征词典》，韩巍、徐延波、赫一匡译，中国青年出版社 2000 年版，第 113 页。

襟上佩带一把微小的直角尺，作为自己职务的权利和义务的象征。"①

它也是再造世界必不可少的"保证"。

图 7-7 上帝以圆规测绘宇宙

（欧洲绘画）

上帝用两脚规规划宇宙，维持或整顿世界秩序，也许是在洪水劫后重建或者再造这个世界。

上帝也少不了"规矩"。

汉代以来，世界的再造者，伏羲和女娲（蛇身交尾），手持直尺与圆规，表示他们已经控制了宇宙。新疆吐鲁番阿斯塔那约北朝—隋代墓出土的一幅绢画中，上有太阳，下有月亮（似乎还绘有米字纹），旁有星辰，表示宇宙已在世界新主人及其工具的规划下，规规矩矩，井然有序。

---

① ［德］汉斯·比德曼：《世界文化象征辞典》，刘玉红译，漓江出版社 2000 年版，第 234 页。

至于 T 纹，那是较为少见的丁字尺（现代制图绝少不了它），它也是宇宙或宇宙生命的符号。

图 7-8　羲娲用规矩整顿世界

（新疆吐鲁番阿斯塔那麴氏高昌墓出土，约北朝—隋代）

茫茫宇宙中，人首蛇身交尾的人类祖先神伏羲和女娲用圆规和角尺（还有墨斗）整顿了被洪水破坏的世界及其秩序，等于再造了世界。测绘用的规矩，成为宇宙生存不可缺少的神圣工具，绝不仅仅用来代表圆天与方地。

希腊字母 T（tau）标识生命。在北欧神话中，它是雷神托尔（Thor）的大锤，它击出雷电，带来大雨，使大地丰饶。

它也是"十"字架的一种简化。地下墓穴中，T 形十字架是对永生与复活的企盼。

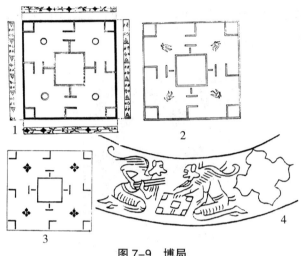

图 7-9　博局

（1.湖北云梦大坟头 1 号西汉墓出土的木博局；2.湖南长沙马王堆 3 号西汉墓出土的木博局；3.汉镜羽人六博图纹；4.山东临沂汉墓画像石图纹）

博局图最重要的是中心类亚形图案，它把博局、式盘、规矩纹镜等连接成为一个整体。注意处于"四向"或"四正"的圆点、菱纹或飞鸟指着"四隅"，它们也有"规定"方向的职能。它们组成"四面八方"。

博局纹中心的类"亚"形

"博局"或"规矩纹镜"中心图式主要是：

这里包含□地和 T 形。此图基本是"亚"的变形，跟✝字有内在联系。劳榦指出，这跟明堂五室大体一致。[①] 古人不过用 T 纹代替了四方或"四室"而已。T 纹是丁字尺，可画直线等，此处兼具定向功能。

---

① 参见劳榦：《六博及博局的演变》，见"中央研究院历史语言研究所"集刊编辑委员会编：《中央研究院历史语言研究所集刊·故院长朱家骅先生纪念论文集》，"中央研究院历史语言研究所"1964 年版，台北。

它们都有中心（太室）和四向。有了"四向"，就有"四方"，就暗含宇宙的"四分"，而"四向"是由太阳运动来决定的。中心（太阳／大室）和四向表示阳光四射。那么，这里 T 形就指向外延伸的附属物（如小室），有"定向"意，外边的一道是"指事"，或指地区。这也就是所谓"亚"形。

"亚"形构成"十"字，"十"字也是太阳的意象。

甲骨文常见（亚）字（《甲骨文编》147·1602）。

表示城墉的——

（《前》8·10·1），（《京都》3241）

也是"十"字或"亚"形的建筑，跟"明堂"一致。它也像"博局"（中央花纹）。

再看纳西象形文字的"城"（《纳西象形文字谱》1018）。

（《谱》1018）也是简式（或放大）的"明堂"，它们更像，只不过用▽置换了 T 形纹表示"四出"或"四指"而已。

在欧洲纹章学里代表着"世界中心"耶路撒冷的"中心"（图案），是"十"字的繁变。

"规矩纹"镜加上"四灵"或"四神"，它的指向功能就更加明确，有如镜铭所说：

左龙右虎辟不祥，

朱雀玄武顺阴阳，

子孙备具居中央。

　　"四神镜"里居中央的是镜纽：太阳。"四神"或"四灵"之青龙（东：春）、白虎（西：秋）、朱雀（南：夏）、玄武（北：冬），是太阳运动所规定的（四时／四向）时空模式。"八卦之祖"的含山玉龟所"藏"的"八圭图"（原八卦图）实用功能也是指向，其中心是图案化的太阳光芒。这跟四神规矩纹镜所见根本一致。在特定语境中，镜子的（墓）主人自居"中央"，即所谓"子孙备具居中央"，跟太阳对位，和宇宙同体，顺乎天时，合于地则，便能够融入宇宙及其运动，调燮阴阳，超越生死，臻至永恒。①

　　这就跟"天子坐明堂"，占据中央"太室"的意旨一模一样。而个人与国家的命运，是可以用式盘、博局、镜像等推测出来的。

博局作为"棋盘"

　　博局，实在是中国古代一种"围棋"用棋盘。

　　我们注意到，早在哈拉巴文明时期，古代印度就有一种"罗赛尔棋盘"，其格局跟中国的博局有一些相似的地方。最重要的是它也是类亚形，三层方格指向处有"四出"小道相通。

　　印度的"棋赛"有骰子，就是今天中国人等玩的骰子。但是，"六博"用骰却是十六面体，更加复杂，业已用土烧制。印度博棋也有筹码，即中国所谓"箸"。

　　但是，"六博"的玩法和规则尚未恢复出来。根据《楚辞·招魂》等现有材料来看，跟印度上古棋戏有很大不同，但同样用棋。

　　菎蔽象棋，　　　　　　〔今译〕玉镶箸，牙为棋，

---

① See S. Camman, "*The TLV Pattern on Cosmic Mirrors of Han Dynasty*"（《汉代宇宙纹铜镜里的 TLV 图式》）, in Journal of the American Oriental Society, 1948, 68（4）: 166–168；〔日〕林巳奈夫：《汉代诸神》，临川书店 1989 年版，京都，第 10 页。

图7-10　罗赛尔棋盘

（古代印度，哈拉巴遗址 H94/5340-1；采自克劳福德，原据拉欧，1985 年，图 104）

　　这是印度人宗教用棋的棋盘，这种棋用来养成孩子的社会和宗教观念，最重要的是可用以占卜和预测未来。

　　它的棋局跟中国的博局有些相似之处：中央的"方地"朝四向伸出；三层"同心方"，可能像"须弥/昆仑"那样"三成"。

有六博些。	六博局戏陈几上嗄。
分曹并进，	依槽分道并进忙，
道相迫些。	相互迫近渐紧张嗄。
成枭而牟，	掷成枭头彩，得牟喜成双。
呼"五白"些。	大叫"五白"闹嚷嚷嗄。

　　我们反复论证，上古或原始时期，没有纯粹的游戏和赌博。不但游戏往往带有"实用"或宗教的意义，赌博就是玩命，甚至连竞赛都关系着丰歉福祸、生死存亡（最明显的如玛雅"球赛"，结果要杀死一些人）。"罗赛尔"棋盘是宗教性的，下棋能够预测未来。中国的博局也模拟乃至"参与"宇宙的运行，关系着国计民生，不但"决定"世俗的祸福，而且能够辟邪纳福、镇墓消灾。

　　"其（棋）"与游戏、占筮，"博棋"或"围棋"都跟殷末的箕子相关，而箕子以善于卜筮称。

　　《后汉书》作者范晔将卜筮之学称为"箕子之术"，可见博棋与卜筮密切相连。

　　杨晓国曾提出一个独特的看法："其"字虽是簸箕象形，在殷墟卜辞里多用作虚词，但"其"（或"箕"）若"棋"与卜筮难分难解。

在早商或先商时期，"其"与龟甲、蓍草一样，已被作为卜筮器具使用，"其"应该是原始卜筮用具的一种。在原始卜筮活动中，"其"的用途应该主要用于天象、气象和星象一类的观测占卜活动……它们既可作为名词，同时又可作为动词。[①]

商周器物铭文末尾习语，"其永宝用"云云，他觉得已"开始显示它由'卜'而发展为'祈'的特征，这标志着一种由'卜'而'神'的文化深化"。他认为，"其"仍出于"箕"，"箕卜"其遗构就是"扶乩"[②]。我们觉得，如果"其"字确实与占筮有深层联系，很可能仍是因为"博棋"（或者"围棋"）本身就是一种游戏兼占卜的准巫术行为。"扶乩"虽然曾用簸箕为"斗"，下插木笔书写于沙盘——其"行笔"却很像"行棋"。"古'占方'的棋枰图案应该就是原始'其卜'的'底图'"[③]，虽然不一定确切，但棋枰与乩盘实有相似之处。

杨文引宋沈括《梦溪笔谈》云，乩者不但"多能文章诗歌"（不然无法用即兴诗句写出占卜结果，以加强神秘感，使知识界人士赞赏信服），而且"医卜无所不能，棋与国手为敌"，就是因为"其－棋－箕（乩）"三者互相渗透与沟通。

博棋的神秘性，见于《山海经·中山经》：

> 《中次七经》苦山之首，曰休与之山。其上有石焉，名曰帝台之棋。五色而文，其状如鹑卵。帝台之石，所以祷百神者也，服之不蛊。有草焉，其状如蓍，赤叶而本丛生，名曰夙条，可以为簦。[④]

---

① 参见杨晓国：《论陵川棋子山与围棋起源》，载《体育文史》1993年第3期。
② 杨晓国：《论陵川棋子山与围棋起源》，载《体育文史》1993年第3期。
③ 杨晓国：《论陵川棋子山与围棋起源》，载《体育文史》1993年第3期。
④ 引见袁珂：《山海经校注》，上海古籍出版社1980年版，第141页。

"帝台之棋"暗示天帝曾用此山的石子为博棋；而博棋可以占筮，所以与如"蓍"之草共生。这里说此草（凤条）可为"簳"（箭杆），说不定也能做"博箭"，就像《博雅》所说"博箸谓之箭"者。

帝台之棋（石）是天然小圆石，可博可占。有如阿尔泰地区萨满"有用石子作为卜具的，用40块卜石摆阵，占卜未来"[①]。八卦源于草（蓍）占，无论草占或索卜，都要像下棋那样布局摆阵，所以司马贞《史记索隐》说，卜者"旋式正棋"，"正棋，盖谓卜以作卦也"。

占筮必诚，诚能通神，所以棋石能"祷百神"，从而获得神圣性与神秘性，得以辟邪镇恶，"服佩之不蛊"也。

杨晓国认为，"围棋"模拟天象，它"首先起源'其卜'中的'星占'，天然'棋石'最早是被作为星占中的'星'使用的"[②]。这是个颇有启发性的论点。

《史记·日者列传》说，卜者法天则地，象四时，顺仁义，"分策定卦，旋式正棊"，旋式就是旋转式盘，正棊就是顺道行棋。司马贞《史记索隐》说：

> 棊者，筮之状。正棊，盖谓卜以作卦也。

可见"棊"（最可能指博棋）最早可用来占筮，正棊者"卜以作卦"之谓，决不单纯是赌博或游戏。

杨晓国则将其与"围棋"联系起来。他认为：

> "旋式正棊"的诞生直接促使了"八卦"的最后形式。另，后世围棋之"棊"当最早本自"旋式正棊"之"棊"。而在"旋式正棊"之术中，"棊"字则是专指旋式式盘中"下方法地"之物。《史记索隐》中司马贞所谓"下方法地"之物，无疑也就是那

---

① 郎樱：《西北突厥语民族的萨满教遗俗》，见张志尧主编：《草原丝绸之路与中亚文明》，新疆美术摄影出版社1994年版，第269页。
② 杨晓国：《论陵川棋子山与围棋起源》，载《体育文史》1993年第3期。

种古"占方"的棋杆，亦即"旋式正棊"之"棊"；而所谓"上圆象天"之物当是指那种产生很早的"太极四卦"之图。①

这个看法不一定正确，棊不一定是棋盘，但棋可作占筮之卜具，殆可无疑。

《吕氏春秋·十二纪·序意》说，吕不韦学习黄帝教诲颛顼之道，那是：

> 爰有大圜在上，大矩在下，汝能法之，为民父母。

能够认知宇宙，亦即把握并效法规矩方圆之道，便能法天则地，识治乱存亡之机，知寿夭吉凶之兆，"上揆之天，下验之地，中审之人，若此则是非、可不可无所遁矣"。

式盘、博局、镜鉴跟卦象同样能让人体验并参与这种大圜大方和天地四时的运作。

《大戴礼·曾子天圆篇》说，"天道曰圆，地道曰方；方曰幽而圆曰明"，"圣人"（或次之者的君主、贵族、君子）只有占据中央，才能调燮幽明，沟通阴阳，节衷方圆，而慎守日月之数，以察星辰之行，以序四时之顺逆……进而"为天地主，为山川主，为鬼神主，为宗庙主"②，成为万物之灵长，宇宙的主人。这样，式盘、博局、铜镜里所出现的圆道、方道或规纹、矩纹，四方八隅或四灵八乳，都体现在拥有宝镜、棋局、式盘，高踞中央、出入阴阳的"君子"的"圣德"之内，"兹四者，所以役于圣人也"。因为：

> 阳之精气曰神，阴之精气曰灵。神灵者，品物之本也，而礼乐仁义之祖也，而善否治乱所兴作也。③

---

① 杨晓国：《论陵川棋子山与围棋起源》，载《体育文史》1993年第3期。
② （清）王聘珍：《大戴礼记解诂》，王文锦点校，中华书局1983年版，第100页。
③ （清）王聘珍：《大戴礼记解诂》，王文锦点校，中华书局1983年版，第99页。

把握规矩方圆跟把握阴阳八卦同样能够使君子跟天地的运作共其规律，与时空的开展同其节奏，真正成为"阴阳之精"，万物之主。

铜镜 TLV 纹与博局、式盘的关系

瑞典的高本汉（Bernhard Karlgren）于 1934 年《远东古物馆刊》（BMFEA）第 6 辑上发表《古代中国铜镜铭文》。之后，1937 年，卡普兰（Sidney M. Kaplan）注意到所谓 TLV 纹（规矩纹）铜镜的纹饰与朝鲜乐浪等地出土的"式盘"的密切关系。[①]

继之，英国的叶兹（Walter P. Yetts）提出，柯尔氏所藏第 28 号铜镜纹饰与"博局"（六博棋盘图案）也非常相似；参照端方与怀履光所藏两件汉代日晷，认为 TLV 纹本质上也是"日晷"的纹样[②]。

邢文指出，这些都为"博局（TLV）纹"铜镜、式盘之间的联系提出了重要的线索（真正证明它们的关系的是下文要提到的杨联陞与鲁惟一）。[③]

图 7-11　古镜里世界的"四分"或"四向"

（左：古老的铜镜，青海出土；右：汉重圈昭明镜）

古镜"四分"的传统是悠久的，这反映或模拟世界的"四分"。

---

① Sidney M. Kaplan, *On the Origin of the TLV Mirror*（《论 TLV 纹镜的起源》），in Revue Des Arts Asiatiques（《亚洲艺术评论》），1937，11:21–24.

② Walter P. Yetts, *The Cull Chinese Bronzes*（《中国青铜器选》），in Courtauld Institute of Art, University of London, 1939.

③ 参见邢文：《帛书周易研究》，人民出版社 1997 年版，第 121—122 页。

商代铜镜有一种作"四等分"者,其中心,或以为太阳。它的横线和竖线相互间隔,暗示着一种旋转式运动,跟卍字纹的意匠有相通之处。孙新周揭出内蒙古乌拉特后旗哈尔沙拉山沟的一幅原题《磨盘》的岩画,认为跟商代铜镜一样属于太阳(神)崇拜的符号,指出:"它们实质上是从代表太阳的符号'卐'演化而来的。"[1]这是有道理的。式盘也是利用上面圆盘的旋转,跟下面方盘的相配来测定天象、卜知命运的。

图7-12 空间"四分"或"四指"的铜镜

(1.殷商,河南安阳殷墟M1005出土;2.用作对照的阴山岩画"磨盘";3.汉草叶纹镜;4.汉四乳四螭纹镜)

铜镜上有宇宙格局,特别是越来越繁复的天圆地方与四面八方布局,一般的"四分"或"四指"是比较清楚的,也有的试图重现"天圆地方"。有的大圆或小圆有"日芒",暗示其中心本系太阳。

---

[1] 孙新周:《中国原始艺术符号的文化破译》,中央民族大学出版社1998年版,第154页。

后世铜镜里不少是暗含着"四分圆",即圜天的四等分,或"宇宙四分"观念者,都自上古演进而来,式盘、博局等也以特定形式标示"宇宙四分"或"四面八方"。

这种"四分",有时通过"四向"或"四指"或"四隅四方"来表达。有的以"四瓣(莲)花纹",有的以类⊕字花纹(它们都曾被认为是太阳符号),有的以某种花朵,有的以某种几何图案,来"四分"或"四指"——后来它们的位置被"四灵"所取代,恰好表明了它们"指示"或"规定"方向的功能。

无怪乎,有些西方学者试图称之为"宇宙镜"。

特别是,"西汉后期还流行一种四乳四螭镜,或称四乳四虺镜(引案:似亦世界之'四分'或'八分'),它在外区的四枚大乳丁中间安排四组变形蟠螭纹。也有代之以青龙、白虎、朱雀、玄武等神灵的,而成为随即兴盛起来的规矩五灵镜之先驱"[1]。这本质上仍是宇宙时空的"四分"。

1   2   3

图7-13 古镜里世界的"四分"或"四向"

(1.四叶纹镜,战国,湖南长沙出土;2.花瓣纹镜,战国,传河南出土,梁上椿旧藏;3.花叶纹镜,战国,日本辰马悦藏旧藏,采自孔祥星等)

这些古镜都有外圆内方、中心太阳(镜纽)的布局,加上"四方"或"四方"加"四隅"的标识,来再现世界的"四向"或"四面八方"。

跟"式盘"宇宙图式有直接联系的铜镜,旧称"规矩(纹)镜",海外学者称为TLV纹镜,近来有人提议改叫"博局镜"[2]。这是有根据的,

---

[1] 孙机:《汉代物质文化资料图说》,文物出版社1991年版,第269页。
[2] 参见熊传新:《谈马王堆三号西汉墓出土的陆博》,载《文物》1979年第4期。

一些铜镜就自铭说"刻娄（镂）博局辟不祥"。

英国的叶兹（W. Yetts），早就认为它们带有"象征宇宙"的意图。汉学家都注意到它跟"式盘""博局"的相似乃至混同。[1]前举卡普兰在《论TLV纹镜的起源》文里指出，所谓TLV纹有已见于式盘，带有"宇宙论"的内涵。[2]

如前交代，"规"和"矩"能绘成圆和方，所以能代表圆和方。孟子说，没有规矩不能成方圆，已暗含此意。《吕氏春秋·序意》："大圜在上，大矩在下。"已用"矩"表示方形大地。如高注所说："圜，天也；矩，方地也。"

汉扬雄《太玄》说得也全面："天道成规，地道成矩。"这是明白的"天圜地方"盖天说宇宙观。汉王延寿《鲁灵光殿赋》也说："规矩应天，上宪觜娵。"

图7-14　所谓"规矩纹"镜

（新莽TLV纹铜镜拓本）

此种铜镜，除了明确"内圆外方"的天/地象征格式之外，中心为"似莲瓣"之太阳纹（"莲瓣"尖端似有"指向"功能）；所谓TLV纹只是由丁字尺、矩（曲尺）、规发展出来的标识方位的符号。由于有含山"原八卦"玉版可做古老范本，可以推出：T形纹是"四出"，如亚形明堂之有四小室，它们跟外围的四L纹相应，都标识"四面"；V形纹与"莲瓣"尖端对应，标识"四隅"（即东南、西南、西北、东北），跟四L纹合计，即"四面八方"（"V"似较陌生，又用大方格内的八角星纹，或有圆心的圆圈强调一下）。此说有异议。

① W.P.Yetts, *The Cull Chinese Bronzes*（《中国青铜器选》）, in Courtauld Institute of Art, University of London，1939；参见［英］李约瑟：《中国科学技术史》（第四卷第一分册），科学出版社1975年版，第306—308页。

② S.M.Kaplan, *On the Origin of the TLV Mirror*（《论TLV纹镜的起源》）, in Revue Des Arts Asiatiques, 1937, Ⅱ（1）.

TLV 纹的符号功能

所谓"博局（纹）"或"规矩（纹）镜"都出现了类丁字尺、类曲尺和类两足规的 TLV 纹图案，引起专家的兴趣和争论（值得注意的还有一点：没有发现某些人所说的可绘方，也可画圆的"工"字形"矩"）。它们本来的用途是测绘，现在借用来标识被测的方位，首先是"四方"，是"空间图像"。

刘复、怀履安、米尔曼等提出，日晷上的 T 纹、L 纹与测冬至、夏至点有关。后人进而提出——

LV：时间图像 ┌ L：表示冬至、秋分、夏至、春分
　　　　　　　└ V：表示四季开始

T：空间图像

但这没有得到实验证实。在中国古代观念里，"时／空"可能互渗或相互转换，例如"四季—四方""四至—四向"往往是对应的，但目前还无法证明（铜镜）规矩纹有此功能。

有的学者迳将"规矩／博局纹"镜称作"日晷镜"。

TLV 纹被认为兼指"时／空"。

T 丁字尺——代表空间（地物或屋室）

L 矩（角尺或曲尺）┌ 空间：象征方地（四向）
　　　　　　　　　└ 时间：象征夏至、秋分、冬至、春分

V 规（圆规）┌ 空间：象征圆天（镜纹：表示四隅）
　　　　　　└ 时间：象征年或四季（O：周而复始）

目前还很难证实。

驹井和爱的说法比较平易：T、L 分别表示地和天的四方（T 是"隅角"），V 表示天之"四维"[1]，汉唐画像上"规"（V）能画圆，象征

---

[1] 参见［日］驹井和爱：《中国古镜的研究》，岩波书店 1953 年版，东京。

圜天，在镜纹里标志"四隅"；"矩"（L）便绘地，表示地方，在镜纹里标志四向，这是显而易见的。T则争议较多（最可能以某种测绘器具象征"四向"，并与L纹对应）。

卡曼氏（S.Camman）说得极其复杂：镜钮周围方框表示"地"；T象征"四方之间"，四隅之V象征"四海"；L则是"沼泽地的栅栏门"，用弯曲的符号为了防止"恶魔直接进入"；中心的钮代表居于宇宙中心的"中国"，钮座八"乳"表示八根"天柱"。① 这是自居宇宙中央的汉代人认同宇宙的企求。

从此，"规矩纹"或"博局纹"镜饰的含义曾引起激烈的争论。几乎与上述学者平行，除了根据不足的草叶纹、山字纹"演变说"之外，梅原末治曾根据汉王盱墓出土式盘上与某些铜镜上的相同纹饰提出，规矩纹来源于"占星盘"（式盘）②。杨联陞揭示了"博局/式盘/规矩纹镜"三者在形样和象征意蕴上的有机联系。③ 其前，中山平次郎也很强调规矩纹与六博的密切关系。④ 有的学者引据叶兹，从出土和传世的日晷上同样具有TLV或规矩纹推论出，这种镜兼有实用和天文学的用处，或类似日晷的性质。"在铜镜上，特别是在那些力求表征天地宇宙的镜子上刻画出这样的花纹，是最自然不过的。六博的盘子可能属于一个中间阶段。也很可能是另一独立的发展（引案：这，可能不大）。和占卜有关是无疑的，日晷面表现了天的形状和运行，用它作盘子当然再好不过了。"⑤

---

① S.Camma, *The TLV Pattern on Cosmic Mirrors of Han Dynasty*（《汉代TLV模式宇宙镜》），in Journal of the American Oriental Society, 1948, 68(4): 159-167; 参见孔祥星、刘一曼：《中国古代铜镜》，文物出版社1988年版，第81页。

② 参见［日］梅原末治：《汉以前古镜的研究》，东方文化学院京都研究所1936年版；参见［英］李约瑟：《中国科学技术史》（第一卷第一分册），科学出版社1995年版，第320页。

③ Yang Lien-Sheng, *A Note on the So-called TLV-Mirrors and the Game Liu-Po*（《TLV镜与六博戏的关连》），in Harvard Journal of Asiatic Studies, 1947, 9（3-4）.

④ ［日］中山平次郎：《中国古式镜鉴之沿革》（七），载《考古学杂志》1919年第9卷第8号，东京；参见［英］李约瑟：《中国科学技术史》（第一卷第一分册），科学出版社1995年版，第320页。

⑤ ［英］李约瑟：《中国科学技术史》（第一卷第一分册），科学出版社1995年版，第320页。

布林克将铜镜与礼制性穹顶建筑（例如敦煌石窟、高句丽古坟和天王地神像等）进行比较，认为镜的方格相当于天花板的梁框，T 表示交叉于藻井中心的"十字形架"的顶端残留物，V 与 L 则是斗拱，钮是中心柱，亦即"宇宙轴"（Cosmic axie）；方格内的十二乳是小柱，内区八柱则代表"四方之门"。[①] 他的说法有些牵强附会。但是上古的屋室，尤其是礼制性屋室，往往被认为跟宇宙同构。屋室或穹庐的中柱跟镜钮一样是宇宙中心——后者还被看作"世界脐"[②]。正如埃利亚德所说："在日常住宅的特定结构中都可以看到宇宙的象征符号。房屋就是世界的成象。因为人们把天想象成由一根中心柱支撑着的广大无边的篷帐，所以，帐柱，或房屋的中心柱便也被比作世界之柱并且也这样给它命名的。"[③]镜钮也是如此，虽然不能将各部分都做机械的对位。

　　英国剑桥大学的鲁惟一在《到达乐园之路》一书中详细比较了博局或 TLV 纹镜与式盘的异同，提出：

　　（1）TLV 纹是对于式盘中天盘、地盘处于最佳位置时的一种模仿；

　　（2）所谓"六博"，可能也是一种占卜方法；

　　（3）它们的性质、功能，操作方法，要与《周易》基本原理结合起来研究。[④]

　　邢文说，根据近年考古发现，这些看法基本正确。[⑤]

　　黄茂琳反对任何有关 TLV，或规矩纹，或式盘、博局、规矩纹镜跟天地或宇宙有关的说法，亦即反对其有任何象征符号功能或"所指"（客观意义）。

---

① A.Bulling, *The Decoration of Some Mirrors of the Chou and Han Periods*（《周汉时期若干铜镜的纹饰》），in Arribus Asiae, 1955, 1:20–45；参见［日］林巳奈夫：《汉代诸神》，临川书店 1989 年版，京都，第 11 页。

② 参见萧兵：《世界中心观》，见《庆祝苏雪林教授九秩晋五诞辰学术讨论会论文集》，成功大学 1995 年版，台南。

③ ［美］米尔希·埃里亚德：《神秘主义、巫术与文化风尚》，宋立道、鲁奇译，光明日报出版社 1990 年版，第 32 页。

④ Michael Loewe, *Ways of Paradise: The Chinese Quest for Immortality*（《到达乐园之路：中国人对"不死"的探索》），George Allen& Unwin, London，1979；参见邢文：《帛书周易研究》，人民出版社 1997 年版，第 122 页。

⑤ 参见邢文：《帛书周易研究》，人民出版社 1997 年版，第 122 页。

他认为，$\ulcorner$ 或 $\llcorner$ 纹，是古文"曲"字（但他承认"皆像曲尺形"），所谓 T 形纹是 $\daleth$、$\ulcorner$ 纹合二为一（案：此说牵强），"如此，六博局上三种符号 $\ulcorner$、$\top$、$\daleth$，都是古文字'曲'字"，所以博局又称"曲道"，"画曲之谜也揭开了"①；而且，连"局"字也是"三个曲（$\ulcorner$）和口结合在一起"②。我们觉得这样解析、拼合，实在难以服人。"博局"当然要"行棋"（六博有骰，有箸，有棋），但人们至今不知道"六博"怎么"博"，更不知道博棋怎么依照 $\ulcorner$ 之类"曲道"进退——至于式盘怎么按"曲道"行进，规矩纹镜刻画"曲道"有什么用，更是一无所知。而且，TLV 即令可解为"曲"，那些口形、亚形又怎么解释？难道跟宇宙图式都无关系吗？倒是尹湾《博局占》为 TL 纹提供了极好的破译依据。

林巳奈夫氏根据共工触不周山，天柱折，地维绝，女娲补天并且断鳌足以立四极的神话指认：

口（镜内方框）：大地

$\top$：四方（东西南北）之极

　　上部横线（梁）：极

　　下部竖线：支撑梁的柱（天柱）

$\llcorner$：绳（四方的连接线）

$\vee$：角（连接四时或时辰的方角）③

我们觉得，此纹本身只是测绘工具，代表的是宇宙构形或格局。

诸家的说法各不相同，但多承认"规矩－博局纹"是神秘性的几何图形或宇宙符号。铜镜是近身照形的日常用物或佩饰，君子能够凭借其亲近和体认乾坤阴阳；加上宇宙符号，就会使镜子在反映人面之外能够映写宇宙和宇宙结构图式。《淮南子·本经训》所说"戴圆履方，抱表

---

① 黄茂琳：《铜镜六博局上所谓 TLV 规矩纹与博局曲道破译及相关问题》，见黄盛璋主编：《亚洲文明》（第三集），安徽教育出版社 1995 年版，第 103 页。

② 黄茂琳：《铜镜六博局上所谓 TLV 规矩纹与博局曲道破译及相关问题》，见黄盛璋主编：《亚洲文明》（第三集），安徽教育出版社 1995 年版，第 104 页。

③ 参见［日］林巳奈夫：《汉代诸神》，临川书店 1989 年版，京都，第 13 页。

怀绳"，对镜庶几近之；"内能治身，外能得人"，其目的也。

要之，所谓"规矩纹镜"有几种说法：

——称为规矩纹者，TLV 纹与日晷、式盘、六博博局上规矩纹相似，与天文观测相关。

——它们本身是测绘器具。孟子曰，"不以规矩，不能成方圆"。但最初规矩纹象征"天圆地方"。

——与天文及其观测相关，体现某种"宇宙图式"（乳钉纹或代表"星辰"①）。

——TLV 纹都有所特指（这一点争论很大）。

这是最简单也是最基本的几点。要讨论的是三种纹样的"特指"（或所指）。

图 7-15　汉镜图形的基本象征

（东汉神仙或龙虎纹铜镜，传世）

汉镜最重要的格局是圆镜象天，方格（或"四分"）表地。

中间的"钮"，一般说指太阳或"宇宙中心"。有时候却暗暗代表持存者或墓主人有龙虎等护卫着（神仙也在帮助着），铭文常见"左龙右虎辟不祥/子孙备具居中央"，即是其意。

某些几何纹样与博弈、卜测相关，较为复杂。

前举卡曼认为："这种图式的目的是基于汉的思想意识形态，表示自己置身于宇宙中间，故铭文有'子孙备具居中央'，以示与宇宙一起运行，有企求长生不老，高官厚禄之意。"② 尽管对 V、L 诸纹的解说无

---

① 宋康年、程霁虹：《解读博局纹镜》，载《中国文物报》2007 年 9 月 5 日。

② 参见黄茂琳：《铜镜六博局上所谓 TLV 规矩纹与博局曲道破译及相关问题》，见黄盛璋主编：《亚洲文明》（第三集），安徽教育出版社 1995 年版，第 100 页。

据，但其理论解释大体是符合汉代实际和人类学思想的。铜镜作为随身携带或内室用具，除"照面"的实用功能之外，表示所有者企图融入宇宙，"戴圆履方，抱表怀绳"，至少能够辟邪保身，益寿延年。

其具体图纹能指、所能争论都很大，但主要意旨仍可估定。

○	内圆或镜围	圆天
□	内框，或外框	方地
O	镜钮：太阳 / 北极	世界中心
T	似丁字尺	中心○或□的"四出"（四向）
L	似曲尺：矩	标识外围四向
Λ	似规	标识"四隅"或有指向功能

标识方向为什么采取不同符号？可能为了避免混淆。

图 7-16　铜镜辟邪

（上左：目前发现最古的铜镜，直径9厘米，厚0.4厘米，1976年青海贵南尕马台出土，距今约4000年；上中：唐代狩猎纹镜；上右：唐斗兽镜；下左：东汉双夔纹镜；下右：东汉规矩四兽纹镜）

镜子能够辟邪，因为它是太阳的意象，光明的象征。"照妖镜"就能使代表黑暗的邪魅无所遁形，所以古代铜镜往往铸有祥瑞仙人神兽一类辟邪灵物。体现宇宙图式的"博局"或"规矩纹"（TLV）镜，也以其"正"来压"邪"。

铜 镜 辟 邪

我们知道，祥光四照的太阳、太阳神，尤其是"太阳神眼"，是能够驱逐黑暗，使妖鬼和邪魅无所遁形的。这跟古代人对于光明、影像神秘的看法相关。

所以"四面"黄帝及其麾下神荼（璪）、郁垒（雷）能够辟恶（或竟"食鬼"），"黄金四目"的方相氏职司殴圹逐疫赶鬼，"四目"仓颉能够破除"睁眼瞎"，使"天雨粟，鬼夜哭"……

这就是神话里，太阳神或雷神镇压魔鬼、恶敌，体现为"光明"战胜"黑暗"的自然背景，从而体现为明－暗、阳－阴、善－恶的二元冲突，以及光明与正义的胜利。

所以，刻画宇宙图形，特别是与太阳相关的纹饰的铜镜，因其能够"映照"光和影像，而具有一定的辟邪功能。"博局／规矩纹镜"的积极巫术功能，还由某些镜铭"吉祥语"特别标出，例如驱除不祥、子孙备具、益寿延年等。

图 7-17　铜镜的吉祥／辟邪图案

（汉代，采自孙机）

许多铜镜的吉祥花纹同时能辟邪。例如，"日月昭明镜"反射太阳或太阴的光芒，刺伤暗魅。"四灵"或"四神"镜以神物扑灭妖异。而博局镜，或规矩纹（TLV）镜，乃至看似普通的"四分"方格纹镜，都能以其遵律循章、中规应矩的"宇宙（运行）图式"镇魇一切的丑行恶德、歪门邪道、胡作非为。

人们当然会注意到，镜子在一定情况下跟博局、式盘、八卦同样具有占筮的性能。例如"镜卜"或"镜听"，其始源不明，但不会晚于汉唐。

最有名的当然是唐王建的《镜听词》。连贫家妇女都可以用镜子占卜其夫在外的吉凶和归期。

占筮或卜测器具，带有一定的"灵性"或"神圣性"，兼用为"辟邪"，是再自然不过的事情。

以铜为鉴，可正衣冠；以史为鉴，能知得失。

"迈观乔而望梓，即元龟与明镜。"（唐李伯药：《赞道赋》）历史和现实在明镜的辉照之下才能够澄澈透明。

《贞观政要·求谏篇》："人欲自照，必须明镜；主欲知过，必藉忠臣。"

这些政治格言的深层意蕴便是：铜镜能够洞察几微，烛照人心，传达天意；所谓"独照神衷，永怀前古"者，镜鉴之明也。

唐张蕴古进太宗《大宝箴》云：

> 如衡如石，不定物以数，物之悬者，轻重自见；如水如镜，不示物以情，物之鉴者，妍蚩自生。勿浑浑而浊，勿皎皎而清；勿汶汶而暗，勿察察而明。

这都是深知镜鉴的神圣品质有超越实用之处者。博局，游戏之具也，式盘，占筮之术也，却都可能通过法天效地来控制全局、改善命运。

所谓"［方格］规矩镜"还有铭文说：

> 刻娄（镂）博局去不羊（祥）

西田守夫曾以之证明"规矩纹"跟"博局"的联系①——二者实在

---

① ［日］西田守夫：《"方格规矩镜"图纹系谱——关于"刻娄博局去不羊"的镜铭》，见 *Museum*（东京国立博物馆美术志），1986 年版，第 37—41 页；参见 ［日］林巳奈夫：《汉代诸神》，临川书店 1989 年版，京都，第 9 页。

250

是二而一的东西。卜筮用的巫术法具可以用来辟邪，例如后世的镜子或铺首形的面具、吞口等，都曾镌刻八卦纹或八卦太极图。从此也可见，无论是占筮兼游戏用的"博局"，还是贴身使用的"规矩－博局纹"铜镜，都以其天地符号的神圣与神秘而具有辟除邪恶、妖魅和不祥的巫术功能。①

这就跟类亚形《楚帛书》、刚卯、方明、四人面方鼎、四羊尊等能够厌胜妖鬼一样。

镜子具有辟邪镇恶的灵性，很重要的一点便是它跟太阳、神秘眼睛（或所谓"佳目/good eyes"）一样明亮光洁，能够烛照隐秘，无微不至，后世的"照妖镜"传说，就传达着这种观念。例如晋王子年《拾遗记》说，方丈山石，"百炼可为金，色青，照鬼魅犹如石镜，魑魅不能藏形矣"。晋葛洪《抱朴子·登涉篇》说，老物能够变人，"唯不能于镜中易其真形耳"。他的《西京杂记》也说，汉宣帝，"系身毒国（印度）宝镜一枚，大如八铢钱。旧传此镜见妖魅，得佩之者为天神所福"。隋人王度《古镜记》记载这方面的许多传说。钱锺书《管锥篇》更搜集了许多材料，说"自唐迄明，均以为常镜已可祛魅却鬼"，如民家门楣悬镜所示。"西方相传俗信，谓操隐身术者，遇镜与水，形状呈映，不能遁匿。"② 跟"照妖镜"的功能基本一致。

特别是考古发现，铜镜多出于墓葬中墓主身上或身旁，或作为佩饰。③辽宁沈阳郑家洼子约当战国时期的一座墓葬，骨架身上从头到脚排着五面铜镜，这肯定有宗教意义。

宋新潮说：

> 根据文献记载和现代民族调查的资料看，在北亚、东北亚地区信仰原始多神教的民族中，铜镜则具有非常重要的意义。它是巫师作法时最重要的法器，被视为"神镜"，认为它象征

① 参见［日］林巳奈夫：《汉代诸神》，临川书店1989年版，京都，第9页。
② 钱锺书：《管锥篇》（第二册），中华书局1979年版，第729—730页。
③ 宋新潮：《中国早期铜镜及其相关问题》，载《考古学报》1997年第2期。

着太阳的光芒，具有辟邪秽、照妖魔、医治疾病等作用。[①]

　　这里讲的主要是萨满铜镜，满语所谓"托里"。他们"利用铜镜与太阳折射的光线刺杀恶魔"[②]。这仍然与光明崇拜相关。[③]达斡尔族认为，镜和太阳是同一体，镜可以代替太阳。[④]而太阳恰能镇伏，驱逐暗魅。

---

① 参见宋新潮：《中国早期铜镜及其相关问题》，载《考古学报》1997年第2期。
② 金辉：《论萨满装束的文化符号意义》，载《民间文学论坛》1988年第5—6期。
③ 萧兵：《傩蜡之风——长江流域宗教戏剧文化》，江苏人民出版社1992年版，第433—436页。
④ 金宝忱：《萨满教中的镜崇拜》，见吉林省民族考古研究所编：《萨满教文化研究》（第一辑），吉林人民出版社1988年版，第291页。

第八章　原八卦

八圭指向"四面八方"

安徽含山凌家滩新石器文化遗址出土一块小小的玉版①，"含"在玉龟"腹"内，分明在汲取龟的灵性。有人因而称之为"龟书"。长方形框格内有一大圆，四隅有四只圭伸出，圆内是"八圭"图案，中心复有小圆；小圆内是多见于新石器遗址的八角星纹②。陈久金、张敬国指出其为"太阳的象征"，诚为敏锐。

他们进一步分析道：

在天文学上，大圆往往代表宇宙、天球和季节的变化。如果将大圆与周天旋转、季节循环相联系，那么箭头的数量四和八就有了实际意义。《史记·天官书》说："北斗七星，所谓旋玑玉衡以齐七政。……斗为帝车，运于中央，临制四乡，

① 参见陈久金、张敬国：《含山出土玉片图形试考》，载《文物》1989 年第 4 期。
② 参见山东省文物管理处济南市博物馆：《大汶口：新石器时代墓葬发掘报告》，文物出版社 1974 年版；山东省博物馆、山东省文物考古研究所：《邹县野店》，文物出版社 1985 年版。

分阴阳，建四时，均五行，移节度，定诸纪，皆系于斗。"①

定向的方法有好几种（有人以为中心"八角形"为北极星）。

中国古代习惯于以北斗七星的位置变化确定季节，故常画北斗七星以示意。但是……也有用其他季节星象或太阳在天空中的位置变化来确定季节的。例如，日出在东北方为夏，正东方为春秋，东南方为冬等等。②

所以，玉片当中的✳符，他们认为确实是太阳。这样，大圆里所刻"八圭"（八个方向）就跟"季节"有关。按他们的诠释，原始"八圭图"就已经把世界的"空间图式"与"时间图式"叠合起来、融通起来。他们认为《周易》同时是"历法书"，渊源可以远溯至含山玉片。

《周易》的"八卦"确实来自"八圭"。"圭/卦"读音，不过韵部开口度略有不同。

【圭】上古音　见纽支部　Kiwe 中古音《广韵》古携切 Kiwei

【卦】上古音　见纽支部　Kue 中古音《广韵》古携切 Kwai③

"卦"在"圭"旁加个意符"卜"，变成形声字，指明"圭"是用来占卜的（古"圭"原用以指向，四川广汉三星堆有人跪地持"圭璋形"器在测卜方向，以保证入大麓而不迷）。

再看"原始八卦"（含山"八圭"，即八卦，指向"四面八方"），其基本布局同样是中心（太阳）加四向。所以含山玉片，实是指向和占方的"八圭图"（原八卦）。简省其东南、西南、西北、东北四"小向"（"四隅"），则亦✚形，或✚形，是"有中心（太阳）的四向图"。

---

① 陈久金、张敬国：《含山出土玉片图形试考》，载《文物》1989 年第 4 期。
② 陈久金、张敬国：《含山出土玉片图形试考》，载《文物》1989 年第 4 期。
③ 郭锡良：《汉字古音手册》，北京大学出版社 1986 年版，第 140、12 页。除特别注明外，一般仅注出其所构拟古音。

8-1　含山"原八卦"玉版

（安徽含山凌家滩出土，新石器时期。两旁小图供参考）

玉版有"中心"和"四向"。它用"八圭"指向八方，再于"四隅"绘出四圭，表示其原系"四指"，后来繁化。

图 8-2　伏羲创作八卦

（民间绘画）

八卦卦爻分"八向"排列，古称"先天八卦"，暗示其原有指向功能。

当年的"八卦"是否这样排列，已不大清楚（"先天八卦图"云云，主要是宋人的构想）。但含山玉版的"八圭"即"原八卦"，确实指向四面八方。这首先是狩猎和打仗的需要，跟农牧生产以及日常生活（例如卜居）都有很大关系。

纳西族的金蛙"八卦"同样标出四向，简化则成图 8-3 所示那样。

彝族、纳西族"八卦"显然受到了汉族影响，但依然保持着若干原始成分，其"指向性"更加明确，它的方形或圆形的"四分"也更加清楚。

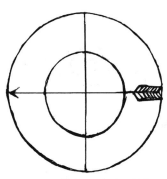

图8-3 简化金蛙"八卦"

纳西族"八卦"以金蛙为基干，蛙的四足和头尾指向"六方"，还有"二向"则用贯串腹部的长箭表示。

所谓"太极八卦"，中央是用"太极图"置换太阳或（中心）"大室"，其指向是"八方"（跟含山玉片"八圭"一致）；但其最初当亦不过"四向"，因为初民掌握"四面"要比"八方"早得多，比含山玉片出现的新石器后期还要早些（前举半坡陶盆盆沿符号组合可证）。"太极八卦"不是"先天八卦"或"后天八卦"，而是后代（宋）构拟出来的。但它们的"中心"大体暗示着"太阳"，四箭或八圭环绕其旁，尚存古意（参看《太极图与曲线美》）。

"四方"概念，即在文字材料里，也可见其至迟发生于殷商。

冷德熙更据胡厚宣"四方"方名和风名以及"四土"与"中商"等之发现，指出殷商既有"四方"（五方）观念，"自然即有八方（九方）。周易八宫卦很可能就是从最早的八方观念演化而来。因为《说卦》中后天卦位之东震西兑南坎北离正是从殷甲骨文中四风名演化而来"[1]。二者的"对应"虽然不一定正确，但是"八卦"与"八方"的发现肯定有关，而且自从含山玉龟与玉片发现以来便可以知道"八方"之发现远在殷商之前。

我们讨论的也主要是"八卦"由"八圭"进化而来，关涉的是它们"指示"着或者说被"分配"于八方。至于"卦爻"的来源，有蓍草、竹书、毛绳、龟兆，以及文字、数字乃至男女性器官演化而出的多种说法，汪宁生的《八卦起源》有所介绍，并且提出新解，可以参看。[2]高亨《周易古经今注》1944年版曾提出：先民抟土成圭，共八圭，每圭刻一卦爻或卦符，中华新版已放弃此说。跟我们的"八卦出于八圭"的假说完全不同，但他已注意到圭与卦之间的关系。

---

① 冷德熙：《河洛之学源流略记》，载《中国文化》1991年第2期。
② 参见汪宁生：《古俗新研》，敦煌文艺出版社2001年版，第31—39页。

涂尔干与莫斯根据格罗特的介绍，用罗盘来说明八卦的分区与定向。

> 该体系所依据的最基本的原则之一，是在四个基本方向上的空间划分……每个方位点之间的区域又一分为二，结果总共就有了对应于八个罗盘方位的八个分区。这八个方向，依次与八种力量紧密相联，由画在堪舆罗盘中心的八个三连符号来代表。[①]

当然，罗盘是根据"指南"（器）指示"二方"，再以其"八卦"式多次地均等二分，再二分，细化出对于方位的精密划定。用罗盘来解说"八卦"，西方人容易懂。"指南""罗盘"当然远在八卦之后，但这无意中揭露出"原八卦"是用来定向或指向的。在这个意义上，含山玉版不妨看作原始罗盘或日晷。

也有人认为八角形符号是"北极星的象征"[②]。邢文则认为其与北斗七星相关。[③]

有人认为，玉版"可能是先民用以测日测星的原始日晷，它反映了5000年前的观象测时方法和时间制度"[④]。日晷的主要测算方法是在"中心"竖一立杆，观察不同时刻的日影在表盘上的位置、长度确定时间。但从"八圭"看来，它也能定向，只是具体方法失传。我们还认为，不论是日晷还是定向器，在这样小的版面上操作，十分困难，所以有可能它只是一种模型。

邢文参照李零等含山玉版与式盘相似的说法，使用乐浪出土的式盘与玉版比对，概括其相似点如下。

（1）玉版图纹内圆外方，正似式盘的天地盘图式；

（2）玉版大圆外指向四角的四枚矢形纹饰，类似的盘标以乾、巽、

① ［法］爱弥尔·涂尔干、马赛尔·莫斯：《原始分类》，汲喆译，上海人民出版社2000年版，第74页。

② 参见蔡运章：《甲骨金文与古史新探》，中国社会科学出版社1996年版，第142页。

③ 参见邢文：《帛书周易研究》，人民出版社1997年版，第124页。

④ 参见张敬国主编：《凌家滩文化研究》，文物出版社2006年版，第108页。

坤、艮四卦卦画的天、地、人、鬼四门；

（3）玉版小圆内的八角星纹，其指向与意义，均可与天盘中心的北斗七星对看；

（4）玉版大圆内八等分圆的八枝叶脉纹矢形，正与式盘天盘的十二神及干支等项相应；

（5）玉版四边的钻孔，也和式盘的二十八宿相应。[①]

这些要点，虽然不一定与原器一一相符，但可以是研究的重点或出发点。

还有一种否认"八角纹"为太阳者，是举出新石器时代太阳纹多作圆圈或圈外有"光线"[②]。略同冯时。殊不知世界考古学史上太阳符号多种多样，十、×、卍、米都可以是，或象形，或会意，所谓八角星纹正是太阳及其光芒的高度抽象化和程式化，或者说是+×相叠的米的美化和装饰化。雅库特萨满神鼓上太阳纹就是米形。

批评者或设想八角星纹是龟腹甲（加上交叉缠绳）的抽象化，我们却怎么看都不像，至少两侧不能有尖角。龟形跟蛙形同样可能用以标志方向（乃至如八圭、八卦一般指示八向），但腹侧很难处理，也许像聪明的纳西人那样加个"箭矢"之类才行。所以，"这种图案的祖形可能与当时龟甲囊的组合形式有关"[③]的说法，恐怕更加靠不住，何况八角星纹不止见于含山。

还有人说，这是两枚凵形"木制绕线板"的十字交叉[④]，很有些像卐字系二"矩"或两根"绕线轴"交叠而成的说法。持此说者注意到半坡珥鱼人面口部也作凵形，说明它与"口"有关，所以可能是结绳记事用的"绕绳器"[⑤]。这只怕也是臆说，而与丁山以亖字为缠线器略同。

---

① 邢文：《帛书周易研究》，人民出版社 1998 年版，第 124 页。

② 王育成：《含山玉龟及玉片八角形来源考》，载《文物》1992 年第 4 期。

③ 王育成：《含山玉龟及玉片八角形来源考》，载《文物》1992 年第 4 期。

④ 刘正英：《含山玉片新解》，载《淮阴师专学报》1997 年第 1 期。

⑤ 刘正英：《含山玉片新解》，载《淮阴师专学报》1997 年第 1 期。

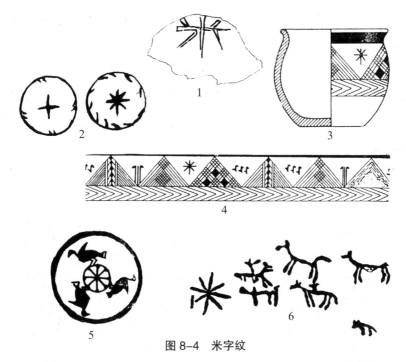

图 8-4 米字纹

（1.西安半坡陶片；2.陶器图案，半山期，甘肃临洮出土；3.中亚陶缸及纹饰；4.上举陶缸（2）纹饰展开图；5.印第安人的图案；6.内蒙古阴山岩画）

"米"字纹在远古、上古都不罕见，用途或意旨多样。有的用于指向和定向，可与八角星纹比照，可以是太阳符号的一种。也可以说，八角星纹是米字的繁化，或者，米字是八角星纹的简化。

相关图形与简介

这里附带介绍河北平山之中山国墓葬（M3）出土的刻纹石版[①]，上面精密的线画似乎是大地划分的图案，美丽繁缛异常，性质和用途至今不大明朗。

其上刻有凵丨（曲尺和直尺）图案，有人因此定为繁化的"博局纹"。

---

① 参见张守中、郑名桢、刘来成：《河北省平山县战国时期中山国墓葬发掘简报》，载《文物》1979 年第 1 期。

上一幅"中心"为⊠纹，四分着中心图，还有四种似是"双蛇"纠缠的神物处于每一□形内。

"四向"有四蛇蟠绕的图纹，间以凵形纹。"四隅"则是与"中心"四神物略似的"双蛇"纠缠变形图案，这已构成"八方"。外四隅∟形内还有小小的"螭龙纹"，其旁是"一首双身"的神虺纹。这些似乎作为装饰或点缀。

下面右图，除没有"中心"⊠纹外，与左图大同小异。"四向"的双虺紧挨在一起，连"四分"都不易看清。

图 8-5　用交蛇来"四分"的世界

（刻纹石版，河北平山中山国墓葬 M3 出土，战国）

此版或说"博局"，但没有 V 纹。有"中心"⊠纹的左图"四向"有"四蛇蟠绕"构成图案，其他"神物"不易辨明形态或性状。

长沙马王堆西汉墓出土的《禹藏埋胞图》，似是一种厌胜品，祈祝生命按照时序安处与"再生"。

中心方形标出"南方禹藏"，四周整齐排列"十二月"图，像是由"九宫图"演变而来，还有些像"明堂十二室"。

每一个月都用十字与艹形纹标出"四向"，外围写着不同字样与数字，可能有占卜休咎的用途。①

———————————

① 参见周一谋、萧佐桃：《马王堆医书考注》，天津科学技术出版社 1998 年版，第329 页。

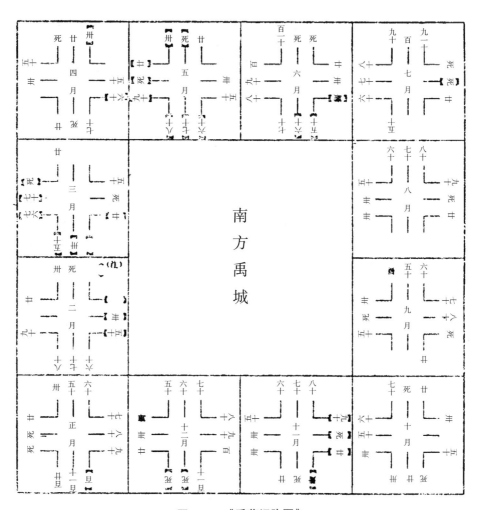

图 8-6 《禹藏埋胞图》

（复原，西汉马王堆汉墓出土，采自周一谋、萧佐桃《马王堆医书考注》，第 347 页）

这里的"中心"是"南方禹域"，以"南方"居中，也许因为是南方的作品吧。其四周环绕着"十二月"。可能用于占卜吉凶，祝愿自然与生命有序运行。

又者，含山"玉版周钻孔右行呈 4、5、9、5 排列，正合五十图数，其寓意似为太一下行九宫"①。它"以八卦分配九宫八方，与阜阳'太

---

① 参见《灵枢经》"合八风虚实邪正图"；参见陈久金、张敬国：《含山出土玉片图形试考》，载《文物》1989 年第 4 期。

一式盘'布图完全一致"①。这个说法过分繁复，使人觉得牵强。姑附于此。钻孔及其数目可能带有偶然性，不宜诛求过甚。

案《易乾凿度》："故太一取其数以行九宫，四正四维，皆合于十五。"汉郑玄注："太一者，北辰之名也。居其所曰'太一常'（钱宝琮校改为"帝"），行于八卦日辰之间，曰天一，或曰太一。出入所游息于紫宫之内外，其星因以为名焉。故《星经》曰：'天一、太一、主气之神。'四正、四维，以八卦神所居，故亦名之曰宫。"

"太一"（或太极）是中心象征系统的一个常用符号，是太阳原型的一种。因为北极或北极星（北辰）也标识中央，所以亦可用"太一"称之。太一居中，既运行于八方（太阳时空运动的坐标），也控制着八方。

冯时还说："太一下九宫，乃象八节风气之消长，同时，更重要的是，太一行运之法，每四乃还于中央五，这显然是一种原始进位制的体现。凡此不仅与［含山］玉版中央九宫之外所布八节、八方相合，而且再次证明中央八角实即九宫图象。"②

他对含山玉版的性质论定是：

> 通过与古代式图的比较可知，含山玉版图案兼涉太一、六壬、遁甲三式的内容，既符八方九宫系统，配合八节、八卦，又备四方五位系统，配合四门，且列太一下九宫之法。显然，这是太一、六壬之类尚未分立之前古式盘的一种原始形式。我们的分析同时证明，玉版中央乃至新石器时期出现的同类八角图案实际则是五位九宫图象，而且种种证据显示，这种图象很可能就是目前我们所知最原始的洛书！它是古人对生成数与天地数两种不同天数观的客观反映，体现了远古先民对原始宇宙

① 参见冯时：《史前八角星纹与上古天数观》，见《考古求真集》，中国社会科学出版社 1997 年版，第 129 页。
② 冯时：《史前八角星纹与上古天数观》，见《考古求真集》，中国社会科学出版社 1997 年版，第 130 页。

模式及天数理解的极其朴素的思想。^①

也许确实跟亚形、甲形或明堂的一种图式相似，也许跟藏族的"古九宫（室）"图形一致，八角星纹的"八方"与中央方格不妨看作是一种"九宫"的原始（特殊）形式，只是我们认为以上所说的"泛十字"构形，从十、✳、✚、❋到八卦、明堂、九宫，都是（或者首先是）太阳时空运动的"产物"或"抽象"。

他认为，八角星纹来源于"九宫图"，而它本身又涉及"河图"。其基础是"生成数"体系。

> 所谓河图，其本质原来却是一幅指向四方的五位图。……［先四方后八方］将这样两个概念分别布图，就是五十图数的两幅图，一幅是彼此重叠的两个五位图，即所谓河图；另一幅则是九宫图，即所谓的洛书。而将这两个概念融为一体，便是那个神秘的八角图形。^②

基本意思正确，可又复杂化了。它的确指出了"四面"与"八方"，算上中心方格，原始的"五行"或"九宫"也都有了雏形，但是否后人所称的《河图》《九宫》，恐怕还需要进一步论证。

原初的思维没有如此复杂。首先，多样证据指明，八角星纹属于泛十字系统，或十字文化丛，主要是太阳及其光芒的高度程式化、图案化。以"中心"（太阳，因图形需要"方形"化）为基准，指向"四面"而又顾及"八方"——不能把◡形指向标看得那样机械。它是✳字纹的繁体，也有人说是双十字交叠。八角星符号早在六七千年前就已"约定俗成"，不仅分布在中国中部、东部和南部，而且遍及欧亚大陆乃至美洲，还可

---

① 冯时：《史前八角星纹与上古天数观》，见《考古求真集》，中国社会科学出版社1997年版，第130页。
② 冯时：《史前八角星纹与上古天数观》，见《考古求真集》，中国社会科学出版社1997年版，第130页。

以远溯苏美尔—巴比伦等，却大都与"九宫"无干。

这就是"光芒"化的几何形"太阳"。如果在这一点上达成共识，一切都迎刃而解。

含山玉版借用这一公认"太阳"符号标识中央，其位置后来被八卦图的"太极"所替换，就像民间"八卦网"中央的"金蜘蛛"；外围则用"八圭"——八圭用以占卜就是"八卦"——指示八方。这是一个标准的原生"八卦"构造。

中央"太阳"，便是"太一"乃至"太极"的原型。进一步的阐释，就是宇宙（性）符号。

由八卦而"九宫"

再看"九宫"。纬书《易乾凿度》说："《易》一阴一阳合而为十五之为道。……太一取其数，以行九宫，四正四维，皆合于十五。"所谓九宫，简式就是——

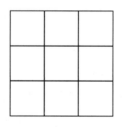

"八方"加上"中央"。这中央，可以由杆、旗、数、色、元素，或中庭、大室、天井，或太一、北辰、北极，任一有资格代表"中心象征"的神圣事物来占据：在明堂，曰大室；在四合院，为天井；在《楚帛书》，为中央文字；在八卦图，为太极；在九宫，为大一（北极星，或太阳）。汉郑玄注《易乾凿度》说：

> 太一者，北辰之神名也，居其所曰太一。……
> 四正四维以八卦神所居，故亦名之曰宫。……

太一下行八卦之宫，每四乃还于中央；中央者，北神（引案：北极星之神，即此太一）之所居，故因谓之"九宫"。

《楚帛书》虽与"九宫"不同，但以八方拱卫"中宫"则无异焉；作为"中宫"的文字部分虽不能下行，但在观念上、整体结构上统摄着八方和十二月（神），也是无疑的。

明堂的"九室（说）"，至少有一种形式是跟《洛书》或《九宫图》是相合的。

《大戴礼·明堂篇》说："明堂者，古有之也。凡九室，一室而有四户八牖，三十六户，七十二牖，以茅盖屋，上圆下方。"①

《隋书·牛弘传》引汉蔡邕《明堂月令论》云："明堂制度之数，九室以象九州，三十六户、七十二牖，以四户、八牖乘九宫之数也。"

冯时认为，所谓"先天八卦"，宋以前根本不存在，是宋儒构拟出来的（所谓"先天"配《河图》，"后天"配《洛书》；"后天八卦"倒很古老）。②

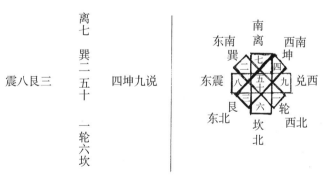

图 8-7　洛书九宫与后天八卦

（采自冯时）

以八卦配置河图、洛书存在一项重要的区别，我们在洛书九宫与后天八卦方位的关系中可以见出［其配搭］。

---

① 参见（清）王聘珍：《大戴礼记解诂》，王文锦点校，中华书局 1983 年版，第 149 页。
② 冯时：《史前八角星纹与上古天数观》，见《考古求真集》，中国社会科学出版社 1997 年版，第 124 页。

冯时说："［河图配卦］这个传统相当古老，从文献上甚至可以追溯到殷商时代的甲骨卜辞。"①

所谓河图的配卦实际和洛书的配卦一样（参见上图左），正是后天方位。因为如果将该图内圈的生成数五位图逆时针稍作偏转，就可以得到一个后天卦位（参见上图右）。②

与李零看法相似，冯时认为，含山玉版是古式盘，这是一个新鲜而又很有前途的假说。它中布"九宫"，以中间"八角"表示，而又以"八支圭状标指向八方"，跟式盘同样"旨在表示八节、八方"③。加上"中心"，就成了"九宫"。

宋人邵雍《观物外篇》论圆方之数说，"圆"之数起一而积六，如——

"方"之数起于一而八，如——

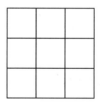

"圆者，星也，历纪之数其肇于此乎？"方是地象。"方者，土也，画［九］州、井［田］地之法，其放（仿）于此乎？"九州、井田乃至九宫、洛书，都是这个画法。

圆者，河图之数；方者，洛书之文。

---

① 冯时：《史前八角星纹与上古天数观》，见《考古求真集》，中国社会科学出版社1997年版，第125页。

② 冯时：《史前八角星纹与上古天数观》，见《考古求真集》，中国社会科学出版社1997年版，第126页。

③ 冯时：《史前八角星纹与上古天数观》，见《考古求真集》，中国社会科学出版社1997年版，第125页。

黄建中据之说,《大戴礼·明堂篇》"九室"之数模仿的就是《洛书》,构成所谓"幻方"(或"魔方", magic square)的《九宫图》;而"古代九州、井田,明堂之制,莫不以九为则,似皆法《洛书》"[①]。西方的学者,有时连四方形的《河图》都看成"九分"图,"九个部分,与'明堂'(一种庙宇)的九室相一致",跟《洛书》同样,也是"一种基数为'九'的魔方"[②]。益智的玩具,彩色魔方也由此而来。

图 8-8　印度的类《九宫图》

(印度绘画)

现代人多把古九宫看作以"九"为基数的"魔方"。

印度人的"类九宫图"把九宫的每一宫再加以"九分",除了中心圆与"四面八方"的暗示之外,达到"百"之内的最高数,暗示着世界的划分愈趋繁复。

　　冷德熙说:

　　　　从明堂九室图所反映的宇宙观念中可以看出古人之所以划地为"九州",而分天为"九野"的原因。因为虽然有天圆地方的区别,但区分为九则是相同的。这种天地对应观念就是所谓的

① 黄建中:《中国哲学之起源》,载《学原》第 1 卷第 1 期,1947 年,第 4 页。
② [美] W. 爱伯哈德:《中国文化象征词典》,陈建宪译,湖南文艺出版社 1990 年版,第 308—309 页。

"分野说"（其内容见《吕览·有始篇》，此处不赘），九州分别对应着天空二十八宿。①

九野，其说产生较早。《晏子春秋》（卷一）有记载。"九州说"更早。"先见者如《禹贡》九州说。此外见于周金文者如：'虢虢成唐（按即汤）……博受天命，咸有九州。'《国语》曰：'共工氏之伯九有也，其子曰后土，能平九土。'等等。"②

李零论述"四"或"四分"在中国古代组织和区划里的重要作用，说它源于"二分"的再平分。

[四]是两两剖分和两两对称的概念。《系辞下》说"二与四同功而异位"，它是"二"的推广，即平分再平分，由两条平分线构成"四方"，并与"四时"的概念对应。③

"井"或"井"的划分，如田，实在是在"四分"基础上汇进"四隅"，加上中心，成了九个方块（九宫）。所以说，"四"划分时空的功能及效果体现在许多方面。

《周礼》的井、邑、丘、甸、县、都，这是四分的里制；姜齐量制的豆、区、釜、钟，这是四分的量制；古代历术有大小时，大时四分，小时十二分，四分是基础（春夏秋冬、分至启闭、朝昼昏夕），这是四分的时制（引案："十进制"兴起以后，四分、十二分系统仍被保留）。还有古代宫室城邑多以十字定位，按四四方方规划，也是这种概念的运用。④

---

① 冷德熙：《河洛之学源流略记》，载《中国文化》1991年第2期。
② 冷德熙：《河洛之学源流略记》，载《中国文化》1991年第2期。
③ 李零：《中国方术续考》，东方出版社2000年版，第91页。
④ 李零：《中国方术续考》，东方出版社2000年版，第91—92页。

王振复甚至认为，"大九州"之说也源于"井田制"，与"井"所显示的九个方格一致（案：亦与"九宫"相合）。

　　他说：

　　　　这种根深蒂固的井田文化观念，还表现在中国古人的宇宙观念上，战国时阴阳家邹衍持九州之说。据《史记》，"所谓中国者，于天下乃八十一分居其一分耳"。……这是一个无限扩大了的井田，鲜明地体现出自古中华农业文化的文化本色。①

　　这也跟八卦九宫的数字模式相关。

　　　　这一宇宙模式，"九九归一"，是《周易》八卦方位说，即后天八卦方位所示：离南、坎北、震东、兑西、巽东南、坤西南、乾西北、艮东北与中宫。此乃九个区域，八个方位加一个中位，构成了一个文化意蕴深厚的田（井）字。②

　　从以上可窥知，含山玉版的主要关涉如下：

　　（1）含山玉版可理解为"原八卦图"，中央八角星纹是高度抽象、又约定俗成的太阳符号，八圭表示阳光散射四面八方，体现太阳的时空运动；

　　（2）指"向"的"八圭"就是"八卦"，圭、卦一声之转，加"卜"示意其用于卜测，而卜测方向跟猎牧、农耕，尤其是军事行动关系很大；

　　（3）较早似用于卜测方向与事态演变（吉凶祸福休咎等）的关系，可能也涉及时间（如季节或二分二至等），这要求进一步论证；

　　（4）它很可能具有原始式盘的性质、功能（李零、冯时等说），也许能参照式盘复原其操作方式；

---

① 王振复：《释"井"》，载《书城》1994年第7期。
② 王振复：《释"井"》，载《书城》1994年第7期。

（5）原来所附砂粒可能有卜测作用，功能近于"骰"；

（6）体积如此之小，操作困难，也许只是模型（例如"八卦地画"的仪具化），近于小型礼器，以玉制作表示其高贵与灵通；

（7）置于龟壳之中，主要为获得其灵性——是以又属最早的"龟书"（灵龟负图传说可与之相互发明）；

（8）龟壳上圆下方，可能暗示"天圆地方"（艾兰等说），加上"四方八隅"或竟"五位""九宫"，表明上古已有原始性的"盖天论"宇宙模式或观念，它们都是"宇宙（性）符号"，或宇宙象征系统的有机构成，尽管还极为"初级"，跟河图、龟书或九宫、井田等的关系还需进一步论证；

（9）作为礼器或巫术法具，本身就具有护身辟邪并且证明并提升持有者地位身份之作用。

八卦与《易》故闻

这里顺便介绍一段有关"八卦"的故事。

晋王嘉《拾遗记》的真实性和历史性被华丽的文辞所包裹、破坏，而为学者所不取，其内里实蕴藏可贵的珍异。例如，闻一多《伏羲考》特加引用的一则传说云：

> 禹凿龙关之山——亦谓之龙门——至一空岩，深数十里，幽暗不可复行。禹乃负火而进……见一神，蛇身人面。禹因与语。神即示禹八卦之图，列于金版之上。又有八神侍侧。……乃探玉简授禹，长一尺二寸，以合十二时之度（数），使量度天地。禹即持（执）此简，以平定水土。蛇身之神即羲皇也。[①]

伏羲氏授给大禹的宝器有二：八卦金版和十二时玉简。

[①] 参见闻一多：《神话与诗》，天津古籍出版社 2008 年版，第 28 页。

图 8-9 《易》：变化之书

（左上、左下：守宫和它有吸盘的爪；右上："水书"《连山易》的封面，刘梅摄；右下：连山"狗皮城"地貌被附会为蜥蜴的形状）

蜥蜴类独特的生存方式，身体和肤色的变化，特别是它以蜕皮和断尾重长的再生能力，使初民或古人感到极大惊奇，便借用来命名他们讲"变化"和"生生不已"的秘籍。

八卦者，"春皇庖牺"所"调和八风，以画八卦"也，刻于金版，有如含山玉片所见之原始"八圭（卦）图"——这体现着宇宙的空间图式（四向——八方）。

蜥蜴还是龙的一种母型，有人迳称《易》为"龙书"。变色龙随着光线和环境，改变自己的肤色，又被称为"十二时虫"，不但体现一年十二个月的变化，还暗示"岁星十二年一周天""黄道十二宫"的运作，是"十二"这一模式数字的承担者。

十二时玉简则体现宇宙的"时间图式"。

天何以沓？十二焉分？（《楚辞·天问》）

《拾遗记》前文说，神母（华胥氏）为虹（动物化形即虺蝎）所感，"历十二年而生庖牺"，这正合"岁星十二年一周天"之"天时"（同样是太阳所经历的"黄道十二宫"）——"十二"正是体现宇宙时间图式的神数。

前面说，作为"易"之母型的变色龙又唤作"十二时（辰）虫"，也正体现着这种时间图式。当然，这还因为蜥蜴跟蛇同样会蜕皮，体现"生—死—再生"的永久循环。

时间图式和空间图式，在原始思维里是互渗的、可以磨合的。

十二时之"易"（变色蜥蜴）能够命名指向八方之"八卦"，就是这种互渗与磨合的努力。

奇妙的是，含山玉片除中心有八角星外，主体为"八圭"，"八圭"即"八卦"[①]，而外圈又有"四圭"，组成"十二圭"，说不定也是在表现空间图式之外，又力图概括"十二分"之时间图式——这就像伏羲"十二时玉简"能够"量度天地"（时空）一样。获得这样神奇的测量、卜筮用具，大巫就有了"量度天地"和"平定水土"的资格与能力，就能够重整世界、再造宇宙，从而成为"圣王"。这有待进一步落实。

《周易》正是在竭力把握、体现、测度这种时空互渗的宇宙图式、宇宙运动的，它所面向的是四维空间。掌握《易》与八卦，就能够认知控制世界。

272

---

① 参见萧兵：《"原八卦"的再发现——含山玉版图纹试析》，载《丝绸之路》2019年第3期。

第九章　八角星纹与世界的八等分

八角星：太阳符号

前举安徽含山凌家滩出土"原八卦"玉版，夹在灵龟体内，是一重大考古发现。

首先要注意其中心的形八角星，它在多种器物上出现，一般认为是太阳符号。陈久金、张敬国指出，含山玉版所见"方心八角形"，曾在新石器时代遗物上多次发现①，"按照传统的解释，它是太阳的象征。八角是太阳辐射出的光芒。……这说明此玉片图形的意义与太阳有直接或间接的关系"②。本章就主要介绍这独特而又多见的"太阳"符号。

冯时说：

> 这种图案却始终没有与圆形共存……圆形是古人对于太阳
> 的普遍象征图形，而且在我们能够见到的同时代的太阳图案，

---

① ［原注］参见山东省文物管理处济南市博物馆：《大汶口：新石器时代墓葬发掘报告》，文物出版社 1974 年版；山东省博物馆山东省文物考古研究所：《邹县野店》，文物出版社 1985 年版。

② 陈久金、张敬国：《含山出土玉片图形试考》，载《文物》1989 年第 4 期。

也从没有画成八芒的情况。①

含山玉版似是例外，但圆形却在外。含山凌家滩"太阳鹰"玉饰中心，就是内圆而外为八角，而且中心有"太阳黑子"！（见图9-1）

冯时所举江苏武进潘家塘遗址陶纺轮等八角星纹，不仅有双层大圆，而且有中心小圆。

类似者还可以举出好几件（参见王祎文的插图2、4、7、8、9、10、11、14、15）。

图9-1　太阳鹰

（安徽含山凌家滩新石器文化玉雕，见《凌家滩文化玉器》，又见《文物天地》1999年第3期封底）

这只玉鹰造型极为独特，两翼兼体为野猪，暗喻其凶猛迅疾（或说鸟/猪图腾集团的结合，这不一定）。许多民族都用太阳与雄鹰互拟。再加上小圆中有圆心，如象形文字"日"字所见，可以推断其胸腹间为发出八道光芒的太阳纹。北欧等地曾用"金毛野猪"譬喻太阳的奔驰。

凌家滩玉器，除了"原八卦"纹中心为八角星外，这只玉鹰，中心胸腹部亦为八角星图案。

据朔知《凌家滩考古小记》描述，玉鹰，翼的两端"各雕一个类似马头的动物头像"，腹部有双圈"八角星"图案。②"马头"者或说熊首，应为野猪头。

① 冯时：《史前八角星纹与上古天数观》，见《考古求真集》，中国社会科学出版社1997年版，第114页。
② 朔知：《凌家滩考古小记》，载《文物天地》1999年第3期。

实际上，八角星有外圆、内圆，当中还有圆心，本质上是太阳，跟甲金文以及仰韶文化、马家窑彩陶纹饰等所见⊙形完全一致。它处在"太阳鹰"胸腹间。鹰翅兼体为野猪，表示勇敢、凶猛（也可以理解为跟河姆渡陶纹所见一致，关涉有所变形的"太阳鹰"与"太阳猪"；参看《龙凤龟麟：中国四大灵物探研》），或说表示两个图腾集团的结合。

我们一向认为，八角星纹系米字纹的繁化，属于"十"字文化丛，最初如含山"原八卦"玉版所见，是阳光朝"四面八方"发射的图案化。

对于八角星系太阳图案的严重质疑，首先是王予举出大量八角星图案与文物进行比照，认为它在纺轮上重复出现，所以可能是"台架织机"上"最有代表性的部件——'卷经轴'两端八角十字花搬手的精确图象"[1]。他举出的最重要的证据是6000年前江苏武进潘家塘新石器时代遗址陶纺轮上的正侧面图案（参见图9-2）。

我们觉得，这只是陶纺轮，而不是原始织机上真正的机械零件。那时候是否有这么复杂的"花搬手"，还难说得很。宋元明以来织机经轴头"搬手"（"腾""腾花"或"羊角"）与之偶同，不足为凭。我们觉得还是从十、×及其重叠的米纹繁化而出这一点来考虑，最可能是"太阳（光）芒"图案。王氏承认，它可能还有"装饰艺术的目的（如宗教、审美）"[2]，那么除了太阳或星（光）纹之外，较难找到合情合理的解释。即令是"滕花"被广泛运用为饰纹，也不一定只停留在实用层面上而可能升华。

图9-2　陶纺轮（崧泽文化、江苏武进潘家塘出土，距今6000—6500年）

上古的陶纺轮，有时有精美而又有含义的图纹。"八角星"转动起来，是否会激起太阳飞旋的联想呢？它本是"天钧"的一种母型。

① 王予：《八角星纹与史前织机》，载《中国文化》1990年第1期。
② 王予：《八角星纹与史前织机》，载《中国文化》1990年第1期。

图9-3 不同文化类型的"八角纹"（采自王抒）

[1.大溪文化：白陶盘（印纹 M1：1），湖南安乡汤家岗出土；2.马家浜文化：陶纺轮（刻纹），江苏武进潘家塘出土；3.崧泽文化：陶壶（底画纹 M33：4），陶盆形豆（刻画纹 T2：7），上海市青浦崧泽出土；4.大汶口文化：彩陶盆（M44：4），陶纺轮（画纹 T3：1），江苏邳州市大墩子出土；5.大汶口文化：彩陶豆，山东泰安出土；6.大汶口文化：彩陶盆（M35：2），山东邹县野店出土；7.良渚文化：陶纺轮（画纹 M17：3），江苏海安青墩出土；8.仰韶文化：彩陶壶（P.1130），西安半坡出土；9.仰韶文化：陶纺轮（T2M8：1），江西靖安出土；10.殷代：青铜辖套（左），铜车饰（右），河南安阳小屯 M20 出土；11.小河沿文化：彩陶器座（右为上视口沿花纹），内蒙古敖汉旗小河沿出土；12.齐家文化：早期铜镜；13.齐家文化：石滕花（原名多头斧，T4：13），甘肃武威皇娘娘台出土；14.夏家店上层文化（西周），陶纺轮（M3：4），内蒙古宁城南山根出土；15.东周：铜车饰，江苏镇江谏壁王家出土；16.战国：陶瓦钉两种，河南洛阳出土]

　　八角星纹已多见于新石器时代器物，较早的是圆形器皿和作圆周运动的纺轮上所见。说法很多。我们觉得最可能是米纹的繁化，象征太阳的光芒或星光。列举上述图像，似乎可以供诸家更细致地进行分析比较。

　　王大有《龙凤文化源流》称之为"八芒太阳纹"，反对袭用旧称"八角星"①，后来在《图说太极宇宙》等书里称为"原始八卦纹"。他重要的贡献之一，是揭载了美洲的许多同样的"八芒太阳纹"，用作此"八角星"确为太阳纹的辅证。

　　陆思贤《神话考古》说："八角星纹图案作为原八卦图形，本于四方八角具有四时八节的含义……"他举出的最重要的证据就是含山玉版"原始八卦图"。他据陈久金、张敬国之说，提出玉版中心"八角星"表示了"太极"，"含义比表示太阳的光芒要广泛。太极者天地旋转的中心……是元气之本，即道家所说的'道'"②。

　　但是，抽象概念往往建立在具体事物之上。太阳本就是"道/太极"的一种原型意象。阳光四射或"八出"，几何纹化就是米，其繁变即八角星纹。

图 9-4　所谓"八角滕纹"形样

　　[1.北齐孝子棺石刻董永故事中织女手持滕杖（经轴）的形象；2.南北朝石刻织机上的滕杖（经轴）的形象；3.沂南汉墓石刻西王母画像头戴滕杖为首饰的形象；4.清代蜀锦织机经轴（滕杖）左右的滕花，今藏于中国历史博物馆。采自王予]

　　发现八角星纹的现实性基础或母型，是一个贡献。但如此多见，如此重要，恐怕不能仅从技术层面理解。

　　从外形看，确似织机的"经轴/滕杖"之原始"齿轮"（虽然其齿数不同）。但怀疑者提出，6000年前，恐难有如此先进之机件。如此神奇的八角星纹，恐怕不能停留在技术层面上理解。出现如此频繁，也不像只有一种用途。

---

① 王大有：《龙凤文化源流》，北京工艺美术出版社 1988 年版，第 379 页。
② 陆思贤：《神话考古》，文物出版社 1995 年版，第 264—265 页。

如果居于"八方"中央的"八角星形"确是原始织机之"胜"（经轴）的话，那么它为什么有资格成为"中心象征"呢？

那很可能因为它就是"天钩"。天钩的现实形象是陶纺轮。陶轮或陶均的一个形式便是中央有孔的"八角星轮"，例如：

江西靖安出土仰韶文化陶纺轮（T2M8:1）

江西海安青墩出土良渚文化陶纺轮（M17:3）

甘肃武威娘娘台出土齐家文化石纺轮（T4:13，或称"石滕花"，原名"多头斧"）

内蒙古宁城南山根出土夏家店上层文化陶纺轮（M3:4，约当西周）

王予已经注意到八角星多绘于陶轮，或制作于陶轮。可惜他只注意其与"经轴搬手"的相似，而忽略"陶均"的象征功能。它跟"陶均/陶轮"一起，被升华为太阳的意象。然后，抽象为"天钩"。天钩跟太阳或北极星作为"中心象征"是可置换的。

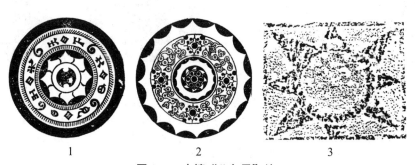

图 9-5 古镜"八角星"纹

（1.汉日光镜；2.汉云纹镜；3.东汉画像石）

铜镜上有八角星纹，多处于中心。有的自铭为"日光"镜。可见其与阳光"四射"或"八出"关系甚大。

陶均，一是用以捻线的陶坠子，它上连麻絮（后来是棉花团），使其不断旋转，线就捻出来了，至今偏僻地区还在用；一是制陶坯用的木轮（慢轮、快轮）。《淮南子·原道训》："钧旋毂转,周而复币。"（币,读如匝,意近"圈"）汉·高诱注："钧,陶人作瓦器法,下转旋者。"（上·2）提升而为"天钧"。《庄子·寓言》说："万物皆种也,以不同形相禅,始卒若环,莫得其伦,是谓'天钧'。"它暗喻居于天空中的天体,旋转不已,无始无终,"周而复币"。"八角星"或"六角星"形的陶均,转起来也是圆,"始卒若环"（《庄子·齐物论》）;尊称为"天钧",主要指自然循环和均平之理。[①]

太湖地区的✳符,张明华、王慧菊认为表示四条鱼相聚,是以鱼为图腾的氏族部落联盟的族徽[②]。没有多大根据,我们也很难从中看出鱼形来。

图 9-6　八角星纹器盖

（湖南钱粮湖坟山堡遗址出土,八角纹器盖,新石器时期,采自郭伟民）

这精美的器盖,俯视即成"八角星纹"。可惜不知其创作意图。

郭伟民描述道："坟山堡遗址出土八角纹器盖为一件镂孔器,其镂孔风格与圈足盘的圈足甚为相似,将这种器盖绘成一幅平面图,则其镂

[①] 参见萧兵、叶舒宪:《老子的文化解读——性与神话学之研究》,湖北人民出版社1994年版,第455—456页。

[②] 参见张明华、王慧菊:《太湖地区新石器时代的陶文》,载《考古》1990年第10期。

孔图案恰组成一幅八角星图案。"①

这种器盖制作精善，技术艰难，恐非实用器。可惜不见全器，也不知其具体用途。

郭伟民介绍说，汤家岗白陶盘圈足仰视便成为"一幅以八角星图像为核心的太阳状光芒图"；有人以为即原初的"八卦图"，来源于太阳崇拜。他对此持谨慎态度，但承认约略同期的（长沙）南托大塘遗址出土的柱式图案可能与高庙遗址出土的凤鸟载日图案相似，都与太阳崇拜有关。②

图 9-7　八角星纹彩陶盆

[高14厘米，口径33厘米，1966年江苏邳县（现邳州市）太墩子出土，大汶口文化，距今约6000年]

此盆制作精美，恐非一般实用器。

"八角星纹"中心正方，确实使人想起，可插入"方轴"，作为某种机件，使"星轮"（原始齿轮？）转动，用方轴可避免其跟转。待考。但更重要的是，它仍属"十"字文化丛，起初具有指向功能。盆沿符码，也许如半坡陶盆所见，具有某种计数作用。

---

① 郭伟民：《论湖南的史前宗教遗存》，见［日］安田喜宪主编：《神话、祭祀与长江文明》，蔡敦达译，文物出版社2002年版，第195页。
② 郭伟民：《论湖南的史前宗教遗存》，见［日］安田喜宪主编：《神话、祭祀与长江文明》，蔡敦达译，文物出版社2002年版，第196页。

图 9-8　八角星与七瓣花

（崧泽文化，上海青浦崧泽出土灰陶壶及其底下图案）

"花"纹不一定多少瓣，但"星"或兼作指向，一般是双数"芒"或"角"。刻在壶底，或有标识群团名称之作用。但其角也有单数的。

相似图案，见于彝、苗、僮（壮）、傈僳等族。冯时认为，今日的西南民族与史前东方海岱民族有千丝万缕的联系。[①]

僮（壮）族的一幅图案与八卦相联系。"由于八卦与八方以及数字普遍具有一种极其特殊的关系，因此，八角形图形很可能成为正确理解这些关系的关键所在。"[②] 含山玉版八圭就指向八方。

八卦、八方、八风各配"八节"。[③]《礼记·乐记》："八风从律而不奸。"郑注："八风从律，应节至也。"孔疏做了发挥。

八卦与八方的配合，见于《周易·说卦》。或说，这种配合，来源于天文学上的"分至启闭八节"[④]。可参见《国语·周语》韦注。所以，八角星纹可以看作"原八卦"。进一步说，（四面）八方就是天下，八方就是世界。所以，八角星纹既来自太阳，又是宇宙符号。

---

① 参见冯时：《山东丁公龙山时代文字解读》，载《考古》1994 年第 1 期。
② 冯时：《史前八角星纹与上古天数观》，见《考古求真集》，中国社会科学出版社 1997 年版，第 115 页。
③ 参见冯时：《殷卜辞四方风研究》，载《考古学报》1994 年第 2 期。
④ 冯时：《史前八角星纹与上古天数观》，见《考古求真集》，中国社会科学出版社 1997 年版，第 117 页。

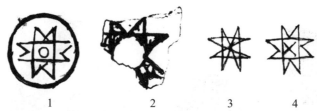

图9-9 江南地区陶器"八角星"纹

（1.薛家岗文化，江西靖安郑家坳出土；2.大汶口文化，江苏邳州市大墩子出土；3.良渚文化，江苏吴县阳澄湖出土；4.崧泽文化，上海青浦崧泽出土）

这些都是平整的八角星纹，是早期的近于宽体（四端有缺的）"十"字符。有的中心有〇或×纹，强调其本属"中心"象征图案。

282

图9-10 重叠八角星纹

（陶瓶或壶，仰韶文化半坡类型，左为俯视图）

陶壶体上绘四重"八角星"图案，构图十分巧妙。不知道跟壶口所绘8个楔形文样有什么关系。

图9-11 西南地区少数民族传统八角图案

（1、3.彝族；2.白族；4.傈僳族；5.傣族；6、7.景颇族；8.瑶族；9、10.苗族；11、12.壮族。1—7，采自《云南少数民族织绣纹样》，文物出版社1987年版；8、10—12.采自《广西少数民族图案选集》，广西人民出版社1958年版；9.采自《贵州少数民族服饰图案选》，上海人民出版美术出版社1965年版。转采自冯时）

中国少数民族制品中颇见八角星图案，含义与用途都不清楚。这里所举，中心几乎都是方形或菱形。值得注意的，前三图还特别绘出米表示其与繁化"十"字的关系。

兄弟民族中，最独特的是高山族的一种"翘首"拼板船，两头都饰有"八角星"图案。而这种舟船的形制，船头的"八角星"图案，与太平洋彼岸印第安人使用者几乎完全相同，这真是一件很难用"遁词"如"巧合""偶同"之类来掩饰的奇事（参看《楚辞与太平洋文化》）。

图 9-12　翘首舟与六角星图

（台湾高山族雅美人舟船，上面的图为印第安人的舟船，采自朗费罗《海华沙之歌》的插图，局部。两船船头的图案趋同，都是奇妙的八角星）

太平洋两岸的舟船如此相似，而船头、船尾又有基本相同的"八角星"图案，这真发人遐思。

作为指向物的八角星

　　如果把八角星纹看成一个指向四方的"变形大十字"，那就是以五为基数的"原河图"，即"亚"形变体。

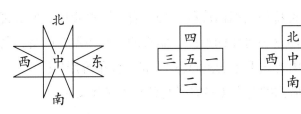

如果看成指向八方的大"米"字，那就是有学者说的"原九宫"，或"原洛书"。

图 9-13　"原洛书"或"原九宫"

（按照古说构拟）

有人说，八角星纹可以规整化为一种"原九宫"图或可依先秦部分地图等改为上南下北，左西右东——参见叶舒宪等《山海经的文化寻踪》对此方位的分析。

李学勤把八角星纹的✳认作田，即"巫"。吴县阳澄湖良渚文化陶罐上有四个刻画符号：田戊五个（矢？）[①]。他读为：巫钺五俞（偶），即神巫所用的五对钺。他认为，此八角星符与商周的田（巫）字有渊源关系；至于田，他略采张光直之说，以为是巫者所用"两矩交叉"之器，即度量天地四方的工具。[②]除了张说不可信之外，他实际上是把八角星纹、田等都纳入"十"字符号群做整体性的思考与研究，实在难得。

✳是否即"巫"，也有可能，但一时尚难断定；它们都属于"十"字文化丛，并且与"阳光四射"相关，似可无疑。

测量器如规、矩、角尺（或曲尺）、直尺等多与原始测向定方相关，无论是"原八卦"还是六角星，乃至田形、田符等，都要注意其与定方测向的原始功用的承袭关系，或"本来面目"。

① 参见张明华、王惠菊：《太湖地区新石器时代的陶文》，载《考古》1990年第10期。

② 参见李学勤：《良渚文化的多字陶文》，见《苏州大学学报》（吴学研究专辑）1992年专刊；李学勤：《走出疑古时代》，辽宁大学出版社1997年版，第120—121页。

图 9-14　兄弟民族制品中的八角星纹

（1.云南路南彝族绣品；2.四川凉山喜德彝族银器图案）

图1为简式八角星，中心、外围都是圆；重圆外，还有似日芒纹。图2为八角星多层套叠，近于"同心方"，暗示其常居中心位置。

罐文❋，蒋大沂释"遘"。

饶宗颐认为，罐文可读"篝戉五个"。他引《说文》及甲骨文等论证道：

> 《说文》："篝，交积材也，象对交之形。"殷代甲文作❋（《粹》511）。高诱注《淮南子》云："构，架也，材木相乘架也。"此字正像木架搭相乘状。我们看河姆渡那些用木材架搭的接木，表现古越人文化的特色。崧泽出现"篝"字多处，或许显示他们架构木材的能力，以此为越族表征，正像以制造兵器出兵而称为"干越"情形一样。①

罐文↑可能为"矢"，"戉"就是"钺"（由武器变为族称"越"），那么与之并列的六角星也应是一种器物（有人以其为武器，说田也是武器，此为其依据之一）。

前引冯时很独特地认为，这种"八角星纹"并不指示八方，却"双尖"平行地指向四方。疑难也就由此而起。其实，"四方"是粗指，"八方"是细分，二者并无冲突。

---

① 饶宗颐：《符号·初文与字母：汉字树》，上海书店出版社2000年版，第45页。

或说，八角星，其分布地域集中在长江中下游和黄河下游的中国东部地区，向北或可延伸到辽河流域（不知道冯时等怎么看待国外的同类图纹）。

其延续时间达 2000 年以上：

马家滨文化	约公元前 5000—前 4000 年
崧泽文化	前 3900—前 3300 年
良渚文化	前 3300—前 2200 年
大溪文化	前 4400—前 3000 年
大汶口文化	前 4300—前 2500 年
小河沿文化	前 2000 年

"它们不仅有共同的含义，而且应该有共同的来源。"果断而又正确。

冯时认为，它跟太阳没有关系。没有出现圆；唯一的一件含山玉版，八角星纹却在圆内，圆外另有"八芒"[①]。这是我们意见不同的根本点。后来出现了一些星在圆外者。如前，含山玉鹰胸腹间八角星纹就有外圆；有内圆，内圆还有圆心，如⊙字所见。

有趣的是，藏传佛教文物里也有八角星纹，例如有一种顶角和底边都有小圆圈。当然这可能是偶然相同。但其深层观念可能有一致之点，例如表示某种圆形发光体的光芒，等等。

与其类同者，可以举出距今约 6500 年湖南安乡汤家岗大溪文化遗址的一件白陶盘及其图案，"底部饰八角图案，极其规矩对称，可以确认由整模印出"[②]。星芒底角和顶角各有一小圆圈（当然只能是七颗和八颗），不知道是不是"小星"，或者纯属装饰。

藏传佛教还有一种八角星纹"法轮"，或认为这是"曼荼罗"图案的异变，而"曼荼罗"（坛场）图一般认为起于太阳纹，象征宇宙。

[①] 冯时：《史前八角星纹与上古天数观》，见《考古求真集》，中国社会科学出版社 1997 年版，第 114 页。

[②] 中国美术全集编委会：《中国美术全集·原始社会至战国雕塑》，人民美术出版社 2014 年版，第 12 页。

这些都与饶氏所举的西亚"八角"符号有微妙的趋同之点。

图9-15 奇异的八角星纹

（1、2.湖南安乡汤家岗大溪文化白陶盘及其纹饰，距今约6500年；3.藏传佛教器座图案；4.三头佛像手持八角星纹法轮，采自图齐等）

八角星纹屡见于新石器时代器皿，最可能表示"太阳芒"或"星光"。这一幅底角和顶角都有小圆圈，不知道是否代表小星。它跟藏传佛教的一幅图案（右上）奇妙地"偶同"。藏传佛教还有八角星纹的法轮之类，如图4，或说是"曼荼罗"图案的异变，一般认为表现"太阳"。

在西藏的一种唐卡里，大鹏金翅鸟（象征太阳或天空），怀抱一颗"八角星太阳"；有时大鹏鸟变形置换为神龟（在纳西族多为蛙蟾），表示创世大龟或"宇宙鸟"在规划、掌控或者创作"世界——曼荼罗"。这种动物形象化的类曼荼罗或类亚形图像，有多种变体，但在初始时期多与测向定方相关，应予注意。

这颗"八角星太阳"还出现在一尊三首佛的当胸手掌之中，当属"法轮"。

这跟一些"曼荼罗"方型坛城（象征"世界"）中心的"八瓣莲花"太阳形象大体相似（这种"八瓣莲花"也出现在内地的一些坟墓设施上）。

这不仅跟林巳奈夫所举出的多瓣莲花代表"世界中心"相一致，而且可以理解为"宇宙符号"的简化版。"法轮—莲花（座）—曼荼罗"及其中心图案，在印度教－佛教文化系统中都曾被看作生命本源，世界或世界中心。

如上所说，"曼荼罗"的构造或形状多种多样，其中有壁垒、塔楼、宫殿，以及人神，基本形态跟中国的"天圆地方"一致：

▢ 或 ⬭

但是，其变形如 亞（亚／明堂），为十字或 ✳ 形的繁变，与 卐 形趋同（下文有专节介绍）。

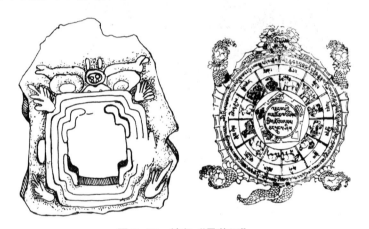

图 9-16　神龟"曼荼罗"

（藏族"风马旗"；左附奥尔梅克9号石刻，墨西哥可尔卡金遗址，采自 Grove、张光直）

利用神龟或蛙蟾的头尾和四足(有时突出"腰际")指向"四面八方"，代表"六合"或者"八方世界"，实际上是在建构一个神话宇宙。加上中心圆、五角星，十二生肖或十二宫，这个宇宙变得更加有序而又多彩，可以看作变体"曼荼罗"，跟纳西族的"金蛙八卦"异质同构。

它是印度佛教意象跟华夏－汉人传统信仰在一个智慧民族心灵中的融汇。它可能源于古印度神话：创造主毗湿奴命巨龟背负"曼荼罗"，以建构宇宙或其形象（实质上仍是龟载世界的构想）。它也可以看作特殊形态的"龟书"。如果仅看龟腹（或鹏腹）"怀"有十字丛宇宙符号，那么奥尔梅克9号石刻，蛙蟾胸腹也有"亚"形出现，只不过那是"地下世界"，是人间与幽冥、生与死的通道。

图 9-17 西亚八角星纹

（陶器纹饰，拉特·加苏尔，两河平原）

这种"八角星"相当规整，中央大圆、小圆中还各套一枚"八角星"。一般认为是太阳图案。

西亚和美洲等地的八角星纹

西亚的"类八角星"较为独特。

被读为"天"或"帝"的类八角星被认为是大母神伊斯塔（Ishtar）的标志，她的带角的帽子上就缀有类似的"八指"星纹，也可以代表太阳。或说是金星，因为 Ishtar 又是金星女神。希腊的阿弗罗迪特－维纳斯（Aphrodite-Venus）继承这一"传统"，也以金星为标识。

两河平原的太阳神沙马什（Shemash）以指向四方的"四角星"加上"四隅"的光芒（或太阳火焰）构成的"类八角星"为标志，恰好指向"四面八方"。

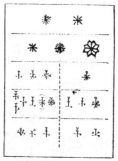

图 9-18 西亚的"类八角星"纹

（左：太阳神沙马什的标记，由"四角星"和四束"光芒"或"火焰"构成；中：楔形文字里的类八角星纹；右：金星女神伊斯塔的标识，此字或读"天"，或被比附为中国古文字的"帝"；西巴尔，公元前9世纪）

西亚的类八角星纹不很典型，但总有八个"指向物"指向"四面八方"。

饶宗颐论含山"原八卦纹"玉版文说，"太阳崇拜"是世界各民族普遍的原始信仰。"这玉版上的圆圈，象征着太阳，八角和八支箭头是

图 9-19 佛教的"曼荼罗"

（上、中：藏传佛教的"八芒"中心图案；下：《随求尊位曼荼罗》，敦煌图像）

"Madala/坛城"本身就标志"世界"或"世界中心"，其中心图案或为八角星，或为八瓣莲花。有时用来象征八芒的太阳。

指太阳辐射出的光芒。"[1] 他说，西南民族铜鼓中心太阳纹，也多作八角芒状。这一点颇有说服力。汉画上亦有所见。最重要的是苏美尔图纹里表示天神的符号可供比较（这里主要采其早中期者）。例如：简化以后成米，就是我们讲的指向"四正"的"十"和指向"四隅"的"×"的叠合，有如光芒射向八方。其音义：

an：天 （案：sumer 之"君"音 en 若"尹"）
dingin：天神 [2]

图 9-20　莲花图案
（古代南亚）

莲花一般被视为"女阴／子宫"意象，但有时与太阳对位。

发展为早期楔形文而有八芒者为星、天神，就是 Ball 的《中国文与苏美尔文》跟"帝"相比傅，而为郭沫若所采用者。[3]

米：dingir, digir, dingin；dimmer, dimer：天神（人王）
帝：帝（人王）；天，天神

Ball 之说虽然不一定准确，但是此字（星）有八道光芒是明确的。

---

[1] 饶宗颐：《未有文字以前表示"方位"与"数理关系"的玉版：含山出土玉版小论》，载《文物天地》1990 年第 6 期。

[2] 饶宗颐：《未有文字以前表示"方位"与"数理关系"的玉版：含山出土玉版小论》，载《文物天地》1990 年第 6 期。

[3] 参见郭沫若：《先秦天道观之进展》，见《青铜时代》，群益出版社 1946 年版，第 25 页。

图 9-21　欧亚神物镜

（左：金银镶饰，中亚地区出土，直径 17 厘米，约公元前 6—前 5 世纪，现藏于俄罗斯彼得堡埃米尔塔什美术馆；右：俄罗斯民间八角星纹挂毯）

　　欧洲和中亚多见有柄铜镜，但也有无柄而圆者，或说影响了中国。西亚与中亚古镜或镂刻女神、圣兽（如翼狮、格里芬）、生命树或"英雄与野兽"、动物搏斗及狩猎纹等，都具有相当的灵性或巫力；这些至少对中国战国以后的铜器艺术有相当的影响。也有这样划出"四面"或"八方"的。

　　也许可以看作一种过渡或者中介，中亚发现多角星纹、星芒和（太阳）十字图案。

　　中国青海贵南尕马台出土一枚直径 9 厘米的青铜镜，背部是七角星纹，这是比较稀见的。[①] 它可能是东西文化交流的一个小小的证明。

　　胡博（Louisa G. Fitzgerald-Huber）认为其花纹有可能来自大夏。

　　　　二里头与尕马台年代较早铜镜上的花纹在北方地区还找不
　　到相同的例子，它的来源反而最终指向远达土库曼南部及巴克
　　特利亚（引案：Bactria, 指大夏）的区域。这两个地区在相当于
　　中国青铜时代早期的时期、最常见与普通的装饰母题里，即有
　　这样的星芒与十字纹。[②]

---

① 参见林沄：《商文化青铜器与北方地区青铜器关系之再研究》，见苏秉琦主编：《考古学文化论集》（一），文物出版社 1987 年版，第 137 页。

② 参见［美］胡博：《齐家与二里头：远距离文化互动的讨论》，李永迪译，见［美］夏含夷编：《远方的时习：〈古代中国〉精选集》，上海古籍出版社 2008 年版，第 40 页。

她举出的青铜封印（Bactria Dashli 3 等遗址，公元前 2000 年早期）和护身符，源自更西的土库曼斯坦南部 Altyn-tepe（阿尔丁 - 特佩）与 Gonur（哥诺尔）绿洲，其中介可能是安德罗诺沃（Andronovo）文化，那里发现的陶器已有十字及"星芒"纹。

这些"星芒"虽然还不是典型的八角，却极其值得注意。

图 9-22　"十"字群或八角星

（古希腊瓶画等）

在欧洲，除了极为常见的"十"字群装饰纹外，八角星或八等分圆形、方形并不罕见，但不一定都指太阳。

图 9-23　马雅"四面八方"指向图

（玛雅文化装饰纹样，左图中部是凯察尔柯特尔，即羽蛇神、雨神兼太阳神）

外围八卦符号为西方学者所加，目的在与中国八卦比照。

古代美洲的八角星纹最为多见，虽然不是典型的 ✳ 形，却也往往代表世界中心，代表处于世界中心的太阳或太阳神。

有时八角星纹被花朵化，有人称之为"宇宙花"。

图 9-24 太阳神和它的"花"形符号

（玛雅文化，采自坎贝尔：《神话意象》）

玛雅人的"八角星"纹（有时被说成"一枝花"），一般认为是太阳神的特有符号。

1　2　3

4　5

图 9-25 美洲式八角星或"太阳历"

［1.佩阿博德（特诺奇特兰）；2.胡姆博尔特；3.蒂索克（特诺奇特兰），中美洲；
4、5.印第安图纹。采自王大有等］

美洲器物与装饰里常见八角星纹，有时中心为"太阳神"，"太阳历"也往往处在八角星纹中。

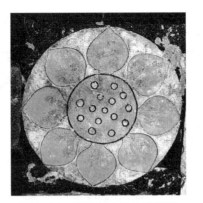

图 9-26　墓室中心的八瓣莲花

（甘肃武威汉墓，梅梁〈音〉摄影）

"太阳花"，中心还有莲子，可由此推定类似图案母型为莲花。它突出红色，处在"天中"，最可能代表太阳。可与南亚等地"中心"莲花图纹作比较。

八角星纹的花朵化

或说八角星纹为复式的十字，其作为太阳符号，有许多改型或变形。靳之林在介绍了这些符号于新石器时期考古上的连续性以后，揭示它曾"花朵化"，而且出现于东西方。他认为："这个'十'字八角纹花朵，就是象征太阳的花朵。"[1]（案：这就是《淮南子·地形训》及高注说的，若木之端"状若莲花"的太阳花朵。）

它同时也是早期西亚文化的代表性符号，并发展为人类的文化符号。在西亚和欧洲民间艺术中，是一个流行时间最长，流行地域最广的太阳和生命之花合一的纹样之一。[2]

补充一句，更典型的转换是由八角星到八瓣莲花。

---

[1] 靳之林：《生命之树与中国民间民俗艺术》，广西师范大学出版社 2001 年版，第71 页。

[2] 靳之林：《生命之树与中国民间民俗艺术》，广西师范大学出版社 2001 年版，第71 页。

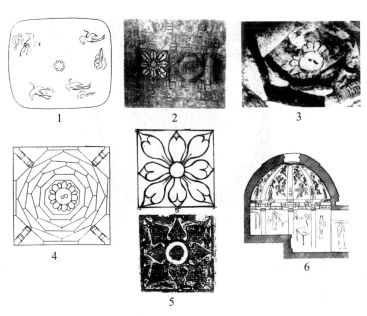

图 9-27 墓室"中心"藻井的八瓣莲花

（1.井陉柿庄，金代；2.密县打虎亭 M2，东汉；3.凌原富家屯，元代；4.郑州开元寺石室塔基，北宋；5、6.北京八宝山，辽代。采自林巳奈夫等）

藻井中央一般饰有太阳（或北极星），或其图案化的八瓣莲花或八角星等。莲纹一般是佛教传来后的装饰。

易言之，八角星在印度、印传佛教和西藏、纳西等地或群团里，或以八瓣莲花的形态出现（尤其在所谓"曼荼罗"里）。但以莲花为世界中心则早已有之。东汉王延寿《灵光殿赋》描写大殿"藻井"时说：

圆渊方井，反植荷渠。

屋室是小型宇宙，中央所谓"天井"或"藻井"就是宇宙中心。中心处是太阳之类发光体。张氏注就说：

［莲花］种之于圆渊方井之中，以为光辉。

八瓣（或四瓣、六瓣）就是"光明花"向四面八方放射的光芒。曹

植描写莲花的《芙蓉赋》说:

> 其始荣也,皦如夜光寻扶桑;
> 其扬晖也,晃若九阳出旸谷。

莲花就是晚上的月亮,白天的太阳。林巳奈夫以为这莲花跟"建木／若木"等值。《淮南子·地形训》:

> 建木在都广,众帝所自上下。日中无景(影),呼而无响,
> 盖天地之中也。若木在建木西,末有十日,其华照下地。

汉高诱注说:"若木端有十日,状如莲华。华(花)犹光也,光照其下也。"这样,莲花就是太阳。若木之上或栖太阳鸟(日乌),所以:

(太阳鸟)≈太阳树(宇宙树:中心树)≈太阳花(八瓣莲花)≈

八角星纹

图9-28 "米"字纹的美化变形

(古印第安"宇宙花"图案)

有的十字纹或"八向图"美化为花朵,或称"宇宙花",原先的指向功能等,反而冥昧了。

驹井和爱《中国古镜的研究》等书所谓"四叶纹",林巳奈夫指出,应该是莲花纹。这种表面上像柿蒂的叶纹,或四瓣,或五瓣,或六瓣,或八瓣,或更多瓣,主要以莲花为母型,出现在图像(例如藻井)和器物的中央,象征宇宙中心。

更直接的象征指向，应即太阳。前举甘肃武威一座汉墓墓室当中有莲子的莲花渲染出了红色，明显表示它是"太阳花"。

山东沂南汉画像石墓，墓室正中天井里就有这样的"荷渠/莲花纹"，曾昭燏等的发掘报告已经注意到了它们。

由这个视角来观照河南新郑出土的有名的莲鹤方壶，河南辉县出土的大同小异的兽带纹鸟盖壶等，屹立在八瓣莲花之"中"的仙鹤或神鸟，就跟"玄鸟/凤凰"一样可以看作"宇宙（中心）鸟"或"太阳鸟"（必要时也能够生出"太阳卵"来）。

图 9-29　五瓣莲花与八瓣莲花

（左：汉镜；右：汉代画像石）

佛教东传以来，汉代文物里多见莲花，瓣数不等，但以六瓣、八瓣居多；一般处在"中心"，代表太阳的可能较大。

古代埃及原初的"大瀛海"（水体混沌或"宇宙海"）萌生出最早的"生命实体"，除了"蛙"及其"卵"（cosmic egg）之外，就是莲荷。"据说，此荷花每日每时以其芬芳赋予'拉'以生机，而'拉'在乾坤始奠之际曾给予此荷花以生命。"[1] 太阳神拉（Ra）与荷拉斯（Harace）

①［美］塞·诺·克雷默：《世界古代神话》，魏庆征译，华夏出版社1989年版，第29页。

都诞生于荷莲，同样反馈给荷莲以"光辉"。所以，神话讲述道，"创世之初，太阳即从荷花中升起"①。这样，荷莲与太阳就有一种"互喻"的关系。

古代印度的大梵天即婆罗门（Brahma, or Brahman）大神出现时也是站在莲花之上，确认自己"宇宙中心"的位置——"唯我独尊"的"佛陀/释迦牟尼"同样诞生于莲花，由"中心"观察并确定了"四面八方"或"十方"（八方加上下）。②"四面"大梵天，佛陀都具有太阳神的性格（此处"莲花/太阳"即 Yoni，与女阴对位）。

图 9-30　太阳神由莲花生出

（古埃及陵墓壁画；右附亡魂从莲花中再生）

莲花（主要是八瓣莲花）代表世界中心（或者处于中心的太阳），太阳神拉或荷拉斯被想象为由"莲花/女阴"中诞生，象征太阳由宇宙中心升起。

林巳奈夫《汉代诸神》还揭示，中国古代"四神"（青龙、白虎、朱雀、玄武）代表东、西、南、北四方的"星座神"，很特殊的，以四叶形（叶数或有变化）莲花代表中央"天极星"③。但按照传统观念，居"中"

---

① ［德］埃利希·诺伊曼：《大母神：原型分析》，李以洪译，东方出版社 1998 年版，第 223 页。
② 参见［瑞士］卡尔·荣格等：《人类及其象征》，张举文、荣文库译，辽宁教育出版社 1988 年版，第 220 页。
③ ［日］林巳奈夫：《汉代诸神》，临川书店 1989 年版，京都，第 240 页。

的应是太阳。所以要把天极星与太阳整合起来，把天极星说成是"主日"的星。有如《晋书·天文志》所言："第二星主日，帝王也，亦太乙之座，谓最赤明者也。"而赤色的莲花本就是太阳的意象，所以可移用来代表天极星（四瓣者，标识"四向"；八瓣者，则表示四面八方，如同"八卦"）。

太阳／莲花／中央"天极星"

这三者是对位的。一般认为，此（天极）星应是中央（北极）星座中最为明亮的β星，与太阳联系在一起，则象征着帝王。[1]其图像化、具象化之一就是四瓣或五瓣、六瓣、八瓣莲花。

---

① 参见［日］林巳奈夫：《中国古代的日晕与神话图像》，杨凌译，见李绍明、林向、赵殿增主编：《三星堆与巴蜀文化》，巴蜀书社1993年版。

第十章 "六合"方明

神圣立方体划分并标识四方上下

《仪礼·觐礼篇》记载着一种称为"方明"的三维空间正方体，六面，每面各一色，代表立体天地四方，所谓"六合"。

据《觐礼》及《周礼·天官·典瑞》《周礼·春官·大宗伯》与注的说明，每一面配搭有一种"瑞玉"，祭祀并且象征六个方面，简示如下：

上：天 / 玄：琮

下：地 / 黄：璧

左：东 / 青：圭

右：西 / 白：琥

前：南 / 赤：璋

后：北 / 黑：璜

其立体图色别如下：

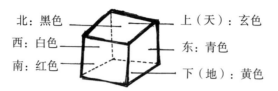

北：黑色　　　　　　　　　　上（天）：玄色

西：白色　　　　　　　　　　东：青色

南：红色　　　　　　　　　　下（地）：黄色

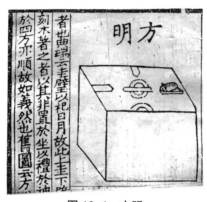

图 10-1　方明

（采自聂氏《三礼图》，上附方明六面的色彩）

古人构拟的方明图，没有将其与瑞玉的配搭完全表示出来，因此也无法精确，只好在上方略加示意。孙诒让《周礼正义》引诸家之说以"方明"之制说《大宗伯》六玉，较为简明。

《觐礼》云："方明者，木也，方四尺，设六色：东方青，南方赤，西方白，北方黑，上玄，下黄；设六玉：上圭（琮），下璧，南方璋，西方琥，北方璜，东方圭。"敖继公谓此六器，即礼方明之玉。

金榜及惠士奇、秦蕙田、盛世佐、凌延堪、孙希旦、庄存与等，说略同。

"六玉"的配置不大可靠。因为琮、璧等的象征不易确定（一般说，璧是"圜天"，琮则"天地"之"综合"）。

现在只能说，方明作为六面立方体，是"四方／四色"观念的合理扩延；它是黄帝"四面"的物化形式。

如上，太阳神或以"四张面孔"出现，如黄帝与大梵天等的"四面"。

这些"四面"的太阳神还有它物化的形式，例如前举商四人面方鼎。"方明"也可以说是向四方放射光芒的"方形（化）的太阳"。这种立方体，作为"太阳"的独特模型和"四面"黄帝的一种造像，上天下地，周围四面表示东南西北（分别以青、赤、白、黑标识），据《周礼·天官·典瑞》《礼仪·觐礼》及注疏的解说，是祭祀天地，首先是日月的礼器。它实质上是祭祀天地和太阳的"方丘"的微型化。

据说，古埃及有一种方锥体的圣石，代表太阳，所以外面用铜皮或金箔包裹，在太阳照射下闪射金光。把它尽量放大，就成了金字塔。有的金字塔顶上还安放着这种包金的方锥石，向四方反射着阳光，让普天下人都感到太阳的光泽。

中国的方明、方丘，乃至方相、方琮与之基本同构，都是太阳（神）的意象。但也有人认为是"世界"的意象，或者是"土地"的象征。

日本学者山田庆儿对祭祀或盟誓对象（方明）的看法非常透辟：这是具有纵横交叉的宇宙中心点的"天地"之符号象征。他说：

> 我命名为价值空间座标轴的立体空间的六个方位，是把中、东、南、西、北的五方横放在水平面上，把天地的垂直轴立于中央的那种东西。从空间分割的构造来说，它是由二极构造和三级构造的组合所构成的。[1]

图 10-2　回：四瓣纹

（商代铜尊纹饰，殷墟晚期，马承源《商周青铜器纹饰》729）

商代青铜器中的"回"，本身就是太阳为光芒所围绕，外边有时还生出"四瓣"或者四枚"圆螺旋"。这些都是略有变化的太阳意象。

其用于祭仪，就是物化了的天地明神：方明。觐见和盟誓，都是"象征性的礼节。被土壁包围的正方形的空间是天子统治的领域，即内部空间，从四门可以通向四方的外部空间。中央的坛是六方神的座位，同时

---

① ［日］山田庆儿：《空间·分类·范畴——科学思考的原初的基础的形态》，刘相安、沈扬译，见辛冠洁、衷尔钜、马振铎等编：《日本学者论中国哲学史》，中华书局 1986 年版，第 77 页。

也是天子的座位"①。可见觐见和盟誓都是跟"中心崇拜"相关的：人，是作为神人中介的"天子"；物，则是象征天地四方的价值空间坐标象征体；血，则使它具有灵性与生命。

我们知道，古埃及金字塔跟中国的"方丘"同样用来祭祀天地或太阳。前述古代埃及具体而微的金字塔式方锥构件，在符号功能上极似中国的"方明"。

如上，方明是一个（六面）四方体，是方丘和"四面"神的仪仗化、法物化。《仪礼·觐礼》："诸侯觐于天子，为宫，方三百步，四门。坛十有二寻，深四尺，加方明于其上。"这是方丘加方明；方明者，明神，太阳神——"天子"就是地上的世俗的"太阳神"。

金字塔的顶尖或加以方明式的方锥体，同样代表太阳，这种方锥形可视为金字塔的极度向上引申。

> 古埃及人眼中的金字塔形，还带有太阳神崇拜的意味。在赫利奥波利斯的阿蒙-拉神庙里，有一小型四锥体石块，外用铜或金箔包住，在阳光下熠熠闪光，那是太阳神的象征。古埃及人把此形状扩大数千万倍，屹立于沙漠之中，再把这种包有铜或金的石头放在金字塔顶，将太阳的光辉折射到国王的土地上，让人们领受太阳神的恩泽。②

六面体变为六角星

有一种六角星纹（hexagram），✡，▽与△的交叠，一般认为是阴性符号与阳性符号的重叠，是"阴阳好合"之意象，所罗门曾用它来驱除恶魔（或称"所罗门的印章"，"大卫王之星"）。笔者在《老子的文化解

---

① ［日］山田庆儿：《空间·分类·范畴——科学思考的初始的基础的形态》，刘相安、沈扬译，见辛冠洁、衷尔钜、马振铎等编：《日本学者论中国哲学史》，中华书局1986年版，第77—78页。

② ［美］汉尼希·朱威烈等：《人类早期文明的"木乃伊"——古埃及文化求实》，浙江人民出版社1988年版，第173页。

读》《神圣的职称》等书里有较详细的介绍。但也有人认为，这仍然是太阳的象征，"+"字纹的繁化，或"米"字纹的省变。早在亚述时期，它就是炫耀武力的军徽，同时也是迦勒底（Chaldea）太阳神的标识。

当宇宙论的推测超出水火二元性的范围，认为有四种元素时，六角星形被看做包含有四个组成部分，其中包括"空气"的符号（一个三角形在一边，一条线与底边平行，与另两条线交叉）和"土"的符号（颠倒的三角形）。①

有人认为，这仍是罗盘式的"四指"，加上垂直的轴线。有人认为，这暗含八卦卦爻的"三分"，乾三连，坤就是"六断"。但如果平面化为六角星，如✡或有内外圆的❋，则仍然是繁化的"六角星"。

有人认为，这是印度"曼荼罗"的基本格局。特别是画在圆形里的六角星，还有几个相互交错的三角形，荣格认为，这启示人去沉思或反省。有时，"男性和女性的符号结合在一起时，成为印度神秘佛教的冥想意向图，其目的在于释放心理力量，提高内省"②。

图 10-3　作为太阳纹的六角星

（左：哈拉巴文明的模制书版，采自基诺耶；右上：▽与△相叠的六角星，阴阳的谐合；右下：圆形内的六角星，上有"耶和华"的简称，互济会标记，约 1880 年）

六角星，是宇宙的"六分"，或说也是太阳的意象。正倒两个三角形的叠合也可象征阴阳二性的好合，天地的交会。

---

① ［德］汉斯·比德曼：《世界文化象征辞典》，刘玉红、谢世坚、蔡马兰译，漓江出版社 2000 年版，第 194—195 页。

② ［美］詹姆斯·霍尔：《东西方图形艺术象征词典》，韩巍、徐延波、赫一匡译，中国青年出版社 2000 年版，第 11—12 页。

六角星，有时也是一种太阳纹，可以看作十或⊕字纹的一种繁变。两只猛兽"夹"着一位（女）神或英雄，是西亚和南亚、中亚常见的艺术母题。其下是一只大象（或者象征着大地之载托）。其上是车轮状的太阳。似乎在表现"日/地"之间的"英雄与野兽"的"顶天立地"，也是武力的炫示（见图10-3）。✡是▽与△的交叠，一般象征阴阳好合，但有时被看作"四大"元素的推演。

　　"六合"的物象，艾兰在《龟之谜》等书里曾提出一种有趣的说法：龟背甲拱，似圜天；腹甲平，如方地；加上身体四面能表示"四向"。整体是"亚"字形（案：此说牵附太甚），由三维空间看，就有了六个方位，这也可以看出，四、五（四方加上"中心"）与六，在中国宇宙论中的特别意义。[①]这可以参照纳西族的"金蛙八卦"。

图10-4　非洲的六角星纹

（祖鲁人女占卜师，法衣上有套着五角星的六角星纹）

　　六角星作为一种神圣光明体，不但可以标识神职人员和领袖人物的身份，而且能够镇恶驱邪，有助于举行殴攘或医治巫术仪式。

　　案：《周礼·春官》有"龟人"，掌六龟之属，"各有名物"，祭祀等场合，"各以其方之色，与其体，辨之"（上·804）。根据注疏，其配色等如下：

天龟：灵属　玄　俯

地龟：绎属　黄　仰

东龟：果属　青　前

西龟：雷属　白　左

南龟：猎属　赤　后

北龟：若属　黑　右

　　这是用六色龟分属"六合"，不是一龟"六指"。据说其形态与姿势有所不同，但也是用龟表示"六分"。

---

① 参见［英］艾兰：《龟之谜——商代神话、祭祀、艺术和宇宙观研究》，汪涛译，四川人民出版社1992年版，第81—123页。

在某些情况下，世界（特别是大地）可以用立体正方形来象征（神土"息壤"即其一例）。或者说，有一种"方块"，可以用来代表大地，逐渐被赋予神秘性与神圣性，就像四疆、四至、四防、四卫意味着不可侵犯性那样。这还使人联想到印第安达科他"土地的象征（品）"：U-ma-ne。

> 这是一块肥沃的泥土，它代表土地的不可替代的生命或力量……它是正方形或者长方形，每个角尖上突出一条锋，这总是被解释成有四种风吹向土地的象征。[①]

这有点像体现"四方/六合"以及光明崇拜的正立方体的方明的另类；也有些像能够自我生长的神土"息壤"，它的标准型也是正立方体，而且同样是能够阻滞洪水那样的狂暴力量的，蓄育与丰饶的象征（参见《楚辞与神话》等书），叶舒宪《中国神话哲学》更把它看作"创世"与"再创世"的重要契机或类型。因为新的世界将从这一小块"神土"缓慢而又无穷地再造出来。当然方明跟"四方风"的信仰也有关系。

图 10-5　岩画里的太阳或星纹

（四川麻塘坝，彝族）

麻塘坝岩画各种类太阳或星辰的符号，主要是"十"字，也有圆圈中的六角星。由人物头上的"英雄结"，可辨识其为彝族。

① ［法］列维－布留尔：《原始思维》，丁由译，商务印书馆 1981 年版，第 210 页。

巴比伦的"通天塔"（Babel Tower），一般记载都是七层。意图通达天堂，是传统；它"在设计上原是作为君主上升和天神下降、从而沟通天地双方的一种阶石。事实上，这些建筑就是宇宙的范式"①。跟方明不同，它的构造是纵向的。

> 波尔西帕的通天塔肯定只有七个层级。它被称为"天地七使之屋"。这一个称号表明这七个层级代表着（土星、木星、火星、金星、水星、太阳和月亮）七个"星"界。有人相信这些层级原先还被漆成黑色、橙黄、赤色、白色、青色、黄色、金色和银色等等的颜色。所以这个通天塔的结构和"七星"、七大神祇、幽界七门、七风和一星期的七天是互相应合的。宇宙的观念，在苏美尔的语言中，是用代表"七"这个数字的符号来表示的。②

乔治·汤姆逊试图揭示"四极"变成"七界"的原因。就像阿兹特克人那样，"上层是天神世界，中层是人类世界，下层是幽灵世界"（中国人只是省略了"理所当然"的"中层/人类世界"）；"在他们的幻想里，世界，在横的方面是从中心向四方展开的，纵的方面是向上下两端展开的"——这样，就有了方明式的"六合"世界。"巴比伦人具有同样的信仰，这种信仰体现在通天塔之中，尤其在作为世界中心的巴比伦本身的通天塔之中。"③或说，其在平面，就是"六角星"。

一般说，世界的"方明"六分，看起来烦琐，实际不过是把平面世界立体化，二维空间三维化，四面之外加上"上/下"罢了。也有些地区，算上那也许看不见的"中心"，就是"七"的构造。

再看新墨西哥的祖尼印第安人，他们先以四个，再以六个，最后以

① ［英］乔治·汤姆逊：《古代哲学家》，何子恒译，生活·读书·新知三联书店1963年版，第80页。
② ［英］乔治·汤姆逊：《古代哲学家》，何子恒译，生活·读书·新知三联书店1963年版，第81页。
③ ［英］乔治·汤姆逊：《古代哲学家》，何子恒译，生活·读书·新知三联书店1963年版，第84页。

七个胞族与这四 — 六 — 七方对应，并且规定或分配了这七方的动植物名称（或说图腾），相联系的事象、元素、季节和色泽。

方 位	动 植 物
北方	仙鹤、松鸡、黄木
南方	烟草、玉米、穴熊
东方	鹿、羚羊、火鸡
西方	熊、山狗、春草
天顶	太阳、天空、鹰隼
地底	水、响尾蛇、蛤蟆
正中	金刚鹦鹉

季 节	物 质	事 象	色 泽
冬天	风	战争	黄
夏天	火	耕种	赤
秋天	霜冻	巫术	白
春天	水	和平	蓝

可见在原始的一定时期也有方明式的"六分"乃至"七分"，而且跟胞族的"剖分"相一致。据库兴《祖尼人的创世神话大纲》介绍："在早一些的时候，原只有六个胞族，并非七个；在更早的一些时候，还只有四个胞族。"[①] 但也是这种常见的"四分"较为成熟，配伍比较周全。

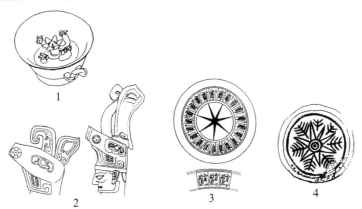

图 10-6 单数的太阳芒或星纹

1.蟠龙莲瓣青铜盂，河南安阳出土，晚商；2.青铜人像冠饰上的六（五）角星图案，四川广汉三星堆，晚商；3.中国南方铜鼓鼓面太阳纹；4.附欧洲的七角星

单数的太阳芒或星纹较为少见，但并非没有。"五芒"者多些，七芒者不多。

---

① ［英］乔治·汤姆逊：《古代哲学家》，何子恒译，生活·读书·新知三联书店1963年版，第50—51页。

"方明"的小型化：刚卯或灵殳

更重要的是，刚卯承袭方明之制，关系着五行思想的发展。作为一种变体的"方明"，不妨认作宇宙的微模型，或"天地四方"的微观象征体。简单说，它可视为方明的小型化，可佩戴，如护身符。那志良也承认：

> ［刚卯］不但它自身是个"灵殳"，还有赤、青、白、黄四帝，担当着驱邪大任。赤帝又命令火神祝融，驱逐夔龙，马融《广成颂》有"左絜夔龙，右提蛟螭"之句，夔龙是有害于人的，所以要火神驱逐它。……完全是厌胜之意，驱邪降凶，是佩带刚卯主要的目的。①

李零也说，它具有"厌劾作用"②，其作用同于桃殳。这跟同样为四方形的《楚帛书》等等能够驱邪镇凶是完全一致的。之所以称其为"桃殳"，桃木能逐鬼，陈大年说："古人兵器，司驱逐之用者，以殳为最良。"③殳见于《说文》等。但"灵殳/刚卯"并非来打击夔龙，而是教会它怎样操作。严卯刻词就说，"帝令夔化"，"化"就是教化，夔龙在这里也是逐鬼的灵物。

殳是一种四方形或六面体的长棍子，湖北楚墓曾出土一种特长而细的"方棍"，专家认为即殳，不过已礼仪化。

因为它"多以桃木为之"，故称桃殳，跟桃木一样，用以"驱鬼"④。

刚卯与《楚帛书》构造或布局相比，跟方明相似之点更多，只是整体呈长方形。这也可以看作主要用来驱鬼劾妖的"方印"。它的简称也许就是"改卯"的"改"（这个字已见于殷墟甲骨卜辞，或写作"攺"，李亚农、

---

① 那志良：《古玉鉴裁》，国泰美术馆 1980 年版，台北，第 146 页。
② 李零：《中国方术考》，人民中国出版社 1993 年版，第 75 页。
③ 陈大年：《刚卯严卯考》，载《说文月刊》第 3 卷第 12 期，1944 年。
④ 陈大年：《刚卯严卯考》，载《说文月刊》第 3 卷第 12 期，1944 年。

310

陈梦家都有所论述,大致像手持棍棒打蛇,引申为劾改恶物或邪魅)。

《说文解字》卷三攴部:"改,毅改,大刚卯,以逐精鬼也。从攴,己声。读若己。"

《汉书·王莽传》说:"废刘而兴王,夫'刘'之为字,卯、金、刀也;正月刚卯,金刀之利,皆不得行。"颜注引服虔曰:"〔刚卯〕四方,或用玉,或用金,或用桃,著茥带佩之。"《急就篇》:"射魅辟邪除群凶。"颜师古注引一说:"射魅,大刚卯也,以金玉及桃木刻而为之。"又说:"一名'毅改',其上有铭,两旁穿孔,系以采丝,用系臂焉,亦所以逐精魅也。"

311

图 10-7　刚卯

(传世的玉刚卯)

刚卯是一种用玉石或金属制作的长方形体,或说即灵殳;上刻文字,即殳书,主要功能是辟邪,也可视为太阳神器方明的小型化。阳光到处,暗魅奔逃,所以可用作护身符。

那志良述刚卯著录流传的情况说:

存世之器,见于著录的,以一般的刚卯为多,是长今尺一寸以内的方柱体,上有通心穿,四面有铭。1936年河北博物馆画刊第116期,载一刚卯,长4.6公分,是很少见的。王汉辅《种瓜亭笔记》……所录的,有六方形、四方形、扁方形等,尺寸有三寸系、二寸系、一寸、六分等。①

他论述刚卯的性质和作用说，这跟汉代天子姓刘有关（旧说，繁体"劉"由卯、金、刀组成），"刚卯也就是'强刘'"。当时臣僚"在正月佩带刚卯，是祝贺天子政权日益强盛"。《诗》云："伯也执殳，为王前驱。"木殳有如刚卯。"它（刚卯）的威严有如兵器中的殳。"②

图 10-8　玉刚卯和玉严卯

（汉代；或说本用金属或木，玉者为后世仿制品）

刚卯或严卯，大体是一种模拟太阳圣体的世俗模型（方明等）的辟邪灵物小件，跟印章、印钮有本质上的关联，多刻咒语似的吉祥语或驱鬼词。

刚卯上的文字，《汉书·舆服志》载其"标准铭"云：

---

① 那志良：《古玉鉴裁》，国泰美术馆1980年版，台北，第144页。
② 参见那志良：《古玉通释》，自印本，1964年版，台北。

正月刚卯（或"既央"），灵殳四方；

赤青白黄，四色是当；

帝令祝融，以教夔龙；

庶疫刚瘅，莫我敢当。

注意，它还跟方明一样四面有色，与五行观念一脉相承。

严卯的"标准铭"是：

疾日严卯，帝令夔化；

慎尔用伏，伏兹灵殳；

既正既直，既觚既方；

庶疫刚瘅，莫我敢当。

最后一句有如"石敢当"上所镌（曾侯乙墓所出刚卯无铭，有铭似自汉始）。安徽亳州凤凰台汉墓出刚卯，铭文大同小异。[1]"慎尔用伏"，作"慎玺用伏"，"庶疫"作"疟蠛"或"赤疫"。汉张衡《东京赋》有"逐赤疫于四裔"之说。

图 10-9　传世的刚卯（左二件为汉代，右二件为明清）

传世的刚卯数量不少，主要用途仍是辟邪。

---

① 参见《亳县凤凰台一号汉墓清理简报》，载《考古》1974 年第 3 期。

劳榦《玉佩与刚卯》文，录《居延汉简》类似残词与刚卯题铭，并对照如下。

A. 若一心坚明　　　　B. 正月刚卯既书（甲）

　　安上去外央　　　　　灵殳四方

　　长示六☐（甲面）　　赤青白黄

　　☐☐☐☐　　　　　　四色赋当（乙）

　　则☐☐☐　　　　　　帝令祝融

　　☐☐☐明（乙面）　　以教夔龙（丙）

　　☐书☐亡　　　　　　庶疫冈单

　　☐☐☐章　　　　　　莫我敢当（丁）

　　☐☐☐☐（丙面）

　　五凤日常

　　☐☐☐☐

　　☐☐逐光（丁面）

劳榦说它"有些像铜镜上的铭文"[1]。

那志良认为，桃殳是"在桃木上写上驱邪的诗句，增加驱邪力量"，桃殳"可能就是最早的刚卯"[2]。

玉制的刚卯，辟邪力更强。《山海经·西山经》说，玉，"君子服之，以御不祥"。

《汉书·王莽传》颜注引服虔说，刚卯以多种材料制作，"或用金，或用玉，或用桃〔木〕；今有玉存者"。

《韩诗外传》（卷十第十五章），有"丈夫"答鲁桓公"桃殳"之问曰："桃殳"就是"戒桃"（或作"二桃"），就是引以为戒的意思。"桃（逃）之为言亡也。夫日日慎桃（逃），何患之有？故亡国之社以戒诸侯，

① 劳榦：《玉佩与刚卯》，见"国立中央研究院历史语言研究所"编：《历史语言研究所集刊》（第25本），1956年版，台北。

② 那志良：《古玉鉴裁》，国泰美术馆1980年版，台北，第143页。

庶人之戒在于桃茇。"这是一种说法。

汉史游《急就章》:"射魃辟邪除群凶。"[1]魃,或作魃。颜师古注:"射魃,大刚卯也。一名欸改。"

元陶宗仪《辍耕录》说:"欸改,刚卯也。以正月卯日作,以逐鬼。从支,己声。"或引作"殴改,佩印也"。这似乎与桃印有关。

马承源论刚卯的源流说:

> 汉代的刚卯是从东周和西周、商的方柱形玉管退化而来,而商周的方柱形玉管无疑是从良渚文化的琮形管的直接演化。[2]

但我们看,刚卯只有供系绳的孔,如曾侯乙墓出者所见;汉以来多无孔,这就跟玉管、琮形管关系不大。

胡新生说:"从现有的巫术史料来看,刚卯直接来源于春秋时人佩带的辟邪用的桃茇。"[3]他特别注意刚卯/严卯总是成双作对使用。《韩诗外传》(卷一〇)记有人佩"二桃(茇)",这来源于神荼郁垒二兄弟在桃树下捉鬼——而我们曾证明神荼出于"璇",郁垒起于"雷楔",都源于工具崇拜。

> 刚卯严卯铭文中的"灵茇四方"、"化兹灵茇",说明刚卯的旧名或雅名是"灵茇",这是刚卯由桃茇演化而来的重要证据。灵茇实即桃茇的别称。大刚卯又称殴改,"殴"字从茇,可见"殴"造字者也把刚卯划入茇的范围。[4]

它的演进大致是:

---

[1] 高二适:《新定急就章及考证》,上海古籍出版社1982年版,第198页。
[2] 马承源:《从刚卯到玉琮的探索——兼论红山文化玉器对良渚文化玉器的影响》,载《辽海文物学刊》1989年第1期。
[3] 胡新生:《中国古代巫术》,山东人民出版社1998年版,第229页。
[4] 胡新生:《中国古代巫术》,山东人民出版社1998年版,第229页。

木殳（兵器）——桃殳（以桃木仿制）——灵殳（木、金属、玉制）：刚卯

《说文解字》卷三殳部："殳，以杸殊人也。《礼》：殳以积竹八觚，长丈二尺，建于兵车。旅贲以先驱。从又，几声。"（中古音市朱切）这是一种八角形的长兵器（或四角体，或六角体），秦汉以来多已仪仗化。湖北随州曾侯乙墓曾出土八角形长木棍若干件，学者以为即殳。因为是木制，所以称"杸"，《说文解字》谓"军中士所持殳也。从木，从殳。《司马法》曰：执羽从杸"。之所以要长过丈，我们认为系步兵方阵用长矛防止敌方车马冲锋演变而来，亦即由无锋矛演进而成。但是，可能有一种防身木棍的短殳，将领们才便于在上面写字备忘。

殳部有"毅攺"，暗示其从短殳演进（或用桃木制作）。"毅攺，大刚卯也。以逐精鬼。从殳，亥声。"这就是辟邪用的桃殳。

王正书说，刚卯系仿桃殳制作。殳，或较早的殳，"多以桃木为之，相当于今日木棒与木椎"；以桃木制作，确因"信崇桃是压邪制鬼的仙木"[1]。汉代的刚卯，"或用金，或用玉，或用桃"，各级人等所用材料有较严规定[2]，"用桃木制成的刚卯，有八棱八面体的，从而后人认为它仿自殳兵八觚"[3]。

桃木制品，作为辟邪灵物，大致演变过程是：

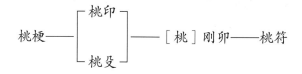

---

① 王正书：《刚卯殳书之我见》，见朱东润、李俊民、罗竹风主编：《中华文史论丛》（总第三十六辑），上海古籍出版社 1985 年版，第 197 页。
② 参见王正书：《汉代刚卯真伪考述》，载《文物》1991 年第 11 期。
③ 王正书：《刚卯殳书之我见》，见朱东润、李俊民、罗竹风主编：《中华文史论丛》（总第三十六辑），上海古籍出版社 1985 年版，第 197 页。

"殳书"同样可以辟邪

唐兰说，汉代的刚卯是"灵殳"。刚卯上的文字，实是"殳书的遗制"[1]。

所以，刚卯上的字，有个特殊的名称：殳书。它也许包括某些"仪仗""法物"上的专用书法（或说，只有这样，鬼神才看得懂）。

《说文解字》段注："汉之'刚卯'，亦'殳书'之类。"秦代"殳书"应包括"刚卯"铭文写法在内。

王正书认为，"殳书"专指兵器上的文字[2]；或说其字体草率窳陋，系武将们临时在"殳"上书写所致。

所谓"殳书"，陈大年说，"刚殳"上写字即承其制，而且是"正宗"，其字体则草率。

> 此则因战阵之间，时间仓卒，如将帅有命，或自己有事报告于上官，虑其遗忘，则书之于殳，其作用殆如古人朝会书笏之意。书时，即就其八觚之体，而布白之，故《玉海》云，古者文既书笏，武亦书殳。盖皆于仓卒之间，任意急就，其字画之不能不减笔、假借，字体之不能不偏侧倾斜，势使然也。[3]

这是有道理的。

胡新生反对笼统的"殳书——兵器铭文书法"之说，而认为，"灵殳既关乎官员身份，灵殳上的铭文字体又别具一格，所以政府才将灵殳铭文称为'殳书'，使其与其他官方用物上的字体如刻符、摹印、署书等区别开来"[4]。

更大可能是，"殳书"便捷、潦草、简陋，后来就从此发展出一套

---

① 参见唐兰：《古文字学导论》，齐鲁书社 1981 年版，第 161 页。
② 参见王正书：《刚卯殳书之我见》，见朱东润、李俊民、罗竹风主编：《中华文史论丛》（总第三十六辑），上海古籍出版社 1985 年版，第 198 页。
③ 陈大年：《刚卯严卯考》，载《说文月刊》第 3 卷第 12 期，1944 年。
④ 胡新生：《中国古代巫术》，山东人民出版社 1998 年版，第 230—231 页。

类似"草书"或"简体"的文字来。从民俗学看，这属于文字崇拜。初民对自己不认识的文字有一种神秘心理，以为它属于"圣"的领域，具有巫术功能（从前有"敬惜字纸"的习俗），所以能够震慑鬼怪。术士们乃将变体的文字写在辟邪用的灵夊或刚卯上，称为"夊书"。这可能演进为符箓，而怪奇莫辨的符箓文字是连鬼都害怕的。其最初有四角的立方体，是承袭代表太阳或世界的"方明"而来，这是其辟邪功能之根本。